企业技术资本配置与价值驱动策略研究

许秀梅 著

中国财经出版传媒集团
中国财政经济出版社

图书在版编目（CIP）数据

企业技术资本配置与价值驱动策略研究 / 许秀梅著．—北京：中国财政经济出版社，2016.8

ISBN 978-7-5095-6813-2

Ⅰ.①企…　Ⅱ.①许…　Ⅲ.①企业管理-技术管理-研究　Ⅳ.①F273.1

中国版本图书馆 CIP 数据核字（2016）第 184009 号

责任编辑：卢关平　　　　责任校对：黄亚青

封面设计：孙俪铭　　　　版式设计：兰　波

中国财政经济出版社出版

URL：http：//www.cfeph.cn

E-mail：cfeph@cfeph.cn

社址：北京市海淀区阜成路甲 28 号　邮政编码：100142

发行处电话：88190406　财经书店电话：64033436

北京京华虎彩印刷有限公司印刷　各地新华书店经销

787×960 毫米　16 开　18 印张　348 000 字

2016 年 9 月第 1 版　2016 年 9 月北京第 1 次印刷

定价：36.00 元

ISBN 978-7-5095-6813-2/F·5480

（图书出现印装问题，本社负责调换）

本社质量投诉电话：010-88190744

打击盗版举报热线：010-88190492、QQ：634579818

摘要

中国经济新常态下，企业纷纷开始从规模扩张转向依托创新驱动来谋求发展。技术是创新经济的根本推动力。这些年，伴随持续性研发投入，企业技术积累状况明显得到改善，技术数量增加、技术实力增强、技术种类日趋多元化、技术获取渠道也有所拓展，但整体盈利水平却提升不大，不少企业市值甚至出现大幅下跌。为促进技术创新、转型升级与价值持续增长，各行业企业的技术配置状况以及价值驱动的内在路径亟待在实践中得到验证：各行业企业的技术资本存量有多大？技术内部结构、技术获取渠道是否合理？技术的配置效率如何？技术如何驱动企业价值？如何才能够提升技术的价值驱动效果？本书正是围绕这些问题依序展开系统性研究。

技术历来是经济学界关注的热点问题之一。但现有文献在研究技术时通常遵循索洛思路，利用全要素生产率测度技术进步率，或将技术看作知识、智力或无形资本，都未能将技术作为独立的生产要素单独研究，极大地限制了技术相关理论的发展。近年来个别经济学家在新经济增长理论的基础上提出了技术资本命题，使技术从其他资本中独立分离出来，成为继物质资本、人力资本之后的重要资本形式。透过技术资本解释知识经济背景下企业价值驱动问题成为一个崭新视角。相关文献也开始出现。理论研究多关注技术资本的生成与内涵体系，发现了技术与技术资本的本质区别，技术要转变为技术资本，必须要先登记产权和进行市场交易，能够创造价值的是技术资本而非技术。实证研究以技术资本测度与作用机理为主，研究结论不一，还有待深入验证。在全面综述国内外相关文献研究成果的基础上，本书以新经济增长理论、新兴要素资本理论、要素价值理论为基础，将理论、实证、案例分析等方法有机结合，围绕以上问题逐个展开。

首先在现有文献的基础上，从理论上厘清技术资本的内涵、属性、基本特征命题以及与企业价值的内在驱动关系，提出后面的研究设想；其次全面搜集沪深各行业上市企业相关财务数据，从配置存量、配置结构、配置渠道与配置效率四个方面全面解读了各行业技术资本的配置状况；再次从人力资本、行业技术特征双重调节的视角验证了技术资本对企业价值的贡献以及不同性质、不同地域企业的贡献差异，并利用产出弹性、替代弹性估算了技术资本的贡献程度、技术资本对人力资本、实物资本的替代能力以及不同技术水平企业的弹性差异；最后提出技术价值链理论模型，探讨其运作模式，并选取华为技术公司为单一纵向案例探讨实践可行性与运作效果，针对运作中的问题，从发展战略出发提出优化思路与策略。本书得到的主要结论与观点有：

技术资本是企业拥有的技术商品，由技术经过确权、交易投入生产过程转化而成，包括专利、非专利技术、管理系统、软件、研发中心以及其他技术权利。它具有增值性、商品性、动态性、创新性、外部性、垄断性、时效性、可分离性与异质性等特征。技术资本可以测度，与其他资本具有一定的替代性，这使得各要素资本之间的配置和优化存在着客观比例关系。技术资本与企业价值具有内在的定量关系。通过合理安排技术投资、恰当抉择技术转化时机、加快技术转化速度、灵活搭配技术运营策略、尽可能延长技术垄断期、降低技术风险与资本成本，能够最大程度地驱动企业价值。在其他因素都相同的前提下，企业价值会随着以上技术影响因子的变动而变动。

2009~2014 年中国各行业技术资本总量约为 2529.93 亿元。主要集中在制造业、信息技术业、采掘业、房地产业。尤以制造业与信息技术业最为突出。制造业技术资本总存量达到 1447.03 亿元，占总体约 57.2%。信息技术业技术资本总量为 307.04 亿元，占总体 12.14%。各行业技术资本配置以专利、非专利技术、系统与软件、开发支出为主，约占总体的 95% 以上，研发中心与其他技术权利偏少，且行业结构波动差异较大。各行业技术资本主要来自内部积累，自创比例平均达到 60% 以上，行业之间差距较明显。制造业、信息技术业自创技术更突出。行业技术资本配置综合效率偏低，超过 80% 的行业存在不同程度的改进空间，处于最佳规模收益点的行业仅占 17%，推动 TFP 增长的主要动力是技术进步，综合技术效率呈下降态势。

技术资本对企业价值有明显的促进作用，且与人力资本、行业技术质量表现出明显的替代效应。企业性质及地域环境不同，技术资本、人力资本、行业技术特征对企业价值的影响力及相互调节能力差异显著。国有企业人力资本的调节作用强于非国有企业，但行业技术特征的调整能力弱于非国有企业。东部地区技术对企业价值的提升作用、人力资本及行业技术特征的调节都比较显著，中西部地区作用力略弱一些。再结合弹性系数，发现技术资本的平均产出弹性为0.05，明显低于人力资本和实物资本，但增长幅度达到2.2%，超过人力资本与实物资本，表现出良好的增长趋势。技术资本对人力资本的平均替代弹性为1.0043，略高于实物资本对人力资本的替代弹性1.0039，与技术资本对实物资本的替代弹性基本持平。企业技术水平不同，其产出弹性与替代弹性差异明显，高技术企业的产出弹性、替代弹性明显高于低技术企业。

技术的价值驱动流程可以用技术价值链模型表示，其由关键性技术活动和支撑性技术活动组成。前者包括技术生产、技术确权、技术交易与技术运营。后者包括技术组织、技术人力、技术创新文化与其他辅助活动。依据技术活动的链接关系有别。模型运作模式分为三种：商品运营、资产运营与资本运营模式。案例分析发现，此模型能够很好地应用到华为技术公司的价值管理中去，适宜推而广之，具有一定的应用可行性与实践价值。

为提高增值效果，技术价值链需要动态优化。优化过程分两步：首先针对独立的技术活动进行，意在培育其低成本或差异化优势；再与外部竞争企业比较，认清自身横向优劣势，通过一体化或外包重塑价值链。此过程可以借助于象限分析图进行。依据战略重要性，象限分析图将企业技术活动分为四类：核心战略技术活动、亚核心战略技术活动、基础性战略技术活动和非战略技术活动，进一步，通过业务外包逐步淘汰非战略技术活动，仅保留具有战略优势的核心、亚核心、基础性战略技术活动进行重点优化。其中，核心战略技术活动应努力维持并增强技术优势；亚核心战略技术活动应通过业务一体化与更具专业优势的企业合作以降低技术成本；基础性战略技术活动应在维持成本优势的前提下探索提升独特性的途径。

与现有文献相比，本书的研究创新及贡献之处在于：(1) 探索了技术资本的内涵与属性，从理论上厘清了技术资本对企业价值的驱动路径，丰富了技术资本理论体系；(2) 解决了技术资本测度问题，用专利、非专利技术、系统与软件、开发支出、研发中心及技术使用权账面净值汇总额测度技术资本，为进一步展开相关实证分析打下基础；(3) 多角度介绍了行业技术资本配置状况，有助于企业更准确认识自身技术积累水平、技术实力以及横向差距，有针对性地强化技术投入、促进技术转化、增长动力转型升级；(4) 实证验证了技术资本对企业价值的贡献程度以及与其他资本之间的替代关系，在一定程度上充实了新经济增长理论、新古典增长理论、新兴要素资本理论、要素价值理论等部分研究成果；(5) 构建了技术价值链模型，并借助象限分析图探讨了动态优化策略，给现实中的技术主导企业提供了一种适应经济新常态的灵活有效的价值管理工具。

关键词： 技术资本　企业价值　技术确权　技术交易　技术运营　价值驱动

Abstract

Under new economic normality, to seek development, micro enterprises begin to shift from scale expansion to relying on innovation. Technology is the fundamental driving force to innovation economy. During these years, with continuous R&D investment, enterprise technology accumulation has improved significantly such as increasing technology quantity, enhancing technology strength, increasingly diversified technology type and expanding technology access channels. But overall performance level ascension is not obvious. Profits and market value of many corporations even have a sharp decline. Technology allocation status of enterprises in various industries and its intrinsic function path to value promotion are urgently needed to be verified in practice. Have much technology stock are there in various industries? Is technology internal structure and acquisition channel is reasonable? How to technology allocation? How to technology driving mechanism to enterprise value? How to improve the effect of value management based on technology? In this book, we focus on above problems and expand systematic study in turn.

Technology has always been one of hot issues in economics fields. But existing literature about technology study usually follow Solow ideas using total factor productivity to measure technology progress or taking technology as the part of knowledge, intelligence or intangible capital, failing to take technology as independent production factor, which greatly restrict related technology theory development. In recent years, some economists have put forward the proposition about technology capital on the basis of new economic growth theory, which makes technology independent from other capitals. Since then, technology becomes an important capital form following material capital and human capital.

Explaining enterprise value driving under knowledge economy on the basis of technology capital becomes a new perspective. Relevant literature also began to appear. Theoretical research pay more attention to formation and basic content of technology capital, finding essential difference between technology and technology capital. To transform into technology capital, technology firstly must register property right and trading in the market. Technology capital can create value, but technology cannot. Empirical research is mainly based on technology capital measurement and action mechanism. Existing conclusions are different and still need to be further verified. On the basis of comprehensive review of relevant literature at home and abroad, this book discuss above questions one by one by combining theoretical, empirical with case analysis under the guidance of new economic growth theory, new element capital theory and element value theory.

Firstly, based on existing literatures, this book theoretically clarifies the connotation, attribute, basic characteristic of technology capital and its intrinsic driving relation with enterprise value, and puts forward the following research ideas. Secondly, It overally collects related financial data of Shanghai and Shenzhen listed companies and comprehensively explains allocation status of technical capital in various industries from four aspects such as allocation stock, allocation structure, allocation channel and allocation efficiency. Then, it verifies contribution of technology capital on enterprise value and contribution difference between different nature and regional enterprise from the perspective of dual adjustments of human capital and industry technical characteristics, estimates the contribution of technology capital, its substitution ability to human capital and physical capital and different technical level enterprise elasticity difference using output and substitution elasticity. Finally, the author proposes a value driven model and operation mode based on technology, explores the feasibility and effect through selecting Huawei Technology Company as a single longitudinal case and deeply analyzes optimization Ideas and strategies about problems in operation from development strategy. The main conclusions and viewpoints are:

Technology capital means technology products of enterprises in that technology right, trade and put into production process, including patents, non-patent technology, management system and software, R&D center and other technology right. It has some features such as added value, commodity, dynamic, innovative, externality, monopoly, timeliness, separability and heterogeneity. Technology capital can be measured, and has a certain substitution to other capital, which makes allocation and optimization among element capitals having objective proportional relationship. Technology capital and enterprise value have inherent quantitative relationship. Implementing the following measures to maximize enterprise value such as reasonable arrangement of technology investment, appropriate choice to technology transformation time, speeding up technology conversion, flexibly collocate technical operation strategy, extend technology monopoly as far as possible, reduce technology risk and capital cost from multiple pathways. If other factors are consistent, enterprise value will change with above factors.

Technology capital in various industries is about 2529. 93 billions from 2009 – 2014, mainly focus on manufacturing, information technology, extractive industry and real estate industry. Especially manufacturing and information technology industry is the most prominent. The total stock of technology capital in manufacturing is 1447. 03 billions and overall proportion was 57. 2%. Its stock and proportion in information technology industry is 307. 04 billions and 12. 14%. Technology capital in various industries mainly includes patents, non – patent technology, systems and software, development expenses, which is about 95% of the total. R&D center and other technology rights is less. The difference of industry structure is big. Technology capital in various industries mainly comes from the internal accumulation. Internal average generation proportion is 60% or more, the gap between industries is obvious. Self – created technology is more prominent in manufacturing and information technology. Industry technology capital allocation efficiency is lower. More than 80% of the industry has different degrees of improvement potential. The Industry in the optimal size return point is only 17%. The main driving force to promote the growth of TFP is the technological progress. Comprehensive technical efficiency declines.

Technology capital has a significant effect on enterprise value and it has obvious substitution effect on human capital and industry technical quality. If enterprise nature and geographical environment is different, effect and mutual adjustment ability of technology capital, human capital, industry technical characteristics on enterprise value is obviously different. The regulating effect of human capital of state - owned enterprises is stronger than that of non - state enterprises. But the adjustment ability of the former technical characteristic is weaker than the latter. In the eastern region, the promotion of enterprise value, human capital and the technical characteristics of industry are more significant. The middle and western regions are slightly weaker. With different nature of enterprises and regional environment, the influence of technology capital, human capital, industry technical characteristics on enterprise value and mutual adjustment ability are also different. The adjustment of human capital in the state - owned enterprises is stronger than that of the non - state enterprises, but the adjustment ability of the technical characteristic of the industry is weaker than that of the non - state owned enterprises. In the eastern part, the promotion of technology on enterprise value, the adjustment of human capital and industrial technology are more significant. The central and western regions are slightly weaker. Combined with elastic coefficient, the average output elasticity of capital is 0. 05, which is obviously lower than that of human capital and physical capital. But the growth rate is 2. 2% , which shows a good growth trend. The average substitution elasticity of human capital is 1. 0043, which is slightly higher than that of human capital, and the substitution elasticity of human capital is 1. 0039. The output elasticity and substitution elasticity of the enterprises are obvious, and the output elasticity and substitution elasticity of the high tech enterprises are obviously higher than those of the low tech enterprises. It is concerned with elastic coefficient that the average output elasticity of technology capital is 0. 05, significantly lower than human capital and physical capital. But the growth rate reaches 2. 2% and show a good growth trend over human capital and physical capital. The average substitution elasticity of technology capital to human capital is 1. 0043, slightly higher than the physical capital to human capital substitution elasticity 1. 0039, essentially flat with substitution elasticity of technology capital to human capital. With enterprise technical level difference, output elasticity and substitution elasticity are obviously different. The output elasticity and substitution elasticity of high - tech enterprises are obviously higher than those of low - tech enterprises.

Technology value driving process can be expressed by technology value chain which is composed of key technology activities and supporting technology activities. The former includes technology production, technology right confirmation, technology trade and technology operation. The latter includes technical organization, technical human, technical innovation culture and other auxiliary activities. According to different technical activity link, its operation mode is divided into three kinds: commodity operation mode, asset operation mode and capital operation mode. The case analysis shows that the model can be well applied to value management of Huawei Technology Company. It is also suitable for extension and has certain feasibility and practical value.

In order to improve value driving effect, technology value chain needs to be adjusted dynamically. The optimization process is divided into two steps: firstly, it is intended to cultivate low cost or differentiation advantage for independent technology activities; then, after compared with the external competitors, recognize their own advantages and disadvantages and remodeling value chain through the integration or outsourcing. Remodeling technology value chain can becarried out by quadrant analysis chart. According to strategic importance, enterprise technical activities can be divided into four categories by means of quadrant chart such as the core strategy, the sub - core strategy, the basic strategic and the non strategic technology activities. Through business outsourcing, the non strategic technology activities are gradually eliminated. But the core strategic advantages, sub - core, basic strategic technology activities are retained and focused on optimization. Among them, to the core strategic technology activities, enterprises should strive to maintain and enhance the technology superiority. To sub - core strategic activities, enterprises should be integrated with more professional enterprise cooperation in order to reduce technology cost. To basic strategic activities, enterprises should explore approaches to improve the unique nature at the premise of maintain cost advantages.

Compared with existing literature, research innovation and contribution mainly lies in five aspects. Firstly, the author explores the connotation and attributes of technology capital, clarifies the effect path of technology capital on enterprise value and enriches the technology capital and finance theory system. Secondly, the author solves technology capital measurement, taking the total book value amounts of patent, non patent technology, system and software, development expenses, research center and other technology rights, to lay the foundation on further empirical analysis. Thirdly, the author understands technology capital allocation status in various industries from multi – angles such as vertical with horizontal, which is helpful for enterprises to understand technology accumulation levels, technology strength, horizontal gap, strengthen technology investment, promote technology transformation and foster technology capital. Fourthly, the empirical research verifies obvious contribution of technology capital on enterprise value and the substitution relationship with other capital, to a certain extent, enriches some theory research results such as new economic growth theory, new classical growth theory, new element capital theory, element value theory and other research results. Lastly, the author constructs value chain theory model and operation model based on technology, uses the case to analyze application feasibility, discusses dynamic optimization strategy with the aid of quadrant chart, which not only provides a flexible and effective value management tool for technology enterprises in reality to adapt to the new economic normality, but also extends research ideas of technology innovation theory, enterprise value driving theory, value chain theory and so on.

Keywords: Technology capital　Enterprise value　Technology right confirmation　Technology trade　Technical operation　Value driving

目录

第1章
导　论

1.1　研究背景

从世界各国经济发展经验看，经济增长并不总是一帆风顺的过程，有些经济体保持了长期持续增长，很早就进入了高收入社会，少数经济体成功实现了经济起飞和追赶，但更多经济体的增长过程甚为缓慢。纵观这些经济体的增长过程，发现能否保持经济增长的持续动力，特别是在经济转型阶段旧增长动力削弱时，及时培育新的增长点是经济持续发展的关键所在[1-2]。中国作为一个经济快速增长、结构迅速转换的发展中大国，近年来也面临着经济增速下滑和增长动力转换问题。2015年中央经济工作会议及“十三五”规划中多次提到目前的经济发展已步入从高速增长转向中高速增长的新常态，发展动力从传统增长要素转向新兴要素。经济增长动力要适应时代发展需要。各增长要素在经济发展的不同阶段特点与重要地位亦有区别。主流经济学认为，传统工业经济时代，劳动力、资本与自然资源是主要的生产因素与价值来源，这符合当时的生产力状况。但伴随时代进步，以上要素呈现出不同程度的规模报酬递减趋势，这意味着依靠传统要素的经济增长不可避免地会步入经济下行轨道。从欧美国家上百年的持续经济增长事实来看，除了传统生产要素，应还有其他因素在推动经济增长，并在一定程度上抑制了传统要素报酬递减的程度。索罗（1956）用全要素生产率来计量除了资本、劳动力以外的生产因素对经济增长的贡献，证实了其对经济的贡献远超传统要素，并将其归功于技术进步推动，一度掀起对技术研究的热情[3]。以 Romer 和 Lucas 为代表的内生经济增长理论也认为，除了资本积累和劳动数量增长外，人力资本积累以及由于研发、“干中学”效应等带来的持续技术进步是推动经济长期增长的根本动力[4-7]。此外，也有不少企业依靠资金、人力、设备、信息、先进服务理念、企业文化等也能够持续获取较大收益，如服务、咨询、中介、信息类企业，其中不乏世界性大公司。可见，除了技术，新的要素形态还有信息、知识等。欧美国家这些年的经济发展更多地依靠这些新兴要素，这已被众多经济理论所支持。新经济增长理论主张，现代经济增长更多是依靠新兴异质性资本，它们可被反复使用，无需追加成本，并以强大力量渗入其他生产要素之中，优化资本的配置结构与效率。对企业而言，新经济态势下的合理资本结构应是传统要素占比开始降低，而技术、信息与知识比重上升并逐渐取得支配地位。

再审视一下中国目前经济增长中的要素资本配置状况。改革开放至今，中国经济多年保持高速增长，GDP 增长率平均高达 7% 以上。较高的增长率吸引了各国学者、企业界人士开始关注中国发展模式，讨论焦点聚集在增长的动力与可持续性上。风险投资家单伟建先生早在 2003 年就在财经杂志发文指出，中国是世界上增长最快的经济体，经常保持两位数的增长，但却是最没有效率的经济体，因为这种增长是以高货币投入、廉价劳动力、高资源消耗、高污染为代价，生产要素投入比例极不合理，要素价格扭曲。其中，货币投资占 GDP 比重高达 40% 至 45%，很少有经济体能够承受，而制造产品的工人工资却远低于其他国家。若忽视制造业劳动力更密集因素，中国的劳动力成本仅是美国的 5%。此外，自然资源的过度投入状况也很严重。中国是世界第三大经济体，占世界 GDP 总量约 5%，却消耗全球三分之一的煤炭、钢铁和棉花以及将近一半的水泥，煤炭消费量比美国、印度和俄罗斯的总和还要多①。10 多年前中国还是一个完全的石油出口国，现在已变成世界上第三大石油进口国和第二大石油消费国。2010 年 12 月国家环境保护部对外曾声称，5 年后 70% 的石油需求来源于进口，15 年后中国现有 45 种主要矿产资源可能仅剩 6 种，由此表明这些年经济高速发展很大程度上是建立在资源过度消耗甚至浪费的基础上，以牺牲资源与环境为代价，无论在全球还

① 马堂．全面认识我国在世界经济中的地位．人民网．2011 年 3 月 17 日．

是局部范围内，中国都是世界上较大的污染国之一。由于传统要素边际收益趋减，存在一个最佳的投入量，过度必将导致经济减缓。在此种情况下，要使中国经济增长保持可持续性，必须转变增长方式，更多依靠新兴要素。欧美国家持续发展的主要推动力不是人力资源、自然资源、资本，而是技术、信息与知识，尤以技术为重。技术驱动经济的妙处在于，技术对传统的生产要素具有很强的替代能力，而且边际收益递增，不存在过量投入现象，具有可持续性。随着技术要素的持续投入，不可再生资源的消耗会大大减少，更多的劳动力被逐步释放，并在各产业间按照市场规则流动。

进一步，从微观视角审视技术对企业发展的作用，就是要关注技术如何能转化为企业资本，高效率运作以驱动企业价值增长。这给经济学、管理学领域的技术应用研究带来全新视角。

纵观世界历史上几次大的工业革命，技术早已成为企业获取利益的核心动力。尤其自20世纪60年代以来，以计算机信息技术、新能源技术、生物技术、航空航天技术等为代表的新兴技术革命，全面颠覆或改变了人类生产方式和生活状态，成为企业价值增长的重要来源。80年代之后，伴随信息技术的飞速发展，技术对企业的渗透力愈发明显，企业的生产、经营管理处处要依赖技术。对企业而言，占领了技术制高点，就意味着拥有了绝对的竞争优势。大量实践证明，市场经济中的各种资源和生产要素，在被充分有效利用的前提下，技术的价值创造潜力、实现能力和收益率最高。这也是经济发达国家将技术系统看作比自然系统更重要的原因之一。在现代经济社会里，技术已取代传统要素成为企业生存和发展的决定因子。多年来世界各国都认识到这一点，围绕技术如何转化为生产力，政府出台一系列政策法规，企业也加大技术研发、技术管理。在这方面，欧美各国拥有比较明显的优势，有关技术转化的政策法规、技术市场发展等方面也较中国成熟与完善。其中，早在20世纪80年代美国拓展专利保护范围，并相继出台拜杜法案、联邦技术转移法、技术转让法。英国政府规定个人在非上市公司投资，五年内资本增值可免税，后又成立非上市证券市场，解决技术转化中的货币需求问题。德国政府早在1957年就制定了雇员发明法、科学技术与专利法，这些对促进技术资本积累都起到重要作用。而网络技术的出现进一步从时间与空间上打破了技术市场诸多限制，提高了技术交易的速度与便利性。20世纪90年代初美国最先成立网上市场，并迅速蔓延到欧洲各国，这对美欧企业的技术资本的生成及价值的创造起到明显的促进作用。近年来，美欧各国技术成果利用率达到了80%以上，且技术资本积累规模不断扩大，这对宏观经济增长及企业价值作用也非常明显。以美国为例，1978~2010年，美国企业知识产权比值从20%提升到了70%，众多专利技术公司80%~90%的纯收入来自于专利费的收取和技术转让。自2000年以来，微软、苹果、Google公司的年均利润分别达到80亿、25亿、30亿美元以上。

在全球经济一体化环境下，为了实现经济持续健康发展，由制造业大国向技术创新驱动型国家转变，中国政府提出要告别不平衡、不协调、不可持续的粗放高速增长模式，追求一种“新常态”经济发展模式，即速度适宜、结构优化、社会和谐。但就目前技术研发及应用的整体状况看，实现新常态发展还有一定距离。尽管经过多年努力，中国也具备一定科技实力，如技术专利产出大幅增长、不断涌现出技术自主创新型企业、且技术市场发展迅速，但整体上技术成果转化为现实生产力的程度并不高。相对于其他要素，技术在企业中的配置比例仍偏低。数据显示，2013年国家受理发明专利82.5万件，已连续3年居世界首位，但其中仅有20%被应用，真正实现产业化的未达10%。很多企业生产流程仍集中在组装加工最后阶段，主要依赖外部市场与技术维持生存。且质量居世界之首的近200种产品中，有九成以上的产品都是国外贴牌生产，中国自主研发和拥有品牌的比例不足10%。从而对外出口商品中近九成也为贴牌产品。由于企业缺少自主核心技术，被迫支付给国外专利持有者较高费用，如数控机床售价中的二至四成、手机售价中的二成以及计算机售价中的三成利润等都被国外企业攫取。此类企业的资源配置普遍以资本、实物、普通工人为主，技术要素比例太低，其中不少是二手淘汰技术，不具原创性，增值力有限。英国《经济学家》信息部2012年发布了创新绩效排名，参与排名的有全球82家经济体，中国仅居第54位，处在中等偏下位置。从制造业总量看，中国是一个大国，但从核心技术拥有量来看，中国仍是一个小国，这也制约了企业的价值创造。2013年全球最具价值品牌企业100强排行榜中，苹果以1850亿美元的品牌价值获得100强的头把交椅，排名第2位的谷歌品牌价值近1140亿美元，中国仅12家企业上榜。而2013年度全球最有价值品牌年度报告中，中国没有一家品牌上榜，美欧日韩几乎包揽这份榜单的所有席位。

以上情况说明现阶段企业一方面缺乏内源性创新技术，另一方面由于诸多条件限制，很多技术没有及时转化为生产力。技术主要以专有技术、专利等形式体现，其中发明专利最具创新性。对于此类技术，自制渠道比外购成本要大，但更能发挥核心优势与价值创造潜力。很多企业出现传统要素资本深化，技术要素配置过低，外购技术比重过高的现象，侧面反映出许多企业管理层还未真正领悟资本秘密，也未厘清技术与技术资本的区别，致使技术资本生成路径不畅通，配置效率不高，价值创造受阻。根据 2013 年上市公司年度财务报告，行业价值创造能力差异很大，石油、化工、煤炭、银行、房地产等领域企业最赚钱，而拥有较多技术专利的高新技术企业和战略性新兴产业的收益却相对较低。发明专利拥有量排名前十的企业中，盈利能力差距也比较明显，突出体现在：2013 年，华为技术有限公司（简称华为公司）收入达 395 亿美元，增长 8.5%，净利润约 35 亿美元，增长 33%，收入总额已首超日本的爱立信公司，其他如石油、石化也表现良好。但技术实力同样突出的中兴通讯近几年财务业绩却连续下滑，一度陷入亏损。该公司是全球领先的通讯设备制造上市企业，2013 年发明专利授权量 1448 项（国内排名第 3 位），PCT 申请量 2156 项（国内排名第 2 位），拥有世界领先的 RRU 系列产品，但自成立以来利润波动一直较大，明显缺乏持续性。尤其 2011 年以后，该公司利润下滑并出现亏损，2012 年亏损约 28.4 亿元；尽管 2013 年扭亏为盈，但销售收入仍下降 10.56%，营业亏损 7.28 亿元，扭亏也主要是营业外收益所致。

抛开技术成果，造成两家公司利润差异的重要原因是技术转化为生产力的能力和技术资本的运营效率问题。华为公司特别注重技术资本的生成与运营问题，对于每一项技术都明确产权，选择恰当的商业时机投入生产过程转化为技术资本，并且充分利用不同的资本经营、资产经营、商品经营手段，让每一项技术资本高效率运转起来，对于所创造的收益，技术资本所有者能够按贡献分享收益。依托于强大的研发团队、高效的技术资本运作，华为公司每年利润总额的 50% 以上为技术资本所贡献。相比之下，中兴通讯尽管技术实力也较强，但技术资本的运营效率、效果都要远低于华为。技术强大的企业并不一定拥有充足的技术资本，即使充足，不同的运作方式带来的业绩差异也很大。

从财务学的视角看，新兴要素资本理论认为技术要发挥作用、创造价值，首先需要转化为技术资本，而技术确权与市场交易是资本转化的必要条件。原因主要在于不少企业管理层还未真正领悟资本的秘密，尚未厘清技术与资本的真正区别，致使技术到资本的生成路径不畅通，配置效率不高，价值创造受阻。因此，研究技术如何转化为技术资本，以及如何创造价值具有重要的现实意义。罗福凯带领其研究团队多年从事此方面研究，相继取得大量研究成果，将企业的资本形态划分为货币资本、实物资本、人力资本、技术资本、信息资本与知识资本，前三种称为传统资本，后三种称为新兴资本；构建了新兴要素资本理论框架，提出企业的资本结构应是以上六种要素资本之间的配置关系，而非传统意义上的货币资本结构；解决了资本的生成机理，生产性资源要成为资本，必须要确认产权、进行交易并投入生产。在理论上厘清技术资本如何生成后，接下来需要进一步从实践中挖掘现阶段中国企业技术资本的配置状况与价值创造能力，这正是本书拟解决的核心问题。

1.2 研究的问题与意义

1.2.1 研究问题

本书以新兴要素资本理论近年所取得的技术资本理论相关研究成果为基础，进一步探讨企业技术资本的配置状况及价值驱动策略问题。其中，技术资本的配置包含两个方面含义：技术资本在要素资本总额中的配置及技术资本的内部配置。若要素资本总额一定，加大技术资本配置必然减少对其他生产要素的配置；同样，加大技术资本中的专利、非专利技术配置也会降低对其他技术类别的需求，它们之间此消彼长。只有技术资本配置合理，才能很好地驱动价值增长。另外，考虑到企业战略、资源、能力不同，实践中技术创造价值的具体流程也会有所区别。基于此，进一步提出构建技术价值链，将技术的价值驱动流程按照内在逻辑链接起来，有助于更科学、合理地制定有关技术的价值驱动决策。基于以上分析，接下来拟解决的主要问题有：技术资本与企业价值驱动的相关理论与现实证据、技术资本配置状况、技术资本配置对企业价值的贡献、技术价值链的模型与应用等。

1. 技术资本与企业价值驱动的相关理论与现实证据。研究技术资本与企业价值的关系，离不开现有理论与现实证据的支撑。要厘清技术资本与企业价值的内在驱动关系，需要先确定技术资本的相关理论基础（本书指的是新经济增长理论、新兴要素资本理论、要素价值理论）以及技术资本的现有理论体系，如内涵、属性、基本命题等，以此全面准确地把握技术资本研究的大体方向、具体思路与操作框架；然后还要通过分析资本与价值之间的关系，从财务学视角出发构建技术资本与企业价值的理论关系框架，挖掘出技术资本对企业价值的理论驱动路径；了解相关理论内容后，还要进一步给出当今经济环境下国内外技术资本驱动企业价值的现实状况有关证据。只有搭建好理论框架，对现实情况有了大体了解，才能够找到进一步研究的重点与思路。对以上问题的探索是本书研究的基础。

2. 行业整体技术资本配置状况。中国各行业企业技术资本配置能力不均。有些行业技术资本配置比例较高，甚至接近于传统资本、实物等要素，也有不少行业仍维持传统资本结构，资本、实物等要素占绝大多数。为了细致了解各行业技术资本的配置状况与差异，书中将全面搜集沪深各行业上市企业技术资本、人力、实物等相关存量数据进行比较研究。此问题具体涉及：(1) 求出各行业企业技术资本的配置存量，与实物资本、人力资本等配置存量作对比，说明要素配置合理性；(2) 估算技术资本内部结构，如专利、非专利技术、开发支出、系统与软件、研发中心、其他技术权利相对配置比例，以评价各行业技术资本的内部质量；(3) 了解技术资本的获取渠道——自制与外购，以评价各行业技术资本的原创性；(4) 了解各行业技术资本的投入产出效率。由于技术资本配置在制造业、信息技术行业最为典型，以上分析主要围绕这两个行业展开。

3. 技术资本对企业价值的贡献程度实证分析。以技术资本的相关理论为基础，书中还要实证建模来验证技术资本对企业价值的贡献程度与驱动路径。此问题又细分为：(1) 求证技术资本如何与其他要素共同驱动价值，涉及哪些影响因子？如何构建模型？选择何种估算方法？技术作用的发挥受到哪些因素的调节？人力资本与行业特征的调节性是否存在？人力资本与技术资本体现出何种互动关系——替代还是互补？对于不同行业、性质与地域企业，技术资本的贡献程度是否有明显区别？(2) 估算技术资本的产出贡献以及在价值增值的过程中技术、实物、人力之间的相互替代关系，通过求解技术资本的产出弹性、技术资本对人力资本的替代弹性、技术资本对实物资本的替代弹性、实物资本对人力资本的替代弹性，评价技术资本的贡献能力以及技术、实物对人力的替代能力，以便于企业做出要素结构调整决策，面对人口红利逐渐消失，人工成本上升时，企业应优先选择技术资本还是实物资本来替代人力推动企业价值提升？

4. 技术价值链模型构建与应用。制造业时代，商品制造环节是企业价值的主要来源。相应地看，对商品生产起决定性作用的生产要素成为企业价值的主要驱动力。新经济环境下，技术、信息、知识要素的增值能力超越了传统要素，且价值的增值环节也日趋多样化，设计、生产、销售、服务、日常管理等都隐含增值潜力，关键取决于战略定位。波特提出的价值链理论适用于传统制造企业，已经不适用于新兴要素配置及其价值驱动实践。基于技术要素重新构建价值链，已成为技术创新与持续价值管理的迫切需要与现实选择。技术价值链模型、应用模式、应用实践以及优化改进等都有必要探索，这又细分为以下几个问题：(1) 如何构建理论模型，这需要全面了解技术向技术资本的转化过程以及资本的运作渠道、技术活动之间的内在链接关系；(2) 模型应用模式如何设计、应用效果如何？(3) 如何对技术价值链做出动态的调整与优化，以重塑价值链，更好地适应企业战略发展需要。

1.2.2 研究意义

1. 有助于从理论、实践两个方面厘清技术资本与企业价值的内在关系。与人力、智力、知识等要素相比，现有文献对技术资本的关注偏少，其对企业价值的驱动机理更是研究洼地。现实中很多企业管理者还未真正了解技术、技术资本的区别以及与企业价值之间的内在驱动性、技术资本与人力资本之间的互动关系。本书第3、5章将从理论上厘清两者之间的关系，进一步给出实证检验。理论分析部分将有助于现有学者、企业界人士准确、细致地把握技术资本的价值驱动路径，即技术选择、技术转化时间、技术利用效率以及技术优势培育与维持对企业价值的重要性，一定程度也充实了现有经济学、管理学领域的相关文献。实证分析部分提供了各行业技术资本及人力、实物资本对企业价值的贡献程度、相互关系的证据支持，企业管理者可据此结合内部资源、能力状况重新审视自身技术及其他要素配置合理性，有针对性地调整技术资本管理策略，制定切合实际的价值驱动对策。

2. 为技术资本的价值驱动活动提供理论依据。知识经济环境下，企业价值驱动更重要的是新兴技术、信息、知识的参与，其稀缺性、异质性特点决定了它们才是长期价值驱动的根本力量，在企业管理中的作用也逐渐超越传统要素，但现阶段还未引起企业管理者的高度重视，导致技术资本配置不足、增值有限。技术价值链的提出，为新经济环境下企业的价值管理提供了科学的理论指导与实践借鉴。该理论在波特价值链理论、资本生成理论的基础上，将技术资本的形成过程以及后期的技术运营过程相结合而成；且依据技术活动之间的内在链接关系，实际的运作模式也有不同。这便于企业结合自身技术活动特点，找出技术运作中的不足，作进一步优化改进。另外，这也充实了价值理论、技术资本理论、价值链理论等的文献成果。

3. 有助于提升企业的技术活动管理效果。很多企业技术成果贡献不明显的主要原因是尚未建立起技术的价值驱动路径。本书在提出技术价值链基础上，进一步详尽分析其运作模式，并针对运作问题从发展战略入手探讨优化策略，这些都为企业的价值管理提供全面参考，便于企业结合发展需要有针对性地扫除影响技术贡献发挥的障碍或瓶颈，建立适合自身的价值链类型并选取恰当运作模式，实现技术向技术资本的高效转化与利用。

4. 有助于提高各行业企业技术资本的配置能力。通过分析各行业企业技术资本的配置存量、在要素资本中的配置比例、技术资本的内部结构以及配置效率等，有助于企业更清楚地了解行业技术资本的存量分布状况、获取渠道、技术实力、技术利用效率方面的差距，认识到自身技术水平及在行业中的相对位置，有目的、重点地加强技术资本管理，提升技术资本在企业发展中的战略核心地位与竞争优势。此外，也有助于技术资本及其他要素在不同行业、企业间的合理高效流动，优化行业内不同企业的要素资本、技术资本配置结构、最大化提升技术利用效率、减少技术冗余。

5. 有助于企业更合理地安排要素资本配置比例。技术资本、实物资本、人力资本对企业价值的影响能力不同。在产出一定的前提下，企业通过合理安排各生产要素之间的配置比例，可以降低成本、提高利润与价值。理论上讲，技术对人力的替代能力大于机器设备对人力的替代能力，随着人力成本上升，企业应更多地选择技术替代人力而不是机器，以降低更多成本。本书中通过实证了解各要素资本之间的替代性，发现与实物相比，技术的替代能力略强一些，但这种替代性虽有利于短期收入提升，但并不利于长期价值增长。此结论将有助于企业更合理地安排各要素资本之间的配置比例与配置结构。企业在配置要素比例时，不能仅注重成本最小化，还要关注技术、人力内在质量的提升，只有从根本上改善要素内在性能，才能协同驱动企业价值。

6. 有助于促进企业的持续创新实践。自 2010 年中国 GDP 规模取代日本成为全球第二之后，中国经济增速持续下滑。自 2010 年至 2012 年已连续下滑 11 个季度，2012 年至 2013 年，GDP 年增速连续两年低于 8%。对于此种状态，大多数学者认为这反映出旧的增长模式已难以为继，经济增速下滑已是必然。面对经济新常态，以习近平同志为总书记的党中央高瞻远瞩，提出中国的经济增长轨迹开始步入新常态，需重新定位发展思路与动力，通过创新驱动产业结构调整与转型升级是中国经济成败的关键。本书研究了各行业技术资本的配置状况、配置效果、技术资本对企业价值的影响能力，并提出技术价值链理论模型，将对经济新常态下中国各行业（尤其是制造业、信息技术业）企业的技术创新实践提供借鉴性参考，以培育技术实力、提升创新能力促进转型升级，从根本上增强可持续健康发展的内在驱动力。

1.3 研究的思路与方法

1.3.1 研究思路

围绕上述提出的诸问题，以现有的相关理论为基础，本书先对技术资本、企业价值的理论体系、国内外技术应用实践证据作一了解，并以理论与实践作为支撑，提出本书后续章节研究的主题设想；然后从存量、结构、渠道、效率角度全面了解国内各个行业（尤其是制造业、信息技术业）的技术资本配置情况及其对企业价值的贡献程度、技术资本与其他资本之间的关系，以论证当前环境下企业应优先注重技术资本积累与运作；有了实证证据支撑，接下来结合现有企业技术运作情况，提出构建技术价值链，并探索其运作模式、应用可行性与优化策略，以期为国内企业的技术创新提供指导与借鉴。具体各章节安排如下：

第 1 章介绍研究背景、研究的问题与研究意义、研究思路、研究方法、创新点与贡献。

第 2 章是文献综述，全面系统梳理了不同经济发展阶段经济学、管理学学者对技术资本、企业价值以及两者相关性的有关研究成果，以便于发现其中不足，找到本研究的突破口。

第 3 章阐述相关的理论依据与现实证据，包括四个小节：第 1 节是研究的相关理论基础——新经济增长理论、要素资本理论与要素价值理论，接下来的各章节内容都是在上述理论基础上进行论证与推导；第 2 节是技术资本的现有理论体系，诸如技术资本的内涵与属性、几个基本命题等，这有助于增强对技术资本的认识，更便于接下来深层次分析企业技术资本配置状况及增值能力；第3节从经济学角度考察资本与价值、技术资本与企业价值的内在关系，进一步给出定量影响模型，这对接下来两者关系的实证验证、技术价值链提出、运作实践与优化都起到一定指导作用；第4节介绍国内外技术资本的应用状况，对后面章节分析提供现实证据支持。最后提出后面各章节研究的主要问题及设想。该章是进一步研究的基础。

第4章介绍各行业技术资本的配置状况。将技术资本细分为专利、非专利技术、开发支出、技术使用权、系统软件与研发中心。据此逐项搜集2009~2014年沪深上市公司财务数据，从存量、内部结构、获取渠道与配置效率四个方面全面深入地分析各行业企业技术资本的配置状况。考虑到制造业与信息技术行业是技术资本最为集中的两个行业，该章对这两个行业拟作重点介绍。

第5章实证分析技术资本配置对企业价值的贡献：首先，从人力资本、行业特征调节的视角来验证技术资本与企业价值的显著关系以及技术与人力的整体替代关系；其次，借助于超越对数生产函数与岭回归估计，求解出各行业企业技术资本的替代弹性以及技术对人力、实物资本的替代弹性，验证了技术对人力的替代略超过实物对人力的替代。通过以上分析，对技术资本对企业价值的贡献程度有了一个全面认识与把握。

第6章提出构建一个技术价值链理论模型，并探讨其运作模式。该模型反映了驱动价值的各技术活动之间的链接关系，由关键性技术活动和支撑性技术活动组成，又可细分两个阶段：技术资本的生成与后续的运营过程，前者包括技术生产、技术确权与技术交易；后者包括技术的“商品运营”活动、技术的“资产运营”活动与技术的“资本运营”活动，分别对应着三种不同的运作模式。

第7章阐述技术价值链模型运作实践，为理论模型的应用可行性提供现实证据支持。选用技术主导创新企业——华为公司为案例，逐个分析该公司的技术生成、技术确权、技术交易、技术“商品运营”、技术“资产运营”和技术“资本运营”活动及内在的链接关系、运作模式，用事实证明了理论模型的可操作性与应用价值。

第8章针对现有企业技术活动的运营状况，探讨基于技术活动的价值链优化策略。首先，对相对独立的技术活动进行优化，意在培育其低成本或差异化竞争优势；其次，将各技术活动的成本、差异化优势与外部竞争企业作对比，利用象限分析图重塑价值链内部各技术活动的链接关系。考虑到目前企业对技术资本的认识能力，这将有助于企业从发展战略出发更好地提升技术管理效果。

第9章概括本书研究的主要结论，指出研究的不足之处及后续研究方向。

1.3.2 研究方法

本书围绕技术资本配置与企业价值驱动策略进行设计，属于应用性研究，需要了解技术资本在实践中的配置状况、对企业价值的贡献，并结合实际提出一些有益于增强技术资本实践效果的理论与方法。为了实现以上目的，本书在研究过程中综合采用理论分析、实证分析、案例分析相结合的研究方法，其中以理论与实证为主，案例分析为辅。

理论分析主要采取规范性研究，意在解决“应该是什么”的问题。本书在以下章节部分均采用了规范分析：第3章以新古典经济学、要素资本理论为基础来分析技术资本对企业价值的作用关系；第6章将价值链理论、资本形成理论相结合尝试构建技术价值链理论模型及运作模式；第8章利用象限分析工具优化技术活动并重塑价值链。这些都以现有理论为指导，经过严密逻辑推理得到预期结论。

由于规范分析通常在一定假设前提下推导因果关系，易出现分析结论与现实不一致。因此，规范分析的结果还需经得起经验检验。常用方法有实证分析与案例分析。

其中，实证分析主要用于：第4章介绍了各行业、尤其是制造业和信息技术业技术资本的存量、结构、获取渠道，并选用DEA－M指数相结合分析了行业配置效率。第5章精简样本后利用动态面板模型与GMM广义距估计分析了技术资本对企业价值的贡献程度，借助于超越对数生产函数与岭回归，估算出技术对人力、实物对人力的替代弹性，验证了技术对人力的替代略高一些。

另外，特选用案例分析来验证技术价值链理论模型与运作模式的实践可行性。这主要是基于技术活动之间的关系动态复杂、难以量化，还未发现相关实证文献作参考依据，给实证分析带来一些困难。而案例研究通过对特定或多个案例的观察、搜集、整理并找到一些变量以及变量间的相互关系，对于新理论的形成、旧理论的应用性具有较好挖掘力。因此选用案例分析。

通篇来看，理论、实证、案例方法贯穿于本书写作的全过程，按照理论—实证—理论—案例—理论的思路展开：第一，理论论证技术资本与企业价值的关系；第二，实证分析技术资本的配置状况；第三，分析技术资本配置对企业价值的贡献及其产出弹性、替代弹性；第四，是技术价值链理论模型设计、应用案例分析；第五，是理论探讨价值链的优化策略。

1.4 创新与贡献

现有的技术资本文献多围绕其生成、内涵以及属性特征等理论问题展开研究，较少涉及应用问题，更缺少对技术资本如何驱动企业价值增长的微观策略研究。本书在以下方面作出突破：（1）厘清了技术资本的内涵与属性，详细界定了技术资本门类，认为其由六大部分构成：专利、非专利技术、开发支出、系统与软件、研发中心、其他技术权利，并进一步从理论上厘清技术资本对企业价值的驱动路径，这些丰富了技术资本、财务学理论的相关研究成果。（2）解决了技术资本的测度问题，实证过程中用专利、非专利技术、开发支出、系统与软件、研发中心、其他技术权利六大类技术明细的汇总账面价值来测量技术资本，这为后续展开相关实证研究打下一定基础。（3）全面了解了各行业企业技术资本配置状况。搜集上市公司数据，从存量、内部结构、获取渠道、配置效率四个方面对比分析各行业（尤以制造业、信息技术业为重）技术资本配置状况与效果，有助于企业准确认识技术积累水平及相对差距，有针对性加强技术投入。（4）以人力与行业技术特征双重调节为视角，求证了技术资本对企业价值的贡献以及技术与人力的替代性，并验证了技术对人力的替代略高于实物对人力的替代，支持了面对人口红利逐步消失，企业应更多地选用技术替代。这在一定程度上充实了新古典增长理论、新经济增长理论、要素资本理论、要素价值理论等的研究成果。（5）构建了技术价值链理论模型与运作模式，选取案例分析了其运作过程与效果，并结合现实运作状况作出优化处理。这既丰富、拓展了技术创新理论、价值驱动理论、价值链理论的研究成果，也为现实中的技术主导企业提供了一种适应经济新常态下转型升级的价值管理工具。

第2章 文献述评

技术是经济发展中的重要生产因素。技术的作用能力给理论界、实务界带来了一场空前革命，也引发各界学者对技术的再思考。基于财务学视角，技术增值过程实质是技术转化为技术资本的过程。资本本质上是一种生产要素[8]。尽管人类历史上几次重大的技术革命凸显技术作用，经济学家历来也尤为重视技术进步，但在20世纪初熊彼特提出创新理论之前，技术并没有被纳入经济学的逻辑分析框架[2]。后来，新古典经济学虽承认技术作为生产要素的重要地位，却在技术不变前提下构建经济均衡模型，一定程度降低了模型的解释力与应用价值。伴随着技术进步与知识更新，旧的假设与理论也应顺应变化，技术不能总被忽视。一旦技术被更好地理解与应用，将使得经济理论更具包容性与解释力（Ayres，1944，1953）[9-10]。Solow（1956）首度将技术要素纳入经济增长分析模型构建了外生技术的分析框架，自此技术引起了众多经济学家的密切关注[3]。Romer（1986，1990）建立起技术进步的内生增长模型，进一步奠定技术在微观企业的重要地位[4-5]。Ellen和Edward（2009，2010）提出了技术资本命题[11-12]。Marek（2010）、Robert（2010）也都围绕这一命题进行经济分析[13-14]。可见，伴随着经济发展进程，技术及技术资本越来越受到关注。

企业价值是财务学的另一重要范畴。新经济环境下，以新一代机器人、云计算技术、精准基因工程技术、移动智能终端、自然人工智能等为主的新兴技术给传统经济增长模式带来明显冲击，充分显示出技术已开始取代传统要素，成为支撑宏观经济系统运行、微观企业价值增长的重要驱动因子。

本章将全面回顾技术资本产生与发展过程中的有关技术资本生成、概念、运营、作用的经典文献、企业价值来源、衡量与归属方面的经典文献以及技术资本如何影响企业价值的相关重要文献，以厘清学界对以上问题的主要关注点、研究现状与程度，以便在此基础上进行下一步的拓展研究。图2-1是本章的主要分析流程与思路。

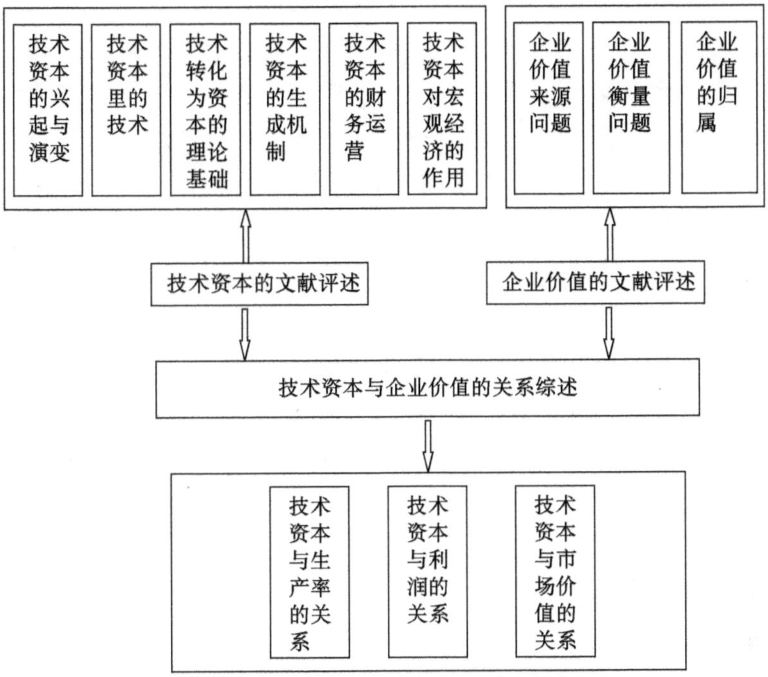

图2-1　文献述评流程图

2.1　技术资本文献

2.1.1　技术资本的演变历程

技术与资本的思想演化源于几次工业技术革命进程中经济学者们对资本与技术的不同看法。在中世纪拉丁语中，人们将资本看作是财富的源头。实际上，世界还有很多僵化的资本等待挖掘。最早的技术思想可追溯至19世纪。蒸汽机的发明和投入应用，凸显出技术的巨大生产威力。之后的电力工业革命，使生产更加依赖技术进步，也带来产业结构的深度调整。这两次科技革命，在极大促进生产发展的同时，也影响到专家学者们对资本与技术的不同看法。

古典经济学集大成者亚当·斯密将资本看作是为了生产目的而进行的资产型储备，资产形式有多种，货币只是其中之一，通过技术改良与投入，可以提高产出水平[15]。马克思进一步强调技术对生产力的重大推动作用，在一定程度上继承了亚当·斯密的观点[16-18]。后来，新古典经济学的鼻祖马歇尔提出了著名的生产四要素论——劳动、资本、土地与企业家才能，并进一步指出技术可以阻止规模报酬递减，提升生产效率[19]。但遗憾的是，他未将技术看作生产四要素之一。新古典经济学追随者、边际学派的代表萨缪尔森在继承马歇尔经济思想的基础上提升了技术的地位，突出强调了企业若没有设备、劳动、技术、资源、知识等，将无力维持正常生产活动，而拥有此类要素的主体将会随市场需求动态获取超额利润[8]。实际上，萨缪尔森已将技术看作比设备、劳动、一般资源更为重要的生产因素，承认了技术是一种生产性资本，但在分析经济问题时仍遵循技术不变假设下的新古典逻辑框架。综上所述，长期以来经济学家对技术与资本理论的研究大都分别进行，在诸多假设的前提下构建模型、提取与研究主题有关的要素，去除不相干部分，这很可能会导致模型构建中遗漏掉一些重要的生产变量，致使模型分析结论与实际不符[20-21]。技术资本恰恰就是模型中被遗漏的重要要素之一。

技术资本的理论演变经历了一个漫长发展历程。期间的研究思路、方法也有区别，大致可划分为三个阶段：技术萌芽（1912～1956年）、外生技术理论（1956～1986年）、内生技术理论（1986年至今）。1912年熊彼特创新理论的提出标志着技术资本理论的兴起[2,22]。自此，技术开始成为经济学研究的议题。Ayres、Blair等经济学家都曾探讨过技术对宏观经济及微观企业的贡献[9,10,23]。Solow（1956，1962）构建外生技术模型首度发现技术进步的贡献明显超过资本与劳动[3,24]。其后，不少学者尝试放宽索洛模型的假设前提，做了大量改进使方法更趋完善。特别是Veblen（1961）将技术看作是生产理论的核心部分，通过将技术应用于生产，其生产潜能、资本功能得到最大程度的发挥[25]。Schultz（1971）在建立人力资本的理论分析框架时也提到过技术的贡献[26]，但以上文献始终未突破外生技术的大框架。直到Romer（1986，1990）提出技术内生的增长模型，内生的技术资本才得到强有力的支持，其研究重心才开始从宏观领域向微观领域转移，由关注外部的技术扩散、技术转移与吸收转向重视企业内部的技术研发与生成[4-5,27-28]。之后，微观视角的内生技术资本理论体系受到不同领域学者的持续关注，尤其是在2000年后，伴随信息技术及其他新生技术的变革、经济全球化的飞速进程，对于企业内生技术的研发、生成与贡献、技术资产的日常管理、技术资本的运营方式、效果、技术资本的成本、风险与收益等问题相继取得丰硕成果。近几年，在前人文献的基础上，艾伦·麦克格雷坦与爱德华·普雷斯科特相继在论文《对外开放、技术资本与经济发展》及《技术资本与美国现金账户》，马瑞克·卡皮卡在论文《技术资本对美国经济有多重要?》、罗伯特·埃文森与基斯·福格莱在论文《技术资本：增长俱乐部的进入代价》中，都尝试将技术资本从其他资本中独立出来，多角度探讨其独立的贡献问题[11-14]。以上论文将技术资本视为与人力资本、实物资本独立的有形资本形态，也代表了新经济环境下主流经济学研究的新方向。越来越多的人开始认识到技术资本正在逐步改变世界[29-30]。2000 年后，美国海外成立的跨国公司，其员工大多从当地招聘、机器设备也多为本土生产，只有技术内部提供，会计测度后发现，这些公司的海外收益的绝大部分由技术资本创造[13]。

与之相比，国内的技术资本理论发展明显滞后。尽管个别人如李艳荣、张晓原十年前就发文强调了技术资本的重要性，主张技术同货币、实物、一般商品一样，一旦投入生产过程，便具有了企业的资本形态，但此观点当时未引起更多人重视。那时理论界对人力、关系、智力、环境等问题关注更多[37]。此后，罗福凯、张景安等人的研究进一步驱使技术资本理论朝纵深方向发展，但其间的发展历程并不顺利[38-53]。西方发达国家的社会资本、关系与心理资本等相关理论研究的热情日渐兴起与高涨给技术资本理论的发展带来一定的冲击。从目前的研究看，智力资本是除实物资本之外的其他非实物资本之和，实指会计报表中的无形资产的价值。从经济学资本理论的渊源来看，智力资本其实缺乏一定的理论支撑和现实依据，它包括的内容太过于宽泛，其中人力、组织与关系等内容存在明显的内涵重复。另外，也有人将技术与“知识产权”相混淆。需指明的是，人力、技术、知识等均为经济活动中的相对独立的要素，具有各自的特征、内涵、属性、作用机理与基本命题，任何互相混淆的做法都有失恰当。且随着技术等新兴要素对经济增长的贡献日益凸显，新兴要素资本研究也必将成为当代经济环境下资本理论研究的主流发展趋势。

2.1.2 技术的内涵

围绕技术是什么，不同领域的学者认识略有差异。哲学家陈昌曙先生认为在不同的历史发展阶段，技术应具有不同的理论内涵[54]。在生产力极其落后的古代，技术仅是人类维持生存所需具备的生产技能、方法与技巧；随着工业机器的产生、大规模应用，工业化的进程加快，此时的技术不再局限于人类自身具有的技术能力，已扩展到社会化大生产的各个层面，技术被看作是与社会生产活动相关的机器、生产技巧、生产流程、生产工艺；到了19世纪，人类开始步入信息社会，生产力水平空前提高，技术也以前所未有的速度动态更新，技术不再局限于实物、技能层面，开始扩展到抽象形态的知识层面。基于此，技术不仅是各项机器设备、生产手段、生产工艺、生产流程与技能，更重要的是人类的一种特殊的生产实践方式[54]。可见，哲学领域里的技术概念较为宽泛，未与机器设备区分开来。要素资本认为，技术和机器设备的属性具有本质区别，企业购买具有高技术含量的机器设备与购买该设备拥有的生产、制造、维护技术是截然不同的两个价格。

经济领域里，技术被界定为土地、资本、劳动、实物等之外的独立生产要素。不同时代，有关学者对技术的理解有别，至今未达成一致。Stephen（1994）主张技术由四部分组成：版权、专利、商标与商业秘密。版权指音像制品、作品及其他可用于表达观点的外在形式。专利是专利权人排除他人在专利申请、签发国研发、应用或销售自身技术的权利。商业秘密指具有一定的商业价值、能够增强使用者竞争优势的秘密信息和数据技术。商标代表产品或服务来源的句子、名字、短语与设计等[55]。Stephen的界定实际上扩大了技术内涵，一些本应归入知识、信息的内容也被考虑其中，如商标、版权。Christensen（2003）主张技术是企业将劳动、材料、资本、资源、信息等转换成更有价值的产品的生产过程。该定义可能更接近于古典经济分析框架，但很明显未提炼出技术的本质性内涵[56]。相比而言，Burgelman（2004）的技术界定可能更为准确，他将技术看作是理论与实践的知识、技巧、技艺，能够被用来开发产品、生产产品与服务，以及应用于生产、运输等管理系统。技术可能具有一定的隐秘性，往往内嵌于人、材料、认知过程、设备、工具中，如专有的技术秘密、秘方、设备制造技术等[57]。麦克格雷坦、普雷斯科特对技术的界定与本书最为贴近，即企业在研究开发过程中形成的技术秘密、非专利技术、商标以及其他一些相对独立的研发组织[11]。

国内方面，罗福凯（2010）认为，经济领域的技术，仅包括投入生产中的技能、技巧、技艺、核心工具、生产工艺、测算软件、生产流程、生产秘方以及相关的术用性载体，不涉及哲学里的机器设备及相关的技术类知识，人力、劳动等要素也被排除在外[39]。简言之，技术是技艺和术用的合体。其载体与形态表现为：高科技含量的人工制品、人工文件或特别行为等。它们都属于私人商品，非公共性产品，在经济领域里被企业等有关组织购买后，投入生产应用，转而成为企业的技术资本[39-55]。其术用性载体指的是附加技术的人工载体形式，主要包括具有特定功能的技术型储存文件、技术储存设备或某些人的技术行为。要特别指明的是，以上的人工载体形态，仅是以特定形态储存的私有物品，还未创造价值，只有通过商品的流通与交换，将附加技术的要素载体用合理价格购买后，才能作为技术资本。关于技术要素的特性，Romer（1990）认为技术区别于一般竞争物品的地方主要在于技术的非竞争性和部分的排他性。前者指企业或个人在应用某技术时无力阻止他人对技术的使用权，且技术极易被泄露、模仿，其复制成本很低；后者指为确保从技术投资与使用中获取超额收益，企业具有保护技术以防他人使用的主观意愿与内在动机[5]。除此之外，技术还具有高风险性、高增值性、模拟自然性、仿学复制性、发明性、时效性等特征。

伴随经济全球化的全面渗透与市场竞争程度的加剧，成本、价格等在过去属于商业秘密的财务信息现已成为经济社会的共享资源，尤其对上市公司，财务状况已高度透明化。此种情况下，技术作为新兴资源，其巨大的价值创造力和极高的独占性必将引起理论与实践界尤其是经济领域的日益关注。

2.1.3 技术转化为资本的理论探源

为了考察技术是否属于资本，先来回顾一下经济学家们对资本的看法与主要观点。马克思学派的资本理论主要强调资本的商品性，重视市场流通与交易对资本生成的重要作用，且认为资本体现出实物的自然属性和社会的生产关系属性。该学派阐述的有关资本的生产、循环过程最终是为了阐明劳动力只有经过市场交易才能转化为货币资本所有者的人力资本。该学派认为价值是由劳动创造，主张批判资本主义私有社会，但根本上未否认其他的资本形式存在[16-18]。本质上，马克思学派所遵循的资本逻辑是将资本视为一种生产资料，发挥作用的前提是私有制度，其本质是劳动者的生产、生活资料归谁所有；资本代表了一种权利或者财富，劳动者被视为无产者，实质是社会的财富被少数有产者占有，财富分配成为资本生成的另一诱因，资本是生产要素与社会财富的有机结合。

新古典经济学派的重要代表人物萨缪尔森认为资本是生产劳动的结果，是被生产而成的要素形态，一种由经济过程产生的耐用性投入品[8]。一块土地，荒芜而贫瘠，市场价值极低甚至无人问津，由于此处被政府规划为商业型用地或特批为高新经济开发区，此地需被征用开垦、开发成各种商业用地，结果身价很快增加数倍。再如埋藏在地下的资源，对于土地的所有者而言，若发现所拥有的土地底下存有大量的待开采石油，该地价格会很快暴涨。地下的石油资源未被人发现、开采之前原本无任何价值，一旦经过生产劳动被开采，石油就转化为一种可以创造价值的生产要素，成为各行业领域的重要资本形态。

经济学家索洛在其著作《资本的秘密》中另辟新径、深层剖析了资本的产生条件[58]。他指出资本、资本主义社会制度之所以能够在西方国家取得成功，其秘密在于西方发达国家赋予了令资源转化成为资本的有效经济机制。任何的物品、资源要成为资本，都需先具有明确的产权形态。落后地区或国家贫穷的真正原因，并非缺少货币、人和技术，而是缺乏将其转化为资本的内在有效机制。高效的资本转化制度对一个国家的资本培育至关重要。实际上，索洛的资本理论拓展了马克思学派的观点。马克思学派主张劳动者转变为商品是货币成为资本的基本前提，只有满足此条件，货币才有可能以资本的角色被配置到生产各个流程中。与之相似的是，劳动者成为人力资本的前提应是货币成为商品。推而广之，只有当人力、实物、技术同货币一样在国家法律体系中得到充分认可，产权清晰，且能够在不同经济主体之间自由地流通，各类资源才能真正充当起资本角色。

以上述经济学家的经典资本理论为基础，自 2000 年以来，新兴要素资本理论将历史分析与现实调查相结合，全面地考察了资本理论的演进历程，挖掘出技术资源转化为技术资本应具备的三个前提条件：技术生产、技术确权与技术交易[43]。罗福凯（2001，2010）强调任何一项生产资源要成为企业的资本，必须经过图 2－2 所示的资本培育与转化过程[39-50]。其中，资本产生源于新兴产业的开发和新生活方式的出现，从而引发众多新生产要素投入新的生产过程，生产出新产品和新的社会活动方式，这些新的产品和活动方式被人们自由选择、买卖、交易后实现产权化，新兴产业的部分生产成果进一步就转化为资本形态，成为社会扩大再生产的动力与源泉。据此，资本产生过程由以下环节构成：新兴产业与新生活方式的诞生、形成生产过程、转入交易过程、生产成果产权化并投入生产过程。此过程实际上是萨缪尔森、索洛和马克思三位经济学大师的资本理论合体。过去，人们对资本本质的理解有点类似于盲人摸象，只片面强调货币变为资本的前提条件是劳动力成为商品，并未意识到劳动者变为资本的前提是货币和机器应成为商品，更未考虑劳动者变为资本的实质是以出卖劳动力为前提。现有学者们都盛赞马克思发现了劳动与资本之间的深层关系，实际上，其关于资本产生需要资本载体或标的物成为商品并经市场出售实现价值的观点更值得吸收推广。同样地讲，生产性劳动产品变为商品的前提也是需要经过出售。商品是用于交换的劳动产品。但人们未曾想劳动产品为什么能够销售出去，索洛教授给出了明确答案，原因在于产品登记了所有权，产权归属得到确认。对此，国家法律、民间契约均明确规定物品的产权以拥有所有权凭证为标志。

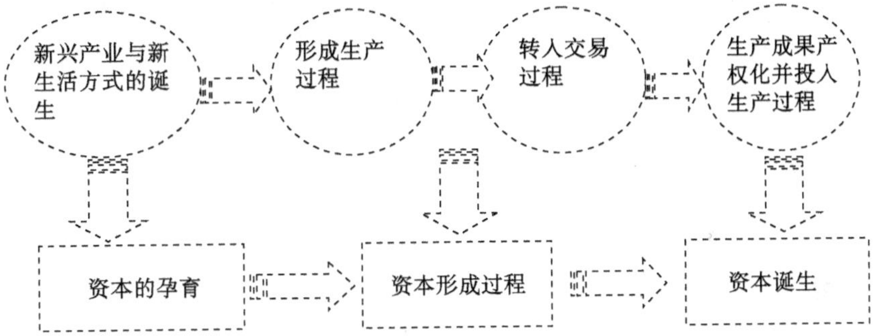

图2-2 资本产生过程

2.1.4 技术资本的形成

技术的资本化过程是一场重大的资本革命[38]。依据资本的产生机理，技术资本的孕育、生产和形成也依序由以下五个环节构成：新兴产业、新生活方式带来对新技术的需求、进而技术被生产、确认技术成果的产权、进行技术交易、投入经济生产过程。其中，前两个环节是否运转良好取决于生产力的先进性，后两个环节的顺利进行受经济制度先进性、科学性的制约。中间的技术生产、登记技术产权和技术交易是技术资本生成流程的核心所在。任何技术成果要转化为某一主体的技术资本，首先应是产权明晰的商品。资本的生成过程是开展技术资本理论研究的基础与起点（罗福凯，2014）[47]。

技术的产生是基石，产权登记和技术交易是技术资本形成的两个关键条件。技术的生成渠道主要来自三个：一是人类的生产、生活劳动，人类在维持生存的前提下，为了减小劳动强度、提高劳动效益、改进生产工具、提升产出质量、扩大生产量，就会想方设法寻求全新的工作方法与技巧；二是人类的科学研究与开发，这是社会分工的结果，也是生产性劳动的衍生性领域，此过程既可挖掘全新的技术，又可改造旧技术，也引领重大的科技革命方向；三是人类的应用技术研究开发，技术具有内在的发展演化规律，很多新技术都是在旧技术之上的自然繁殖[47]。关于技术确权方式，按照外在的载体形态，主要划分为所有权证、协议、合同、有价证券及其他；若考虑权利是否公开，也可分为公开申请与内部确权。Teece（1986）曾指出当技术研发人员缺乏在制造与市场方面的互补资产时，会更看重技术权利保护程度，此时倾向于对外专利注册[27]。Williamson（1991）、Ashish（2006）都曾专门探讨过专利注册的重要性，发现潜在的专利购买者在付款前大多希望发明的质量得到证实，专利公开注册后，不必担心技术被别人复制，也有益于互补企业之间的技术权利相互许可[59]。此外，若企业不想竞争对手清楚地了解自身的技术实力，企业也可仅在内部以协议的形式界定技术权利归属[61-62]。权利界定是否合理，很大程度制约技术潜能。从微观视角看，人们可能更乐于寻求技术交易、应用的渠道与模式[63-64]。这要借助于技术交易完成。对企业而言，技术交易就是技术资本的获取过程[65]。技术资本的获取渠道很多，大致分为自主研发与外部引进。林毅夫教授（1994）的分析表明当前中国人力资本配置水平不高，要想以最快速度进行技术资本积累，只能通过发挥比较优势、以引进技术为主，自主研发为辅[66]。

2.1.5 技术资本的财务运作

技术在经过确权与交易后，即具备资本形态，可以展开财务运作。技术资本的运作不仅能增加商品价值，而且能提升其他资本形态的整体技术水平[67]，使企业在资源、服务与市场等方面的综合竞争力都得到改观。可见，技术的运营管理尤为重要。其中以专利管理最为突出。专利是企业最重要的技术资源，也是维持核心优势的关键。西方发达国家企业不仅将其看作是法律赋予的一种权利，更是获取超额利润的商业运营策略，采取的运作方式灵活多样，有专利许可与反向许可、专利质押、专利证券化、专利权并购等，取得较可观的运营效果[68-71]。Schoemaker 和 Gunther（2000）指出，高新技术企业的可持续获利与发展战略主要依托于专利技术生产、相关法律保护及技术秘密的分享策略[72-73]。在不同的发展阶段，企业的专利管理应有所侧重，其大致可分为四个方面：一是确定研发投入强度、提高经费使用效率、及时掌握市场动态和竞争对手动态、合理配置专利数量、种类与结构；二是在专利积累与固化的基础上，积极拓展专利运作途径，在研发、生产、销售、服务过程中选取恰当的运营策略；三是要区分专利层次、重点保护核心专利，及时发现与制止侵权行为；四是动态评估专利运作效果。此外，专利权人的激励方案设计、专利资产的日常管理措施、专利组织结构建设等问题也不容忽视。

实践中，越来越多的企业将专利视为可持续发展的发动机，通过灵活的专利组合、许可、交叉许可获取可观利润，将技术含量较低或不具技术优势的制造流程外包给价值链低端环节的制造企业完成[75]，具体做法是：高技术含量与价值的专利应用于主体企业与子企业，一般价值的专利应用于对外的技术许可、交叉许可；较低价值的专利用于捐赠或低价处置，对于最低价值或已面临被淘汰的专利应及时废弃降低专利维护成本。与尽可能地保持垄断、维护技术秘密相比，采取多种专利运作方式的企业盈利能力更为突出。IBM 公司一直将专利技术视作重要资本，平均一年的专利许可获利就达上亿美元。这些年，中国企业也越来越重视专利技术的许可、交叉许可、抵押与销售。有些企业甚至将专利许可给同行潜在竞争企业使用。在一定程度上，这反映出了开放创新环境下专利技术运营的活跃程度，也促进了企业间的协同创新与发展。

应指出的是，由于知识产权主要由专利、著作权、商标权、商业秘密等组成，其中的专利、技术秘密本应划归技术资本，而现有文献大多未将其分离出来，很多的知识产权文献实则围绕专利展开。这部分文献对知识产权的关注主要集中在其法律保护以及商业运作。Sawhney 和 Prandelli（2000）、冯薇（2015）强调了仅获取技术专利、寻求法律支持还不够，保护知识产权的最佳途径是尽可能地挖掘其潜在价值，技术研发与创新的终极目的不是获取知识产权，而是从中逐利。知识产权运营与其开发、确权、保护相互联系，后者是前者的前提和保障，前者是后者的追求目标[71-72]，真正决定企业能否在日益激烈的市场竞争中取胜的关键，除了自身知识产权的数量与等级，还有运作方式与流程。可见，知识产权运营的战略地位已得到广大学者的一致认同[74]。

在利用技术获取收益的过程中，相关运作成本也随之而生。与其他资本类似，技术资本的运作成本也有固定、变动、直接、间接之分。以信息技术资本为例，直接的运作成本有硬件、软件获取成本、网络设施环境维护成本；间接的运作成本包括在学习软件、为消费用户提供技术服务过程中产生的各项财务支出及其他虽重要却难以明确主体的量化支出。技术资本的成本制约了其运作效率及收益实现，也限制了传统的成本分析模型的拓展性应用。鉴于此，Dileep（2007）借助于一阶欧拉定理建立了技术可变情境下的产品成本分析模型，分析发现技术的比例与规模收益之间具有一定的内在函数关系，若技术成本发生变动，使用固定比例的决策模型极易导致决策失误[76]。相比之下，变动比例的技术模型更能够反映真实的生产经营过程[77]。这说明技术资本的成本与管理决策密切相关。

另外，在技术资本的应用过程中，受信息供需不对称、技术产品的复杂性影响，各种运营风险也随之而生，影响到运营的效果。技术的风险管理显得尤为必要，按照时序特征分类，主要包括三个方面：事前、事中、事后。事前的风险管理主要指技术开发、培育过程中的投资风险管理。相对于一般资本，技术资本风险更大、不确定更高、开发难度更大、占用资金更多、更新也更快，这使得传统的资本预算决策方法不适用于技术投资，技术开发成功率较低，概率很难准确估算，这意味着需要选用较高的风险系数来估算折现率。实践中，这往往会诱导经营者更偏向于支持那些技术开发效果并不理想但风险小、投资小、见效快的小型投资方案[78]。为了规避此问题，Wilton（1994）拓展评估空间，建立了一个三维的风险评估框架，将定量与定性风险评估因子相结合，考虑更全面，对经营者的有偏决策也起到一定的抑制作用[79]。在事中的技术风险管理方面，主要围绕如何降低技术应用中的风险展开，尽可能地及时发觉、识别、处理与防范应用风险，降低应用中的意外损失，提高应用的效率与效果。如在签订技术许可协议合同时授予许可方灵活的监督权、设置最低的运营绩效门槛、购买一定的财产险等，都可在一定程度上降低技术许可中的风险。在事后的风险管理上，Stephen（1994）提出借助于知识产权的应用效果审计来规避技术资本的后期潜在风险，这将有助于企业细致了解一定时期内各种技术资源如技术合约、专利、商标及其他资源的利用程度与潜在问题，如技术的许可范围是否明确、许可细则是否规范、专利是否得到合理充分保护、企业是否侵犯到独立第三方技术权利、技术资源有关业务处理、信息披露是否真实、公允等[55]。

2.1.6　技术资本对经济增长的贡献

近年来，有关此主题的文献层出不穷。典型的国外文献主要集中在：Ellen和Edward（2009）借助于国家总生产函数构建了开放程度、技术资本积累与经济增长的作用模型，用来验证对外开放、技术资本对经济增长的共同驱动作用。总量模型考虑了三个输入变量与一个产出变量。输入变量为有形资本、劳动与技术资本。在对外开放政策的作用下，这里的技术资本可供企业在国内、国外的多个国家同时使用。研究后发现，在FDI的推动下，技术资本能够促进经济增长[11]。Ellen和Edward（2010）进一步又建立了一个无形资本的一般均衡模型，意在估算现行企业财务报告尚未计量的无形资本的重要性。这里的无形资本分为两种：技术资本和企业特有的其他类型无形资本。分析表明，通过赋予技术许可权，企业无需对外货币投资，即可获得丰厚收益，显示出技术资本的强大威力[12]。Robert和Keith（2010）探讨了农业技术资本投入对农业TFP的贡献。文中的技术资本借助于两个综合指数来测算：技术开发能力指数与技术掌握能力指数（体现在农业推广、农业教育培训）。估算结果显示，提高农业新技术的开发能力明显提升全要素生产率（TFP），技术资本积累与农业经济发展显著相关[14]。

国内方面，这几年有关技术与经济增长的宏观文献也有所增加，但直接针对技术资本的还未发现。大多探讨能够代表技术进步水平的全要素生产率（TFP）的增长趋势、技术溢出水平、技术引进能力、FDI、技术转移程度等对国家、区域经济增长的作用。突出体现在：王小鲁（2009）的研究显示，改革开放至今，中国的全要素生产率（TFP）呈逐步上升态势，尤其近10年来的增长率约维持在3.6%，且TFP的驱动来源也发生了变化，外源性效率因子的影响有所下降，技术进步、内源性效率的改善因子作用在提升[80]。陈继勇和盛杨怿（2008）的分析显示R&D、FDI的技术知识溢出对中国各个地域的技术进步有很大影响，其中地区技术研发投入是技术进步的主要推动力，受地区招商引资结构与质量的双重影响，FDI的技术溢出不太显著，但外国企业的R&D资本对技术进步的贡献与地域的技术发展水平联系密切[81]。唐未兵（2014）也验证了技术创新、技术引进能够提升全要素生产率[82]，但又指明，技术创新与引进只是经济增长方式转型的必要条件。由于技术引进的依赖性、技术创新中的机会成本、逆向溢出等诸因素的存在，技术创新对经济增长的作用还不太明确。另外，受消化吸收、技术差距等因子的现实影响，技术引进对经济增长的作用也较复杂。进一步检验后发现，技术创新水平与经济增长的集约化水平呈负相关关系，外资的技术溢出与技术模仿能够明显提升集约化水平。傅元海（2010）的研究显示技术转移对经济增长有积极作用，外资的参与程度与其溢出能力能够促进经济增长，但作用力弱于技术转移，若企业倾向于选择技术引进，技术的溢出效应对经济增长作用并不大，另外，企业的技术水平、价值增值能力、外资聚集度、行业技术集中度也会影响技术转移、技术溢出与经济增长的关系[83]。罗德明（2015）在南北技术型贸易的研究框架下，基于罗默的动态一般均衡模型，引入技术转移的损失与差异性、南北主体终极产品所用的生产技术同构程度、南方终极产品所用的生产技术同构性以及随最优专利制度变动的递增效应，深入考察南方最优专利保护制度对南北双方经济发展的作用方向与程度[84]。研究显示技术损失、最终产品的同构性共同决定了南方最优的专利保护明显存在。而技术损失、同构性、技术选择的方向及最优专利递增性，也联合决定了南北双方均衡状态下的经济增长程度是关于专利保护因子的增函数。在南方的最优专利保护与技术损失一定的状态下，双方的均衡增长率一致，但人均 GDP 差异明显，这说明南北经济出现收敛态势。

回顾技术资本的相关理论分析文献，发现了技术转化为现实生产力的前提是必须先成为资本。围绕此问题，西方发达国家做出了大量的理论分析与应用探索，现如今基本形成了系统完善的研究体系，对经营实践也起到较好的指导作用。与之相比，国内的技术资本研究与应用还存在一定的差距，理论研究主要集中于宏观经济贡献，对微观企业的影响以及技术资本的信息披露、技术资本的财务管理等问题还未引起重视。要建设成为技术创新型国家，实现持续增长动力的成功转型，在以后的发展过程中需要积极学习西方国家的先进的技术资本理念与运作经验，实施灵活多样、科学合理的技术开发、确权、保护、交易、运作等管理措施，为技术转化与运作铺路。

2.2 企业价值文献

企业价值理论一直是经济学家关注的焦点问题之一。企业的价值来源于哪里？如何衡量价值产出？价值应归谁享有？围绕以上主题，百年来不同学派众说纷纭。企业价值关注热情如此高涨，可能主要归因于经济在发展、社会在进步，生产工具、生产方法、经营模式都在不断改善，使得企业经营中创造价值的生产因子趋于多元化，价值的衡量方式也有所拓展，价值的归属权相应地也随之动态变动。例如，在传统的重农经济社会，劳动、土地是主要的生产因素，土地与劳动的所有者是价值的主要分享者；制造时代，实物、货币、劳动的地位开始上升，成为增值的主要力量，价值理应由这三个要素的所有者按照贡献分享。新经济时代，技术、信息、知识等新兴要素的重要性凸显出来，取代传统要素成为增值的主要源泉，这些新兴要素的所有者相应地成为主要的价值归属者。围绕价值的来源、价值的衡量、价值的归属，不同历史时代相继产生了不少经典文献。

2.2.1 企业价值的驱动来源

伴随时代变迁与进步，价值来源在不断发生变化，相继出现了效用价值论、劳动价值论、要素价值论等不同价值观点，它们在特定时代都曾具有一定的解释力。

1. 效用价值论。也称为买方价值论。该理论主要从需求方角度讨论价值的决定因子，以庞巴维克、戈森、萨伊等人物为代表[85,21]。效用价值学派主张，物品本身具有的全部内在价值，皆因物品的现实用途而生。而效用代表了物品用于满足人类多种需求的内在用途。人们创造任何一种具有一定用途的物品实则在创造效用与财富。效用是价值的来源与基础。著名的戈森第一定律曾指出人们在持续性地消耗商品的过程中，从中获取的满足、快乐或效用呈现递减趋势，此状态会持续到达到某一饱和点为止。戈森的第二定律进一步建议消费者通过合理调整不同商品的购买组合实现组合效用的最大化目的，调整过程要一直延续到每一商品的每一元花费所能获得的边际效用均等为止。实质上，效用价值学派的观点完全否决了商品的另一个内在属性——生产成本对价值形成的作用，从根本上否定了价值的生产过程，致使其难以解读一些特殊现象：个别商品例如钻石，用途虽然不大却极其贵重，而水的用途极大，但价值却不高，普通人们都能够承受，易于获取，这在很大程度制约了其应用价值。

2. 劳动价值论。劳动价值论最初是由古典学派倡导，在威廉·配第、亚当·斯密、大卫·李嘉图等经济学家的努力下，形成初步的理论体系。但该理论的集大成者是马克思。19 世纪 60 年代，马克思吸纳了古典学派的价值观点，并有所创新，统一了价值产出的质与量，构建起较为系统、完善的马克思主义劳动价值理论框架[15-19,85,21]。该理论主张价值来源于凝结在商品中的无差别的人类抽象劳动，只有劳动创造价值，具体体现在：改进生产工具、增加劳动数量、延长劳动时间、改变作业方式、提高技术水平以促进生产效率等。在当时的社会历史环境下，该理论的提出有其充分的合理度，较好地迎合了第一次技术革命时期的产业特征，当时微观经济的主体多为手工作坊与工场，大型的机器设备应用还未形成规模，企业主要依靠劳动、自然资源和资本投入进行产品生产，生产的产品大多供不应求，增加供应量的最好方式就是增加劳动投入，劳动在价值增值中的重要地位明显上升，而自然资源和实物资本主要充当转移价值的角色。效益较高的企业普遍属于劳动密集型。当时劳动的边际产量也处于边际递增的变动态势，劳动投入量越大，产出越高。企业为提升价值，往往会提高劳动强度，强度越大，产品供应量越多，收入与利润提升越快。

随着时代发展，劳动价值论在解释某些新的价值增值问题时弊端开始显露出来。其主要体现在：劳动价值论主张劳动的投入量越多，企业盈利就越高，现实生活中却时常看到人们在增加闲暇的同时财富增加得更快，典型事例是，美国好莱坞、香港娱乐圈经营火爆，它们很大程度迎合了人们对闲暇、娱乐的多方需求；另外，不少制造企业（尤其是高技术企业）中的员工招聘结构中呈现出明显的三、三、三式布局，意指研究开发人员、产品制造人员和销售服务人员各有1/3，尽管劳动者的数量比以前大幅降低，但企业的盈利却明显提升。极端情况是，一些特殊行业企业生产产品的一线工人数量几乎趋于零，但利润仍在增长。例如，北京中关村一些技术企业，R&D人员占据员工主体，技术研发成为价值的主要驱动力，这使得此类企业的价值增值环节从制造向技术开发或销售转移，制造环节可能仅产生盈利的10%，余下的90%依靠研发与销售。也有个别行业的价值增值转向了消费环节，例如，对手机生产商而言，其购买支出只占手机消费总费用的10%，销售环节利润极薄，利润主要集中在后期消费，多被移动、联通等公司攫取。由此可见，在过去，价值主要来源于制造部门；而现在，培训、研发、教育媒体、娱乐、旅游等产业价值增值相当可观，已成为国民经济的重要增长点。受现实环境影响，新的价值理论也随之出现。

3. 要素价值论。要素价值论的核心观点是企业价值是由投入生产中的生产要素创造。此理论认为，在不同的历史环境下，受当时的生产力发展水平制约，生产要素的构成内容有所不同，大体经历了由简单到复杂、由低级到高级、由同质到异质的演变历程，由最初的劳动、土地、资本、企业家才能、人力资本逐步发展到技术、信息、知识等要素（有关此理论详述见本书3.1）。

上述价值理论都曾发挥一定作用，但又具有些许缺陷。企业价值是在生产过程中各种生产要素协同创造而成，在市场流通中兑现。在产品供需一致的假设前提下，经济学者们重点关注的是价值如何产生。当今时代，有形资本在价值创造中的地位正在下降，技术、信息、知识为主的新兴资本形态在价值创造中的地位越来越高。且新兴资本的内容、分类也开始呈现出多元化结构，客观上要求价值理论的包容性、解释力都要顺势增强。相比之下，要素价值论更能够融合、解释新兴资本的增值问题，也成为本书的重要理论依据之一。

2.2.2 企业价值的衡量方法

从上述价值来源理论的演变过程可以看出，多数理论都建立在供需一致的前提下从供给角度分析增值要素。若放宽供需一致假定，现实中的企业价值实际上是由供需双方决定的一种均衡交换价值，具体由市场与企业联合决定。且在信息充分透明的条件下，企业的内在价值应等于市场价值。相应地讲，企业价值的衡量方式也有两种：内在价值和市场价值。内在价值是由企业投入生产中的所有要素共同创造，财务上体现为企业现在、预期的收益折现价值总和。市场价值是资本市场的投资者根据企业对外公开的财务信息所衡量的企业交换价值，可作为投资、交易的重要参考。

基于不同研究视角，理论界相继采用了多种衡量方法。得到较高认可度的有股利模型（Gordon，1962）、收益模型（Miller和Modigliani，1961）、托宾模型等[86-88]。在股利模型下，企业价值 $V_0 = D_1/(K-g)$。其中，V_0是现在的企业价值，D_1 是预期一年后股利支付额，K 是加权资金成本率，g 是股利预期增长比率。此模型构建的理论前提是假定按照增长率 g 持续支付红利。这与不少企业实际不相符，限制了模型的应用。收益模型又称为MM模型，认为企业价值 $V_0 = E_1/K + PVG_0$。其中，E_1 是预期一年之后的净收益，PVG_0是预期增长机会的现值，K 同上。等式右边的前一部分实际代表企业现有资本的账面值，后一部分代表未来增值的现时价值。实践中，此模型的应用精度很大程度取决于未来盈利的估算精度。与前两个相比，托宾Q值（以下简称Q值）的相关性可能更高。它是企业股票市场价值与重置成本的相对比率。在信息充分透明、制度完善的资本市场环境中，托宾Q值理论值接近于1，即企业的市场价值应等于重新购置成本。超过1的托宾Q值意指价值被高估，反之价值被低估。该指标已被国内外众多学者广泛采用。该指标也存在一定的应用缺陷。由于Q值计算需要获取资产重置成本，此数据很难计算获取，许多人多选取净资产的账面值来替代，这易导致Q值虚高。也有人提到，尽管Q值认可度较高，但它实则反映的是价值被高估或低估的程度，并不代表真实的企业价值存量[89]。考虑到越来越多的投资者开始注重企业内在价值量的长期增长，可能收益模型的相关度更高。除此之外，Stern Stewart咨询公司还尝试用经济增加值指标（简写为EVA）衡量企业价值。此指标用资本账面价值扣除资本成本后得到的价值增量表示。该指标也受到一些人批判。有人指出企业现存资本创造的价值应该用市场价值代表，EVA应修正为REVA，即将EVA计算公式中的账面值用市场价值取代。这样更能反映市场投资者对企业经营收益的认可程度[90]。综合权衡比较，以上方法面临一个共同的缺陷，即都未提到如何衡量技术等新兴资本的价值创造量。与传统要素相比，技术价值创造的不确定程度高、很难独立量化，以上模型均不适用。Black和Scholes（1973）借助于周密的数学推导、逻辑论证提出了B－S期权定价模型，在一定程度上克服了不确定性对价值计量的负面影响[91]。但该模型的应用假设太多，且复杂的数学推理、计算过程致使很难得到大范围的推广与应用。

上述价值衡量指标的推导都遵循严格的假设条件，与实践不符，且各有利弊，适用范围、应用效果不尽相同。当今环境下，新的生产要素、生产方式、商业模式频现，驱使着价值来源路径多样化。原有的衡量方法已无力包容新兴资本，亟待作出改进、推陈出新，构建迎合技术等新兴要素的价值衡量模型。

2.2.3 企业价值的产权归属

对于企业价值的归属问题，相继出现过业主理论、主体理论、利益相关者理论、要素资本理论等学派的观点。业主理论学派主张企业是由业主所有，价值增值理应归业主所有，这里的业主指注册货币的提供者——股东。该理论过分注重股东及其货币出资的核心地位，在货币紧缺时代发挥了突出作用，缺点是忽视了其他资源所有者的利益诉求。由于资源在企业生产中的相对地位动态变化，要素资源所有者的地位也应跟着改变。后来出现了主体理论。它突出强调了企业的独立性，是独立的法律与经济主体，各资源提供者都拥有平等的收益分享权，但都不能控制或完全拥有企业，企业与其资源出资者独立存在。特殊情况下，若企业资源仅为货币，且由股东和债权人提供，企业价值也由股东和债权人平等分享。该理论比片面强调货币股东权利的业主理论更为先进，增强了债权人的利益诉求，但本质上，仍未突破货币资源的主导地位，对其他资源如人力、技术等提供者的利益有所忽视，未能很好地迎合新经济环境。如今，越来越多的人热衷于利益相关者理论。此理论将企业视为服务于众多利益相关者的社会性机构。利益相关者概念较宽泛，除了货币资源所有者股东、债权人，还包括人力资源的所有者、经营者、员工、顾客、政府与社会公众等，它们都对价值创造产生影响。价值增值应由利益相关者按照资源出资比例、贡献程度分配。相比之下，该理论更能兼顾多个主体利益，也能够驱使企业重视对社会公众团体、员工、消费者、政府等相关者应尽的责任义务。存在的不足之处在于未单独提及技术、信息、知识出资者如何分享价值，在解释新兴资本的价值分享时略显无力。现代企业的价值主要由新兴要素来驱动，新兴要素的所有者理应成为重要的价值归属主体。罗福凯带领的要素资本团队基于生产要素的价值创造实际，紧密联系现实环境，提出企业价值应由技术、信息、知识、货币、人力、实物等所有者按照出资或贡献份额分享。这将有助于最大程度地调动资源提供者的价值驱动潜能，也更有利于技术等新兴要素的资本积累及创新驱动战略实施。

以上理论并不完全相悖，都是顺应经济环境需求而出现。且各理论体系能够实现一定程度的相互融合。业主理论最初出现时，业主出资的类型单一，只有货币，当人力、技术等资源地位上升时，业主理论中的业主范围、地位都应拓展变化，以包容更多类型的出资者，依据出资类型、比例及重要性确定收益权。另外，利益相关者理论虽然未特别强调新兴要素所有者，但所有者的内涵实际上并未排除新兴要素的出资者。比较发现，要素资本理论价值归属的观点更符合当今经济实际，解释能力也更强大，只是如何界定各新兴要素的价值分享比例，还有待探索。

文献分析发现，企业价值理论相关研究尚不成熟，无论是价值的来源、衡量或归属，都未很好地界定新兴要素的价值增值、价值衡量与价值归属权，还有待探索。首先，“企业价值”的来源需拓展，能够融合各新兴要素的增值机理；其次，伴随价值来源渠道的多元化，企业价值的衡量方式应随之改进，价值指标应具有时代特点，能够衡量出每个生产要素的价值增值；最后，在价值归属权的确认上，每一个作出贡献的要素提供者都应享有一定的价值分享权。

2.3 技术资本对企业价值的贡献文献

这些年，各个国家都深刻意识到技术要素对长期发展的重要性，纷纷加大科技投入。依据IT科技创新基金会2009年报告，美、日、韩技术创新相对投入占GDP比重分别为30%、110%与70%。而中国的技术投入2013年也达到了3230亿美元，居亚太地区之首。技术投入增加的同时，各国经济亦呈现出较好的发展态势。由此，经济发展的动力多大程度受技术驱使？微观上，技术资本对企业价值的驱动作用是否明显？这引起各领域学者的广泛关注。自19世纪80年代信息技术开始大范围应用以来，技术资本与价值的关系一直备受瞩目。此时企业利用技术带来的最显著变化就是成本节约、质量提升，利润与技术投入的成本、应用效率密切相关[92-97]。中国学者对此问题的探讨也不少。孟倩（2005）发现在20世纪90年代，IT技术的积累状况对中国的影响力度强于美国，表明国别不同，IT技术的配置能力、效率、贡献力都有差异[98]。

企业经营中，技术资本的影响突出体现在两个方面：生产过程、管理过程。它们虽受技术作用的内在方式有别，但密切联系。生产中的技术直接实现产出价值，管理中的技术增值间接完成。直接的价值体现在生产率、生产效率变动上，间接的价值体现在综合盈利、内在盈利与市场盈利上。一定意义上，技术资本的价值驱动可细分为以下几个问题：技术资本能否促进生产率？能否提升内部盈利？能否提升市场盈利？其中，生产率用投入产出的相对变化表示[99-100]。盈利性用多个综合业绩指标来表示：ROE、ROA、ROS、托宾Q值等。围绕技术如何影响生产率、内在盈利与市场价值，学者们从不同视角出发形成大量文献。

2.3.1 技术资本对产出的贡献

生产率增长与技术投资是近二十年来经济增长最明显的两个特征。两者的密切关系得到不少文献支持，但其间的发展并不顺利。20 世纪 80 年代至 90 年代初期，不少人借助传统生产函数验证技术投资对生产的作用，主要采用 D－S 函数与扩展形式，但最初的实证结论并不支持两者的正相关，甚至掀起对“生产率悖论”的大讨论。后来，一些人更新数据、模型、估算方法后重新验证了技术资本能够显著提升生产水平[101－103]。Thatcher 和 Oliver (2001) 构建了一个产品垄断模型，并设定仅考虑研发、设计、生产一种产品，其质量、价格均完全由企业决定，结果显示，不同类型的技术对生产率的影响方向不同。其中，能够节省固定费用的技术投入对产品的质量、定价无影响，但能促进生产率；而能够节省产品在设计、开发、制造中的变动性成本的技术投入会降低生产率，但会通过改善产品性能、质量获取较高的垄断价格[104]。Maldifassi (2005) 选用 D－S 生产函数集中估算了多个小型制造企业的技术作用，证实了技术的边际产出比人力明显要大，且样本小企业的规模报酬明显递增[105]。可见，技术资本与生产率的关系不能同一而论，其他文献的更多结论见表 2－1。

表 2－1 技术资本对企业生产率的贡献

文献来源	研究目的	数据来源	函数	主要结论
Hitt (1996)[94]	技术资本对企业产出贡献是否明显	美国 367 家公司 1987～1991 年数据	D－S 生产函数	技术资本能够提升生产率，20 世纪 80 年代存在“生产率悖论”，90 年代以后逐渐消失。
Dewan[106] (1997)	同上	计算机世界 20 世纪 90 年代初企业调查数据	CES 生产函数	技术资本贡献随时间延迟增加，其具有正的边际产出，与其他资本相比收益更高。
Brynjolfssn (2003)[93]	同上	美国 527 个大企业 1987～1994 年财务数据	D－S 生产函数	短期内，计算机未提升生产率，若期限延长至 5～7 年，影响力会扩至 5 倍。
Oliner 和 Sichel (2000)[107]	同上	1974～1999 年美国 BEA 等经济数据	D－S 生产函数	90 年代，技术资本的作用明显，解释了约 2/3 的生产率贡献。
Lee 和 Ji (2005)[108]	同上	中国电子产业技术投入数据	D－S 生产函数	技术资本与电子产业的生产率水平显著正相关。
Stiroh 和 Botsch (2007)[95]	同上	1987～2004 年的美国经济数据库	双重差分模型	2000 年后，美国的技术积累与劳动生产率之间的关系有所减弱，生产率增长的主要动力可能并非来自技术。

续表

文献来源	研究目的	数据来源	函数	主要结论
Jorgenson (2000)[109]	技术资本对企业产出贡献是否明显	1958 ~ 1998 年 NIPA、BLS 经济分析数据库	D - S 生产函数	技术资本对生产率的贡献要大于实物等资本。
程惠芳 (2014)[110]	同上	大中型工业企业数据库	D - S 函数的扩展形式	技术开发、改造能够明显推动全要素生产率，但技术引进、消化吸收作用偏弱。技术来源不同，作用有别。
张之光 (2012)[111]	同上	中国统计年鉴及全球信息经济数据库	不变替代弹性生产函数	生产函数在考虑 IT 技术后，调整速度放缓，产出绩效下降，“生产率悖论”在国家层面仍存在。

以上文献反映出，“生产率悖论”现象在 20 世纪 90 年代初期仍存在，中期之后，尽管数据选取、模型构建、估算方法有所不同，学者们大多证实了技术资本与企业产出能力正相关。有个别文献例外。Stiroh（2007）的结论表明20 世纪90 年代与2000 年之后，两者的正相关均存在，但后者的作用力明显下降，侧面反映了其主要的驱动要素可能并非技术[95]。此外，张之光和蔡建峰（2012）、Lee（2005）都探讨过中国企业的 IT 技术对产出的贡献，所获结论不一[108,111]。但考虑到 Lee 研究的是电子产业，技术投入比其他行业要高一些；张之光分析的是全样本，分属于不同行业，内部的技术投入与利用差别较大，这对分析结果的整体显著性会带来影响。因此，以上相悖结论存在一定的合理性。

2.3.2 技术资本对盈利的贡献

技术资本与盈利能力的有关文献也很多，定性、定量相结合，有些探讨两者的直接相关性，另一些通过中间变量间接展开[112]。定性分析上，Hobijn 和 Jovanovic（2001）声称技术虽是人类社会发展的根本动力与源泉，但技术作用的发挥需以明确的产权关系为前提，否则对盈利不具任何作用[113]。Porter（1980）的看法略有不同，他认为在完全竞争的市场中，仅靠技术，企业很难持续性获取超额收益，最先接触到新技术的企业盈利最丰厚，随着后续企业的进入，先入的优势会逐渐消退[114]。Yanyan Gao（2003）发现企业的综合竞争力随着技术积累及其在价值链中的地位而提高，影响技术驱动效果的内在因子主要有整体投入规模、技术研发支出、在价值链中的相对地位、人力资本的受教育状况、管理人员的工资水平、企业所有权性质等[115]。周江（2005）将高新技术企业的价值驱动模式归结为三种：常规式增长、超常规式增长和持续式增长[116]。以上诸多定性观点有一定可取之处，但均未给出技术资本的内在增值路径，且科学性还需借助于实证证据来论证。

技术资本与盈利能力之间的经典实证文献见表 2－2。整体上看，绝大多数学者的结果能够验证技术资本显著地促进盈利增长。表中显示，在 20 世纪 90 年代初期，技术对盈利的影响还较小。之后，技术的作用逐渐增强。2000 年至今的文献多支持技术资本对盈利的作用，只是在作用程度上有所区别。可见，随着技术日渐积累，其对盈利的贡献也日益增强。技术资本对企业具有战略重要性，不仅影响当期的收益水平，也影响预期的收益潜能。且技术资本的作用程度与企业环境、经营行为、经营风险、人员配置状况等因素密切相关，改善技术的存在环境、企业制度设计、人员配置结构等都有助于增强技术作用[126－127]。

表 2－2　技术资本对盈利的作用

文献来源	分析目的	数据来源	变量选取	分析结论
Hitt（1996）[94]	技术与盈利能力相关性	国际数据组织	计算机资产存量、股东收益、ROE、ROA	技术投资与盈利能力无明显关系。
Sircar（2000）[117]	同上	美国经济分析数据库	销售收入、资产总额、税前利润	技术资本与盈利显著正相关。
Poston（2002）[118]	同上	美国上市公司财务数据	剩余收益、信息技术相对投入比率	未发现明显的相关支持证据。
Dehning（2002）[119]	同上	行业及企业财务数据	ROA、ROS、TAX、技术相对投入	技术资本与盈利能力明显正相关。
Li（2007）[120]	同上	行业企业财务数据	销售增长率、资本投入增长率、研发支出率	技术投入与当期、预期收益显著正相关。
王念新（2010）[121]	同上	发放企业调查问卷	技术利用率、生产率、利润率	技术资本能够显著影响当期利润。
汪淼军（2006）[122]	同上	问卷调查、美国经济分析数据库	工业企业附加值、人均技术投入、IT 工人相对比例	IT 技术与企业的经营行为存在明显互补性，且随阶段变动。

续表

文献来源	分析目的	数据来源	变量选取	分析结论
李治堂(2008)[123]	技术与盈利能力相关性	上市公司财务报告	主营收入、净利润、资产收益率、ROE 等	IT 技术资本促进收入、利润增长，不提升 ROE、ROA。
张学勇(2009)[124]	同上	上市公司财务报告数据	技术员工与普通员工之比、人均设备账面值、销售利润率、资产利润率	技术水平与当期盈利显著正相关。
罗福凯(2013)[125]	同上	高端装备企业的财务报告数据	专利、非专利技术与软件存量之和、主营业务收入	当前技术资本的收益能力明显弱于实物资本、人力资本。

2.3.3 技术资本对市场价值的贡献

自 20 世纪 80 年代，伴随高涨的内生技术研究热情，一些人把研究视角转向技术资本与市场价值的关系。其中，Vives（1989）发现寡头市场环境下，企业的技术选择行为明显影响到市场价值，体现在：市场的高度不确定性使得企业谨慎选取投资项目，倾向于投资无风险项目，降低对风险投资的需求[128]。Pakes（1985）研究了专利应用、研发支出与企业市值的相关性，结果发现能够重估市值的相关事件与技术研发、非预期的专利变动明显相关，对研发支出、专利数量均有长期显著影响，当专利、研发投入增加时，相应的市值也会提升[129]。且技术开发与股票的跨期收益、甚至开发密度与收益波动均明显正相关[130-131]。相比之下，Greenwood（1999）的研究结论较谨慎一些，他分析了股票价格与技术的相关性，发现技术开发、应用明显提升股票价格，但滞后性明显。这是因为一些大型、处于成熟期的企业可能更倾向于使用即将淘汰旧技术，推迟新技术应用，最大化挖掘成熟技术的应用潜能，这样也更利于掌控[132]。2000 年后，相关研究视角趋多元化，探讨层次也更深入，论据也更具支撑力。Brynjolfsson（2000）选取 1987～1994 年间的 1000 家企业为对象，利用托宾 Q 值，发现 1 美元传统资本的市值通常等值于 1 美元股票，但 1 美元的 IT 等值于 10 美元的股票市值[133]。对此结论，Bruce Dehninga（2004）进一步建模验证，发现 IT 技术确实能提升市值，企业管理人员应重视信息技术开发与积累[134]。也有个别人的结论略有不同，认为最初技术投入可能会引起股票价格的短暂性下降，延续到红利发放效应开始显现[135]。另外，Lubos（2009）的研究表明新技术的到来会导致股票价格出现泡沫。这是因为新技术开发中的风险较大，且属于内在特殊风险，大量投入应用后，内在的特殊风险会转而变为市场的系统风险，导致股票价格出现事后泡沫效应。对投资者而言，这意味着股票价格较高。之后，随着技术的逐步应用，风险也会逐步降低，股票价格也会回落到正常水平[136]。John（2003）计算托宾 Q 值并解释了下降原因。托宾 Q 值的分子是股票的市值，代表投资者对企业的估值，包括实物、技术、人力及其他无形资源的估值；但分母仅代表实物资本。由此，通常情况下 Q 值应超过 1。新技术的突然出现使得旧技术过时，但会计报告中相应的实物资本的测算方法并未及时作出改进，致使出现 Q 值低于 1 的反常现象[137]。

梳理技术与价值的关系文献后，发现大部分研究成果支持了技术投入能够明显驱动生产率增长、增强盈利能力，并进一步提高投资者对企业的价值预期。但受国别、时代、样本、方法与模型影响，作用程度有所不同。总体而言，技术对美国等西方国家的生产率增长作用明显，对中国企业的生产率贡献结论还不一致，还需验证。考虑到技术的动态性、复杂性，其对价值的作用路径也比较复杂。以上文献主要研究了技术对企业价值的整体贡献，对于行业层面、微观企业、不同经营模式下技术的价值增值过程较少涉及。另外，风险问题对价值的实现也非常重要。若其他因子相同，风险越大，企业价值越小。因此，风险与价值的关系也值得关注。理论上，生产过程中通过实施有效的技术管理，能够实现价值持续增长。实践中，考虑到现阶段国内不少企业可能还存在一定的“生产率悖论”效应，尤其在传统制造企业，建议逐利的管理者绕开生产率路径，转而注重技术如何与企业商品经营战略相融合，如研发、技术销售、技术服务等，这样一来，价值增值的关键点主要不在于提升生产率，而在于如何利用技术与战略阶段目标、资源要素更好地融合，以获取多途径的技术盈利机会。技术创造价值的途径有很多，技术许可、技术投资、技术销售、技术服务等在价值增值中的作用路径研究还有待深入。

2.4 本章总结

回顾国内学者有关技术资本、企业价值的相关文献，发现企业价值的来源有多个因子，技术资本要素是其中之一。技术资本的生成需要经过技术的生产、确权与交易过程。只有将技术转化为资本，才能启动资本的运营机制为价值创造发力。技术资本能够显著地提高企业产出、盈利与市场价值。梳理过程中，作者也发现一些不足之处：还未建立基于技术的价值创造理论；未从理论上解决技术资本的贡献量与贡献度；技术资本对价值的影响是综合的，仅片面分析一个方面并不具有说服力，且忽视了技术资本与风险的关系；对于技术资本与价值的实证分析关注较多，但对于技术资本如何创造价值、采取哪些运营方式、如何有效运作，关注还偏少，也缺乏行之有效的管理工具；鲜有针对技术资本内涵、属性等理论探索。综合以上考虑，在现有研究基础上，还有必要进一步验证技术资本与企业价值的综合影响关系与路径，拓展能够服务于技术资本的价值理论体系，探索出行之有效的技术资本价值创造路径与具体策略。

第3章

理论基础、现实证据与研究设想

3.1 相关理论基础

3.1.1 新经济增长理论

在20世纪80年代中期，以罗默、卢卡斯及其追随者为代表的一批西方经济学家，在对新古典增长理论重新思考的基础上提出了一组“内生技术变化”相关论文，探讨了长期经济增长的可能前景，重新激发了人们对经济增长问题的兴趣，掀起了一股“新增长理论”（或内生增长理论）的研究浪潮。新增长理论突出之处在于强调经济增长不是主要由外部力量如外生技术变化、人口增长等所致，而是经济体系的内部力量如内生技术变化的产物，重视对技术知识外溢、边干边学、人力资本积累、研究与开发、递增收益等问题研究，重新阐释了经济增长率（TFP）广泛持久的跨国差异，为长期增长前景阐释了一幅全新图景。新增长理论的研究思路与观点主要体现在：

1. 知识外溢和边干边学的内生增长思路——强调知识和人力资本是“增长的发动机”。一方面，它们是投资的副产品与生产投入要素；另一方面，通过外溢效应促进其他个人或厂商的资本积累与生产率提高。这意味着，每一厂商的知识水平与整个经济体系中的边干边学、资本积累呈正比。

且通过知识外溢作用，资本（实物或人力等）的私人边际产品会持久高于贴现率，使产出呈现递增收益。可以预见的是，随着知识或人力资本的不断积累，正的外在效应不断增加，增长得以持续。

2. 内生技术变化思想。1990 年罗默的《内生技术变化》一文开拓了内生技术变化的增长思路[5]。此后，格罗斯曼、赫尔普曼、阿格辛、霍维特等人从不同侧面推进了这一研究。该研究的共同点在于强调研究与开发（R&D）是经济刺激的产物，且 R&D 产生的知识必定有某种程度的排他性，这使得新思想开发者有某种程度的市场力量。开发者对思想的使用具有排他性的控制权，并把使用权出租给最终产品生产者。发明者对思想使用的索价受思想在生产中的有用性或其他投入资源学习新思想的可能性限制。在这一思路中，源于有意识的 R&D 努力所产生的知识（技术）是经济增长的源泉。其基本机制是：确立专门生产思想的研究部门、研究部门把技术投资加诸于当前知识存量、产生新知识、新知识会提高生产率并以零边际成本供给其他使用者。

3. 线性技术内生的增长思路。此类研究中，生产函数的线性技术较具代表性。其中，产出是资本存量的函数。这里的资本是广义概念资本，不仅包括实物资本，而且包括人力、技术知识，即是一个“复合”体。因此，尽管产出关于实物资本具有递减收益，但对于复合的资本品却具有规模不变或递增收益。随着广义资本存量增加，产出相应上升，维持长期可持续增长成为可能。

可见，新增长理论将经济增长的源泉由外生转化为内生，从理论上说明知识积累和技术进步是经济增长的决定因素，它将技术看作是经济系统的一个中心部分。技术进步可以提高投资收益，投资又使技术进步更有价值，进而形成一个良性循环，长期恒定地促进经济增长。

3.1.2 新兴要素资本理论

要素资本理论认为资本是投入生产过程中的各种生产要素。在不同时代，基于人们对生产要素的认识能力，要素资本理论的形成与发展也经历了一个从传统要素资本到新兴要素资本转变的过程。传统的要素资本理论代表人物有威廉·配第、萨伊、新古典鼻祖马歇尔等，他们认为投入生产中的资本要素有土地、资本（货币与实物）、劳动与企业家才能。到了知识经济时代，除了以上要素之外，技术、知识和信息对经济发展的重要性凸显出来。

受此推动，罗福凯（2003）提出更具包容性的新兴要素资本命题[46]。他指出，在当今社会，人力资源、财务资源、机器设备和原材料、技术、信息和知识等都是必不可少的生产要素。前三项与传统生产要素人、财、物相似或相同，但其质和量发生些许变化；第四项“技术”即科学技术，含专利、专有技术、网络软件、新工艺和新产品等；第五项“信息”即经济组织、个人和国家从事生产、交易等经营活动过程中必须掌握的外部情况及其新变化；第六项“知识”是企业生产、交易过程必须从市场上获取的科学文化知识，含购买知识产权、引进管理经验、聘请经济咨询专家、购买经济决策、经营理念等。一个国家与地区，推动其社会经济发展的生产力因素有很多，一种生产力因素能否成为一种生产要素，关键看该生产力是否在市场上被作为商品广泛地进行等价交换，并且该商品广泛的市场需求已形成新的相对独立的产业形态。基于此，生产要素实质上是同类众多生产力因素的集合体，而产业实为多种生产要素的集合体。根据财务管理的综合性价值管理特征，以上六种生产要素被企业以交易形式从市场取得后，即转变为价值形态，形成生产领域的货币资本、实物资本、人力资本、技术资本、信息资本与知识资本。企业的资本总额实为以上六大要素资本的汇总额，各生产要素在总要素资本中占有份额才代表企业真正的资本结构，即要素资本结构，也可视为财务资本结构。主流财务学中长期使用的资本结构，仅反映货币、实物要素的资本构成。除此之外，技术、人力、知识、信息等要素也有各自的内在资本构成。例如，人力资本结构表示熟练人力与非熟练人力的相对占比，技术资本结构表示专利、非专利技术、软件、系统及其他技术类别的相对占比。知识资本结构指普通知识、专业知识的相对构成，信息资本结构指完全信息、不对称信息等明细的相对构成等。接下来的技术资本研究，就是在要素资本理论的基础上，分析技术资本的特点、属性、理论框架、与其他要素资本之间的关系以及价值创造问题。

3.1.3 要素价值理论

要素价值论与要素资本理论相对应，最基本的观点是价值是由投入生产中的生产要素共同创造并按贡献分配。在不同的经济发展阶段，随着投入生产中的要素内容在不断变化，据此形成两要素价值理论、三要素价值理论以及后来的四要素价值理论等等，它们都曾对实践起到一定的指导作用。在最初的工业革命前期，持续多年自给自足的自然经济致使生产关系较落后，严重制约着生产力的进一步发展，当时创造收益的要素形态较为单一，土地与劳动是主要推动力。当时的经济学家威廉·配第曾提出言论“劳动是财富之父、土地是财富之母”，即为当时的真实写照，这也反映了两要素价值论的最初渊源。18 世纪产业革命时期，生产要素内容构成、相对重要性也有所变化，产业的迅速发展使得货币、生产设备创造财富和价值的作用凸显。到了 19 世纪末期，受科技及各种先进生产管理方式推动的影响，劳动生产率大幅度提高，生产力得到空前发展，企业家管理才能在收益创造中的重要性越发凸显，驱使其成为重要的生产要素形态。以马歇尔为首的新古典学派提出了著名的生产四要素论——劳动、资本、土地和企业家才能。应指出的是，尽管当时他们也承认技术、知识等在企业价值创造中的突出作用，但并没有明确将其作为生产要素，致使当时的要素价值论在解释经济现象时存在一定局限。直至当今，这种局限性变得更为明显。现代经济发展的历史已经充分证明技术、信息、知识创造价值的能力已经超过了传统生产要素，要素价值论应有新的拓展内容。结合国外经济学家对要素价值论的研究脉络，在新兴要素资本理论的基础上，国内学者罗福凯教授进一步拓展了要素价值理论内容，认为在企业经营过程中，要素资本共同参与价值创造。相应地看，企业价值就是各要素资本的价值及其增值总和，亦即全部生产要素及其生产成果的市场公允价值额，由此取代传统的企业价值形态——股票与债券的价值额，这实为货币要素资本的价值。与之相适应，各要素资本价值及增值的相对数量占比关系为企业的要素价值结构。依据新古典的生产函数理论，各要素资本与企业价值之间应体现出一定的函数关系，在科学合理的财务结构安排下，企业价值应为各要素资本的收益能力系数、资本成本、财务效率联合作用的产出结果。前两个因子乘积为要素资本投入量，其与财务效率乘积即为企业价值。这也意味着在各要素资本投入量一定的前提下，财务效率大，企业价值提升越明显。其中，技术资本具有明显的边际报酬递增性，持续的价值增值潜力也最大。拓展后的要素价值论更有助于分析技术、知识、信息等要素驱动的新经济增长动力问题，对于指导微观企业生产经营、价值创造及分配都具有更强的解释力。

3.2 技术资本的理论分析

3.2.1 技术资本的内涵

技术历来是各领域专家关注的焦点。技术经过确权交易投入生产后即成为技术资本。恩格斯曾说过，要想真正了解什么是技术，就必须探究技术的一切表现形式。按照涉及领域不同，技术有狭义技术和广义技术之分。狭义技术仅针对自然界，如工程、航天、汽车等领域研发的技术成果、提升效率、促进产出的新型生产技术等。广义技术指人类在实践活动中对自然、社会进行调节、控制、改造的知识、技能、手段、规则、方法的集合。其中，自然科学专家关注专业新技术如何产生，而社会科学领域更多地关注技术与人类发展的关系。技术是一把双刃剑，促进人类文明的同时也带来不少负效应，例如，核武器的发明给人类带来一定的危险，手机在便利人交往的同时却让更多人患上手机依赖症，互联网亦是如此。高新设备在提高产品产量、质量的同时也会让更多的非熟练工人失业。实践中，技术与生产用材料、生产设备、生产工具等内在联系紧密。这是因为设备、材料、工具的质量主要通过内涵的技术层次来体现。此外，技术与人力也密不可分，高质量研发人力的突出优势就是对先进技术的学习、掌握与开发能力，且很多技术与人的天赋本能有关，如绘画、雕刻等。尽管如此，技术与人力、实物等区别也很明显。对企业而言，购买一项技术，与聘用会使用该技术的人力、内含该技术的机器设备是完全不同的价格。技术是相对独立的重要要素形态与商品形式之一，任何用技术人员、先进机器设备取代技术的研究做法都是不可取的。

这里的技术只限于经济领域投入生产过程中的各种技术资源，特指投入生产领域的工艺、程序和规则、技能、技巧、核心工具，不包括先进机器、能够产生技术的知识以及技术人员的劳动，根源于人类经济组织的生产、生活劳动。这与马克思的观点相符，单靠自然界本身不可能生产任何机器设备、技术，归根结底来源于人类劳动。在古代，技术是与生产活动相联系的技能和技巧，到了近代社会，能够替代大量劳动的机器设备投入生产，这也推动了应用技术的发展。人们在操控机器的过程中，开始开发有利于提升运转效率的生产流程、机器配置与加工组合工艺流程，以最大化地利用机器生产能力。此时的技术被拓展为生产过程中的技能、技巧、核心工具、机器、工艺、程序和规则。19世纪以后，各种复杂机器设备的设计制造及机器生产工艺的制定实施使得拥有先进技术的机器设备成为推动经济增长的关键，也引发不少学者对先进机器设备与先进技术的混淆，一定程度也制约了对技术理论的独立研究。

从经济学的角度探讨技术，就是要挖掘技术如何被企业利用，创造更多的价值。经济学家历来重视技术应用。但长期以来，大部分人都是将技术内化于机器设备或技术工人来探讨技术进步的类型——资本体现型或技术体现型，这从古典、新古典经济学派对技术的研究历程即可看出。较少有人独立研究技术要素。罗福凯在这方面进行了有益探索。罗福凯（2010）指出对企业发挥作用的技术与自然科学里的技术虽形式相同，但有内在本质区别。研究人员的技术成果只有经过权利注册、交易成为企业技术资本，才有可能发挥作用。价值创造是资本的特有功能。企业的技术资本是经济资源与产权关系的结合体。就资源性而言，技术资本等同于技术资产、技术投资，体现的是生产性；就产权关系而言，技术资本反映的是对技术的一种拥有权利，体现的是归属性。

接下来的章节，拟从资源角度探讨技术如何作为一种生产要素参与价值创造。对特定企业而言，技术资本是企业通过内部研发或外部购买、联盟、合作研发等途径取得的各项产权清晰的技术商品，包括专利、非专利技术、管理系统、应用软件、研发中心以及其他技术权利等。专利包括发明专利、外观设计专利与实用新型专利。其中，发明专利的数量与质量很大程度上决定了技术资本的盈利能力。非专利（又称专有）技术是指企业基于维护竞争优势的需要，仅内部确权并未对外公开的各项技术，有较强的超额盈利性与外溢、被注册等经营风险。管理系统指由人、计算机及其他外围设备等组成的进行信息的收集、传递、存贮、加工、维护和使用的系统，包括服务于生产、研发、内部办公、销售与服务等系统类型。现在的管理系统多基于互联网、大数据等信息技术来设计，如数据管理系统、QQ、微信、飞信等信息平台，应归属技术资本。应用软件，是一系列按照特定顺序组织的计算机数据和指令，为迎合日常经营管理、财务决策等需要而开发的操作性软件，主要包括各种应用程序或内在功用互补、可相互协作支撑的程序组，如Office、

WPS 等。研发中心是企业为核心战略产品研发而设立的各种独立运作可以单独出售的研发机构，它们通常具有很高的市场价值，也可作为一个整体对外销售或投资，增值潜力要大于企业的高新机器设备。以上几类技术资本对企业的影响能力与重要性有所区别。其中大型研发中心最重要，影响最长远，但最难获取；其次是专有技术，增值潜力取决于垄断期的长短，垄断期越长，企业的竞争优势更强与持久；相比之下，各种类型的专利、外购系统与软件构成现代企业技术资本的主体，应用性强，且风险较小。各类技术资本之间具有密切关系。研发中心生产出专有技术、专利、系统与软件，与外购的技术与权利、系统软件一起，选择恰当时机被投入到研发、采购、生产、管理、营销等环节与其他生产要素一起创造价值。其中，投入研发的主要是一些发明型技术专利，基于更新换代的需要，与货币资本、实物资本等一起投入并与研发中心资源结合以创造新技术；采购过程主要应用办公系统与信息软件、生产过程主要应用各种先进生产工艺以及生产管理系统等。此外，技术资本投资与许可也将会成为技术资本运营的重要方式，并且作用会愈加突出。总而言之，随着经济不断发展，技术资本的渗透力、应用性会愈加拓展，潜能也愈加突出。

3.2.2 技术资本的属性

属性意指能够区别不同事物的性质与关系。资本属性是将资本与其他事物相区分的性质与关系。作为生产领域的要素形态，每一种资本形态除了体现一定的资本共性（如增值性、商品性）等属性外，还具有自身独特属性。比如货币资本除具备商品性、增值性之外，还具有明显的同质性、可分离性；人力资本除共性外，还具有不同于货币资本的属性特征，人力资本与其拥有者不可分，且高级人力具有一定的异质性，初级人力的同质性更突出。技术资本同样地也具有资本的共性与个性特征。罗福凯（2011）[52]曾提到过技术资本的三个本质属性，分别为发明性、模拟自然性与可复制性。除此之外，技术资本还可能拥有以下几个方面的共性或个性特征：

1. 增值性。这是任一资本的共性特征，体现资本的本质属性。资本都具增值性，但增值能力差异较大。这主要取决于资本个性特点与配置效率。就个性而言，技术资本的增值潜能最大，其次是信息、知识、人力等资本，再次是实物资本，货币资本的价值增值潜能相对要弱一些。配置效率主要受制于经营者的管理才能。有些企业的会计报表显示拥有较丰厚的货币，人力、技术、机器设备等要素的投入也较大，但真正投入生产过程参与经营运转的仅占少数，增值效果也受限。实际上，那些未参与经营的生产要素只能被称为资源，还未真正转化为资本。评价企业的增值潜能多大，关键看投入生产中的资本额，而非账面资源拥有量。将资源与资本作一比较，可以很好地反映出企业各类资源的利用与资本转化状况。

2. 商品性。商品性是资本形成的关键标准，也是资本的本质共性，用以衡量资源被经济主体接受的程度。商品性越突出，资本的增值能力越强，越能够激发经济主体的占有欲。现实中，某些研发人员的技术成果在当前的市场环境下难以被广泛接受，尽管产权已界定清晰，目前仍无法成为商品，技术也无法转化为技术资本。随着社会经济环境改变，人们的生产、生活、交际等内容与方式也随之变化，过去未被接受的技术专利很可能以后转而受宠，到那时专利就真正具备了商品性能，也会很顺利地通过市场交易生成技术资本。各资本的商品性能区别明显。货币资本商品性最强，接下来是实物资本、人力资本，技术资本的商品性可能略弱一些。

3. 动态性。资本的动态性意指资本的多变性，在某个历史条件下的实物、人力、货币、技术等要素资本很可能随着环境变动失去资本的某些本质特性，成为一般性经济资源。例如，正用于对外投资的货币资本，在投资收回后，企业抽出一部分放入保险柜，此时的这部分货币就失去了资本属性。另外，企业高薪聘请的高层次人力，刚开始工作时全心工作，业绩显著，一段时间后滋生贪欲，注重个人闲暇、享受，工作时间锐减，自身的人力潜能大多被闲置浪费，此状态下的人力实则失去了部分增值潜能。相比之下，技术资本的动态性可能更突出一些。高新技术若及时转化为生产力，价值增值可能会立竿见影；一味任其闲置，当初用以研发的大量货币成本都将被沉淀。由此可见，考虑资本的动态性特征，企业需迎合经济环境变化，顺应发展需要，动态永续盘点各项资本性资源的应用状况，尽可能地避免闲置。

4. 创新性。任何一项技术的诞生都伴随着创新特质，这是技术区别于一般资本的个性特征，也是技术资本新颖、独特的内在本质要求。新经济增长理论认为技术进步是经济长期增长的根本源泉，主要基于创新性。技术是一定历史条件下的创新产物。这种创新性也会随着经济发展不断被新的创新技术淘汰。若大量创新性技术涌至市场，往往意味着预期经济繁荣。若技术创新产出下滑，预期经济可能会萧条。一定程度上，技术的创新性对经济增长的影响要超过技术的其他特征。国内不少企业目前的资本配置以货币、人力居多，技术不足且创新性不突出，致使其增值能力在全球价值链低端徘徊。

5. 外部性。技术资本的应用过程不可避免地会产生外溢，对外部经济体产生一定影响，细分为正的外部性与负的外部性。技术在投入运营后，关键创新源、创新过程极易被其他主体吸收、借鉴或模仿，再进行二次创新，生成新的技术成果，此为技术的正外部性。它会降低技术初始创新方的超额盈利及竞争优势。二战后，日本经济的飞速发展很大程度受益于技术的正外部性。另外，不容忽视的是技术运营可能还会对自然、社会环境带来破坏性。例如，手机虽给人的生活带来极大便利，促进经济社会信息能够实现瞬时获取，但也由此带来不少问题。一些人患上了严重的手机依赖症，日常购物、与人沟通交流等大部分生活内容在手机平台进行，人与人之间的正常交往的实体空间受限、时间大大减少，健康严重受影响，而且手机具有一定辐射，长期应用可能会对人体器官带来负面影响。利弊综合权衡后，因技术资本应用带来的正外部性仍明显大于它的负面效应，但在技术运营过程中，要尽可能趋利避害。

6. 垄断性。技术资本增值主要靠技术的创新性。若被其他市场主体获取到技术的开发过程或关键知识点，企业很可能在短期内失去技术的增值力。为防止技术遭人盗取、被复制，企业主观具有技术垄断需求。全球贸易谈判中，中国政府强烈希望西方发达国家能够降低或取消部分技术闲置，但收效甚微。根本原因在于拥有技术垄断权是超额盈利的保证。但经济意义上，垄断技术市场不利于技术市场发展、技术资产合理定价与技术资源高效配置，也不利于技术在全球范围内的价值增值。这使得技术落后国家承受巨额的技术购买或许可成本。

7. 时效性。意指技术资本更新的速度很快，企业必须力争先于竞争对手、及时地将高新技术投入经营运转。未及时应用的原创性技术极有可能很快被相似功用的其他技术所取代，增值潜能大跌甚至尽失，这在知识经济时代尤为明显。据调查，新技术的上市周期日益缩短。其中，信息技术类的软件、系统、电脑类相关新产品等的平均更新周期为1年甚至更短。迫于竞争压力，在替代周期内，企业会千方百计地完成技术更替，以维持横向相对技术优势。

8. 可分离性。与人力资本明显不同的是，技术与其所有者能够相互分离。技术的可分离性性质有助于企业更好地开展技术运作。借鉴欧美国家的经验，国内企业要重视技术管理：一方面，可以考虑将落后、闲置、不需用技术的使用或所有权转让给其他主体，或进行技术抵押、技术信托等，从而获得一定收益；另一方面，积极成为被许可方，获取国外先进企业的技术成果，吸收后二次创新，增强技术实力。

9. 异质性。技术的创新性特点使得每一项技术资本都具有有别于其他资本的独特性，此为技术的异质性。它保证了技术的差异化与市场需求。若两家企业的技术成果相同，即使技术应用前景较好，竞争优势也大大降低。企业之所以会用重金获取某项技术，根本上看重的是其异质性。为了延长持续优势，企业会想方设法地获取差异程度较高的技术，尽可能地培育垄断地位。

10. 价值减损性。短期内，技术创新性使得技术资本带来超额的增值，但随着时间推移，在技术进步的推动下，更新技术频现、技术外溢、吸收、模仿等诸因素的存在，技术的价值减损不可避免。20 世纪 80 年代，18 寸的黑白电视机约 1000 元，现在同款型号的电视价值仅剩 200 多元。基于此，时间的价值减损性给企业的持续发展带来很大挑战。如何才能够充分发挥出技术的价值，尽可能地避免技术减损或浪费是每个转型中的企业迫切需要解决的问题。

以上诸属性中，增值性、商品性、动态性体现的是资本的共同属性特征。而创新性、外部性、垄断性等体现的是资本的个性化特征。科学高效的技术资本管理需在全面认识以上属性的基础上，对比分析技术及其他要素的资本独特性，基于战略发展需要来合理搭配生产要素的配置存量、配置程度，提升配置效率。

3.2.3 技术资本的基本命题

1. 技术资本是一种可测度的生产要素，其存量与技术成果的生成数量、技术转化为资本的速度、技术新旧程度密切相关，存在一定的函数关系，关系式为 $TCI_t = f(TQ \times TT + TCI_{t-1})$。式中的 $TQ \times TT$ 是技术成果数量与技术资本转化程度乘积，TCI 是企业技术资本存量水平。其中，技术成果来源于科学家、工程师、企业研发团队等。其中，科学家、工程师、企业大型研发中心人员为技术生成提供人力资本的支持，政府与企业提供货币资本的持续支持。在研发成功并将技术转化为技术资本后，技术研发过程中的各要素提供者按照对技术成果的贡献程度享有技术资本产权，并根据技术资本在总要素资本中的比重与其他要素资本一起共同享有企业的所有权，按照一定产权比例参与公司财务治理和收益分享。此外，技术折旧也会降低资本存量。技术折旧反映了企业技术资本的新颖度，它与技术资本存量呈反向波动。技术新旧程度与自主技术研发、技术引进和技术进步程度诸因素有关。自主研发因子细分为研发投入强度、研发人力数量与质量。技术引进程度细分为货币资金存量、外部的技术依赖程度、内部的技术消化吸收能力。通过加大自主研发中的各要素投入数量与质量、降低对外部技术的依赖度、提升技术的内部消化能力，会降低技术折旧程度、提高原创性、新颖度及技术存量水平。

2. 技术资本与其他的要素资本如人力、实物之间体现出一定的替代关系，其中技术对人力的替代能力明显超过实物对人力的替代。依据传统的厂商生产理论，在技术条件不变的前提下，生产要素间的多种不同组合都可以完成商品的生产过程。在盈利极大化的目标驱使下，企业更倾向于选择成本最小的生产要素组合。依据边际替代率的递减效应，当生产规模越趋近于等产量曲线的下方时，等量的技术、实物能够替代人力的数量就会越少，各要素的配置比例相应地也会趋向平均化，相互间替代效应波动也会降低。当实物与人力的相对价格发生波动时，在技术许可范围内，企业会优先考虑更为便宜的要素积极替代其他要素。很显然，实物与人力的替代状态很大程度取决于技术、实物、人力的相对价格变化，技术的供给数量与质量是实物、人力之间替代的决定因子，其替代方向受制于资本间相对的价格变动方向[47]。而在相当长一段时期内，人力资本略显紧缺，这使得人力工资水平相对于货币的利息率有所上升，实物与人力之间的替代主要体现为单向的实物替代人力过程，这也被称为实物资本的深化现象。若仅有劳动、土地和实物三种要素，实物资本的深化效应意味着每一份人力所能够使用的实物日渐提升。由此引发一个重要问题，随着实物资本的深化，其产出的收益在达到一定程度后开始出现递减态势，长此下去，有可能会导致经济增长停滞不前。基于此，加大不同要素资本间的合理宽化配置应成为资本配置优化的方向。促进技术资本投入，有助于缓解这一困境，主要体现为：伴随新兴技术的应用，新的研发系统、生产方式、营销与服务网络取代了传统的规模化生产，也缓解了实物、人力成本的扭曲状况，降低其需求，驱使实际的实物增长率、人力增长率接近或相等，这样一来，整体的要素资本及其他要素的增长也得以持续。

3. 技术资本与其他资本一起共同参与价值创造，其与各要素之间的配置存量与结构等存在适度的比例关系。依据传统财务理论，存在最佳的资本结构，使企业价值达到最大化。依此推论，也应存在实现价值最大化的要素资本结构，即综合要素资本成本最低、要素配置达到最优的资本结构。此时，各要素的配置状况达到最优，即技术资本的生成、货币资本的筹集、实物资本的购买、人力资本的招聘等各方面配置能力趋于相等。在完全竞争的市场条件下，每个厂商从要素市场上购入生产要素，在产品市场上出售产品。因此，要素资本配置是企业在市场经济里的自发行为，目的是获取收益。在目前企业缺少技术的情况下，要素资本的配置状况主要取决于自主技术研发能力、要素资本价格和企业的财务能力，具体体现在：技术研发能力强的企业，技术资本相对更为充足、结构也更合理，而价格高的要素，配置也较少。公司财务能力主要通过安排各种要素资本的配置比重及技巧来体现，在研发能力、要素价格既定的前提下，要素资本优化重点在于要素资本的配置能力。

罗福凯（2014）[47]在生产函数理论的基础上，推导出各要素资本实现的价值增值应为 $V_m = r_m \times F_m(X_1, \cdots, X_m)$。$r_m$ 是企业 m 的要素资本价格，这样一来，要素资本达到最优配置的条件为：$\frac{\partial V_1}{\partial x_i} = \frac{\partial V_2}{\partial x_i} = \frac{\partial V_3}{\partial x_i} = \cdots = \frac{\partial V_n}{\partial x_i}$。进一步令企业 m 在要素资本市场上出售资本的价格 $r_m = R(P_m)$。购入生产要素 X_i 的价格 $W_{mi} = W_i(P_m)$。这里的 P_m 代表了要素市场上的谈判力。若产品市场出清，则有：$X_{11} + X_{12} + \cdots + X_{1n} = X_1$，…，$X_{i1} + X_{i2} + \cdots + X_{in} = X_i$。

这样一来，企业内部要素资本的优化问题可表述为：

$\max(\pi_m) = R(P_i)F(X_1, X_2, \cdots, X_n) - W_1(P_i)X_1 - W_2(P_i)X_2 - \cdots - W_n(P_i)X_n$。同理，对于企业 $g(g = 1, 2, 3, \cdots, n)$，只要有 $W_i(P_m) = W_i(P_g)$，$R(P_m)\frac{\partial F_m}{\partial x_i} = R(P_g)\frac{\partial F_g}{\partial x_i}$。

总而言之，当资本总额不变时，增加技术资本将使人力资本、物质资本等其他要素资本配置系数下降，于是不同要素资本间的宽化配置将成为资本配置结构优化的方向。而且根据替代原理，技术资本的增加还将引起与之相配的设备质量提高、操作设备的员工素质的提高，进一步提高劳动生产率、企业整体的技术水平，并降低操作型员工的数量。因此，技术资本配置数量是影响其他资本配置的关键因素，且不同产品之间的要素资本配置存在最佳比例。在资本总额一定的前提下，企业应遵循成本最小化原则，根据要素资本市场价格的相对变化，及时调整物质资本与人力资本、物质资本与信息资本、物质资本与知识资本以及人力资本与货币资本之间的配置比例。

3.3 技术资本与企业价值的关系论证

财务学上，企业价值指现在及预期现金流量按照加权资本成本贴现后的现值，一方面来自于生产中各种要素资本的价值转移，另一方面更为重要的是来自于生产中要素资本共同作用下的价值创造。技术资本是将生产技术经过产权确认、市场交易后进入企业生成的重要生产要素。这归根到底取决于企业的生产能力（这里的生产是广义的概念，一切能实现盈利创造价值的活动都称为生产活动）。它是各种生产要素综合作用下的产出能力。因此，探讨技术资本与企业价值的关系，就是要在理解资本与价值关系的基础上分析技术资本对企业价值的作用关系。技术资本是否是企业价值的重要来源？主要来源于技术资本的价值转移还是来源于技术资本与其他资本相结合的价值创造？反过来，企业价值提升会促进技术资本积累吗？

为了论证两者的关系，接下来先分析资本与价值的关系，且历史考察技术如何推动个体、企业与社会生产力的发展，以论证技术的价值及对企业价值的首推作用，然后再细分技术资本从哪些方面推动企业价值。在关系界定清晰之后，假定其他要素不变，再探讨技术转化投资、技术转化时间与速度、技术资本积累水平、利用效率对企业价值的定量影响关系，意在说明技术资本的生成与运营对企业价值的重要性及企业价值提升对技术研发力度、转化程度及技术资本积累的正向反作用。技术资本与企业价值互相影响、共同促进。在某种意义上，探讨两者的关系，如同探讨鸡和蛋的关系。基于现阶段企业研发热情很高，大多也已认识到技术转化重要性，但对技术资本提升企业价值的内在路径认识不足。因此，本章重点关注的是技术资本如何提升企业价值。

3.3.1 资本与价值的关系

经济意义上，一切生产的目的都是为了更好地增进人类福利、满足其欲望。欲望的满足程度通过效用来衡量。人类生产与消费的过程，实质是生产与耗用物品效用的过程。生产意在通过改变物质形态或排列，增加其效用，使之更好地满足需求。消费即通过对物品的使用或消耗，降低其效用。鉴于需求的多样性，不同主体之间经常需要交换物品以提升效用水平。鉴于货币购买力的稳定性，为降低交易成本、减少交易次数等，人们用货币来衡量物品的交换能力，财富随之而生。它是物品效用额的货币表现，其既可全部用于当期消费，亦可做出牺牲，留待以后消费。资本与价值是财富的不同表现方式。通常，当我们把生产的财富留存下来、投入生产领域、作为生产要素来考虑的时候，这部分财富被称为资本。若把其看作是消费的对象和享受的源泉，称其为价值。

从私人观点看，一个人的资本通常指个人财富中投入生产、用于获得货币形态收入的那一部分，是为营利目的所持有、为获取将来收益现在节省的一切物质财货。不论机器、原料、制成品，还是房屋、设备等，只要用于营业能够带来预期收益，都属于资本。

与之相比，对价值的理解要复杂一些。长期以来，价值有两种不同含义：一是表示物品效用，即物品的使用价值；二是表示占有这一物品而得到的购买其他物品的能力，即相对购买能力。后者的存在以前者为前提。基于有用性，每种物品都具有用货币表示的交易价值，亦称价格。可见，资本与价值本质上是统一的，都根源于人类的生产努力，终极目标都是更好地满足人类需求。所不同的是，前者注重财富的生产性与预见性，后者注重财富的效用实现。

但长期以来，受特定经济、历史条件的限制，人们对资本、价值两者关系的理解与认识经历了一个漫长的演进过程，较具代表性的观点可概括为两大类：无关论、相关论与决定论。

边际效用学派是无关论的突出代表，代表人物是三位主观价值论的维护者——英国的杰文斯、法国的瓦尔拉斯与奥地利的门格尔。其主要观点是商品的价值是物品能够满足人的欲望能力的主观评价，价值取决于人们消费中的边际效用，又以物品稀缺性为条件；那些无法直接满足人主观欲望的生产资源的价值，取决于最终生产出的商品的边际效用；而商品的市场价格是交易双方对商品效用彼此权衡的结果，其价格之比应等于它们的边际效用之比。可见，边际效用学派否认了资本与价值的关系，仅关注到流通环节物品的使用价值，将价值归于市场中人对物品的主观感觉及由此带来的边际效用，与生产过程中的资本投入无关，无形中夸大了价值的主观性，未意识到交换价值的存在，亦完全漠视了生产过程在价值形成中的作用，对生活中的一些价值反常现象如水与钻石的价值悖论难以给出合理解释。

持相关论的主要是古典经济学派及随后的马克思主义思想学派，他们建立并奠定了劳动价值决定论的历史地位。其中，威廉·配第将价值理论的研究从流通领域转向了生产领域，提出劳动决定价值的思想。在此基础上，亚当·斯密、李嘉图等人进一步明确了劳动在价值中的决定地位，并区分了使用价值、交换价值、简单劳动与复杂劳动等。但在承认劳动地位的同时，他们又将商品收入分为三部分：工资、利润与地租，实质是认可了除了劳动，资本、土地等也与价值实现有关，这在一定程度上与最初的价值思想略有偏离，也表明了资本与价值难以割裂。在古典学派的基础上，马克思提出了著名的劳动两重性，奠定了劳动在价值理论中的重要地位，指出商品价值取决于用以衡量劳动尺度的社会必要劳动时间，它是在正常的社会生产条件下、平均劳动熟练程度、强度制约下，生产某商品使用价值所需耗用的劳动时间。商品的生产过程是劳动过程与价值形成过程的有机统一。其中，具体劳动不仅生产商品的使用价值，还把生产资料中所含的物化劳动转移到商品实体。抽象劳动生产商品的交换价值凝结在商品实体中。在马克思看来，商品的价值包含当期投入的活劳动以及从生产资料中转移来的物化劳动。这里的物化劳动并未产生新价值，价值增值取决于人的活劳动。资本家凭借对资本的所有权榨取了工人的额外剩余价值。以上观点都赋予了劳动在价值决定中的地位，但在价值的生产过程中都无法完全与资本割裂开来。这里的资本主要指投入生产中的实物资本。尽管马克思否认资本创造价值，但离开资本，劳动力无法成为商品，价值创造也无从谈起。基于此，将其归入资本与价值相关论者。

认为资本能够决定价值的学派主要有以马歇尔为代表的新古典均衡价格学派以及新兴的要素资本学派。新古典学派的核心价值观点是商品的价格受商品供求的双重作用。短期内，当市场需求发生变化时，企业内部无力及时调整生产需求，以应对消费变化，此时商品价格主要由需求方的边际效用决定，但无论价格如何变动，一种商品的价值取决于市场中的代表性企业正常供需均衡下的价格。从中长期看，企业有足够的时间做出战略规划、生产决策，调整要素的配置种类、比例与结构，以增加商品的功能与效用，此时的价值主要取决于生产投入。基于持续经营考虑，即使在短期，正常状态下代表性厂商也不愿以低于成本的价格出售商品。因此，在均衡学派看来，短期内，边际效用对价值起主要作用，而在中长期内，要素资本的成本决定商品价值。马歇尔指出，这里的资本主要包括劳动、土地、实物、企业家才能。后来伴随技术进步与经济发展，投入生产中的要素因子也在顺时而变，技术、人力、知识、信息对人类财富增加愈加重要，成为生产中的重要要素及预期收益来源。在新古典理论的基础上，新兴要素资本学派进一步拓展资本内涵，认为对任一要素资本而言，只要能够明显带来预期收益，就应投入生产领域、成为生产价值实体必不可少的组成部分[138]，并将要素资本划分为六大类：货币、实物、人力、技术、知识、信息，它们的配置数量、质量、供给价格等决定商品使用价值与价值。

从资本与价值关系的演变过程可以看出，伴随人们对资本、价值内涵的认识拓展，对两者关系的理解也愈加深入。作为财富的重要组成部分，资本与价值联系密切、不可分割。实践中，人们很难严格区分哪些财富用于生产、再生产，哪些用于满足当期享受。资本储存的目的是为了预期获得更多的价值与满足。价值实现后，其中的很大一部分又被当做资本投入生产。一定意义上，企业的运转实质就是内部各项目资本与价值的循环过程，其间财富效用不断增加。企业是生产要素投入和价值产出的一个经济系统。企业价值等于各个项目价值的总和。同样，其资本总额等于各项目的资本加总。追求企业价值的最大化，就是要在财务规则的指引下，合理安排投放在各个项目上的资本种类与数额，以最大程度地创造当期及远期收益，满足企业所有者不同时期的消费需求。在完善的资本市场环境中，由于随时可以无成本借贷，厂商的资本配置决策与资本的融通渠道、人们的消费模式无关，最佳的配置行为完全按照市场的财务规则进行。厂商会尽可能地寻求一切收益率超过市场资本成本率的投资项目，以增加企业的价值，直到所增项目的边际收益率等于市场资本成本率。此时，企业的价值达到最大。但在现实资本环境中，资本的投资决策需以资本的融资额及成本为限。在资本总额一定的前提下，按照项目投资收益率超过综合资本成本率的规则，选取能够增加企业价值的项目。若其他资本一定，仅考虑技术变动，此时企业价值最大化就取决于技术资本在各个项目配置数量及质量。

经济学界普遍认可技术本身的价值，但对于技术的价值创造程度还未达一致。持肯定意见的人认为技术是价值创造的主要承担者，新行业、新产品、新的服务不断涌现已见证这一点；持反对意见的人主要论据是马克思的劳动价值论，认为价值是由人类的劳动创造，技术无法创造价值。后种观点实际上在一定程度上曲解了马克思的观点。马克思认为价值是由人类无差别的社会必要劳动时间决定的，这里有两个关键词：无差别和社会必要劳动时间。无差别的人的劳动是说同质性劳动，是针对人的劳动过程而说的。一定意义上，每一项技术都是人类劳动的结果，每一台机器都是劳动结果，投入应用的每一块土地也是人通过劳动开发的结果，甚至矿产资源都是人类通过劳动开采的结果。人类自身也在不断的体力与脑力劳动中逐步培育与成长。所以，只有经过劳动，才能形成价值，技术、机器、土地、开采资源、人力都是劳动的结果，都具有价值，价值大小取决于无差别劳动量的大小。这里的无差别劳动量，可以令其为一个确定的变量如 t，而每一种资源的价值应是 $Y=F(at)$，t 是单位社会必要劳动时间，a 代表各资源的劳动系数。它的大小应根据各资源形成的复杂度、难易程度、时间长度等综合权衡，在达到要素配置均衡时由企业与各生产要素的所有者共同确定。这也是接下来确定价值转移与创造量的一个依据。以上资源被企业获取成为资本并长期持有。资本是过去生产劳动的结果，也会被投入下一生产过程，在迂回过程中循环创造价值[85]。从最终形成的企业价值量看，一部分是由资本转移形成的，另一部分是资本间的相互结合创造的。每个要素资本创造的价值量最终是由投入的无差别劳动量所决定。企业价值仍是由社会必要劳动时间决定，由于技术的劳动系数 a 要远大于其他资源，尤其对于制造企业，所以技术创造的价值量也最高。马克思的劳动价值论并没有否定技术创造价值，且在企业内部，马克思也承认正是依靠技术改良、经营管理，企业才获取比竞争对手更大的价值，实质上，这是典型的要素价值论观点。

一定意义上，马克思是对内要素价值论和对外劳动价值论的统一者。无论要素价值论或劳动价值论，归根结底，都能够认可企业价值是由一般劳动创造。这里的劳动包括了简单劳动（如操作工人的工时）、复杂劳动（如高管人员管理活动）、物化劳动（机器、技术）等。投入生产过程中的要素实际上都是过去生产活动的结果，是迂回生产过程中的中间产物，都内化了一定的劳动成果。它们被投入企业后，成为要素资本创造价值。不同经济时期，各种生产要素在企业中的地位和作用不同。土地、劳动、货币、机器、管理才能、技术、知识、信息等都有可能在某个历史阶段担当企业价值的核心驱动者，这是经济时代进展的客观需要。但不管要素间的相对地位如何变动，其作为生产要素的事实不会改变。在新的历史条件下，技术、知识和信息等要素发挥的作用越来越大，尤其是技术。利用技术获取收益已经成为新经济环境下不可或缺的一部分，技术资本成为企业价值创造的核心源泉已是不争事实。在很多世界性大公司，技术已密切融入企业的生产、经营与管理，发挥着主导作用，如微软、苹果、谷歌、沃尔玛等。

认识到技术对企业价值的作用后，接下来先假定其他要素资本不变，单独分析技术资本通过哪些途径影响企业价值，以及技术转化速度、转化成功的可能性以及技术资本利用效率等对企业价值的影响方向。

3.3.2 企业价值的界定与分解

主流财务学认为，企业价值包括两部分：当前财务活动产出的价值与未来投资项目产出的预期价值的现值。若预期的投资项目 NPV 为零，企业价值等价于当前账面值，即有 $V_0 = BV_0$。若预期项目中的 NPV 大于零，企业价值将超过当前账面价值。假设不考虑代理中的道德风险，经营者会谨慎遵循投资中的财务规则，避免投资于负的现金流量项目，力争企业价值 V_0 大于 BV_0。决定企业价值的因子到底有哪些？能够查询到的最早文献从经济理论出发，强调企业所在行业的重要性，后来更多的文献强调企业内部的资源、能力重要性。对于以上两种观点，有人分别用行业因子、企业内部资源、能力因子予以佐证，发现企业的价值主要由企业因子决定，行业因子居次要地位。企业价值的衡量相应地也要综合企业、行业因子的双重作用。实践中，常用的价值衡量模型有三个：股利模型、托宾模型、剩余收益模型。相比之下，剩余收益模型更能够体现出企业收益的各种来源因子，实际应用力也更强，公式表示如下：

$$V_0 = BV_0 + \sum_{t=1}^{\infty}(1+r_e)^{-t}[I_t - (r_e \times BV_t - 1)]。 \qquad 3.1$$

V_0代表企业的当前价值，BV_0代表企业的当前账面价值，r_e代表资本成本率，I 是税后的净收益；$[I_t - (r_e \times BV_t - 1)]$是去除资本成本后的预期各年度的超额收益，实际上，这是行业因子与企业因子共同驱动的结果。

行业的超额收益源自行业的新兴程度与吸引力、价值链中各个环节所在企业的综合盈利水平。高新技术行业及其他新兴行业的利润率比传统行业通常要高。若行业平均利润在减去资金成本后仍为正，表明该行业能够获取超额利润，用 IAE 表示。行业内部不同企业之间的利润差异由企业层面因子及内部价值链增值差异所致，用 FAE 代表内部因子产生的收益。为分析目的，假定其他因子一定，仅考虑技术资本盈利。进一步，用 AE 表示企业的超额总收益：$AE = IAE + FAE$。实际上，AE 即为公式 3.1 中的$[I_t - (r_e \times BV_t - 1)]$。

若企业仅能获取行业的超额盈利，内部因子的盈利为零，企业价值可表示为：

$$V_0 = BV_0 + \frac{1}{r_e} \times IAE \text{。} \quad 3.2$$

若再考虑企业盈利，另超额盈利期间为 n，则预期盈利 FAE 的现值为 $\frac{FAE}{(1+r_e)} + \frac{FAE}{(1+r_e)^2} + \frac{FAE}{(1+r_e)^3} + \cdots + \frac{FAE}{(1+r_e)^n}$。此时的企业价值变为：

$$V_0 = BV_0 + \frac{1}{r_e} \times IAE + \frac{1}{r_e} \times [FAE - FAE \times (1+r_e)^{-n}] \text{。} \quad 3.3$$

由于重点探讨技术资本的增值问题。技术资本的形成需要经过技术转化，此过程会耗费企业的货币、人力及其他资源，是否能够转化成功、转化时间、且转化中也可能会出现意外情况，这些都会影响技术资本利用。因此公式3.3中再增加一个反映技术转化为技术资本的时间变量 d，将 $(1+r_e)^{-d}$，得到公式3.4如下：

$$V_0 = BV_0 + \frac{1}{r_e} \times IAE + \frac{1}{r_e} \times [FAE - FAE \times (1+r_e)^{-n} \times (1+r_e)^{-d}] \text{。} \quad 3.4$$

此式可用图3－1和图3－2表示。图中显示，若 FAE 为0，企业仅实现行业盈利；$FAE>0$，同时实现行业与企业层面盈利；若 $FAE<0$，说明企业层面盈利为负。进一步，将 FAE 与盈利期 n 结合，还能反映出超额盈利或竞争优势的持续期间。在不考虑技术资本转化期的情况下，此时的企业价值即为账面价值现值＋超额收益的总现值（斜线下面部分）。若转化期 $d>0$，企业价值将会下移。由公式3.4可知，此时的企业价值是以下六个变量的函数：IAE、FAE、n、d、r_e、BV_0。技术资本是否能够实现增值？增值效果如何？主要取决于技术资本对行业超额盈利 IAE、企业内部超额盈利 FAE、盈利持续期、技术转化期、综合资本成本率及当期账面价值的影响能力与方向。

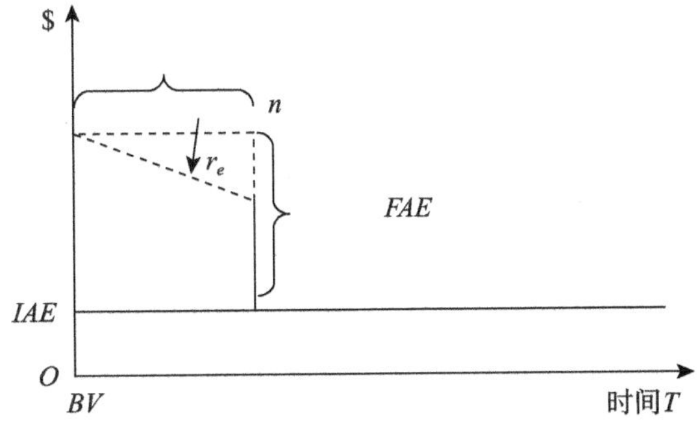

图3－1　当 $d=0$ 时的企业价值

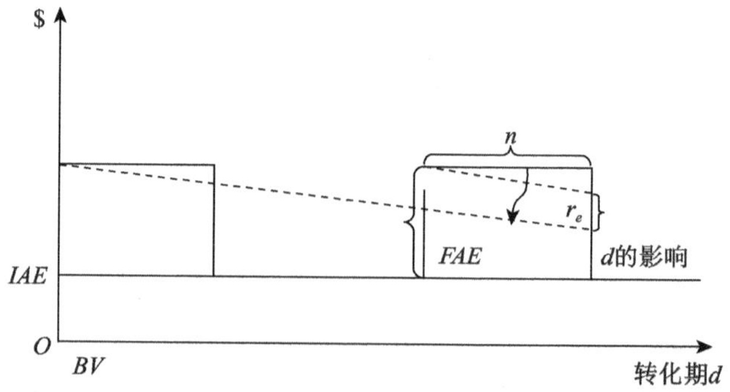

图 3-2 考虑 d 的企业价值

3.3.3 技术资本驱动企业价值的路径分析

1. 技术资本能够促进企业 *IAE* 增长。*IAE* 是行业超额盈利，影响因素有很多，如价值链中的企业数量、企业相对位置变化、行业的竞争程度、行业的进入壁垒等，这根本取决于行业的综合技术水平，包括行业的技术集中度、行业的技术质量、行业的研发投入力度等。行业的技术水平越高，越利于培育行业内企业的差异化及竞争优势，竞争程度也越低，其他行业企业也难以进入，*IAE* 也较可观。具体看，行业价值链中各环节的竞争状况主要取决于以下因子：同位置现存企业之间的竞争、同位置新加入企业的威胁、同位置替代企业或替代品带来的潜在威胁、与上下游位置企业之间的谈判能力。而各个价值位置的竞争、威胁、机会等根源于技术水平。竞争白热化的行业，商品技术含量通常较低，同质化突出，只能依靠价格战，此时的 *IAE* 很低甚至为零。而在竞争偏低的行业，内部企业往往都能占据一定的市场空间，且产品用途及技术特征差异较大，行业的 *IAE* 较高。Mcfarlan（1984）曾探讨过技术对行业盈利的影响[139]，他将技术的作用归根于技术能够构筑增强企业所在行业的进入壁垒、提高进入成本，进而改变竞争状态。技术资本对行业各个位置企业竞争状态的影响主要通过以下路径实现：首先，加大技术投入与应用，能够增强产品的核心技术含量，通过技术扩散、技术外溢等提高其他相关企业技术水平带来正的外部性，提高行业整体技术能力，且行业的大众吸引力、产业链中的相对位置与重要性以及 *IAE* 增值都会提升。其次，利用不同企业之间的技术许可、控股、参股、并购，能够调整优化行业的价值链条，以及特定位置的企业技术水平、不同位置企业的前后关系，这也有助于增强垂直一体化的合理度，优化企业内部的价值、成本、要素结构，带动行业价值链的整体优化升级，推动*IAE*纵深方向提升；再次，这些年信息技术的广泛应用带来了诸多便利，企业普遍享受到互联网带来的诸多好处如节省时间、降低成本、高效运作等，这也改善了行业整体的运营与盈利状况。典型例子是，电脑商戴尔利用互联网络建立直销的核心技术系统，大大增强了与行业内部各位置企业的谈判力，在增强其成本优势的同时，也改善了行业内部的价值流向。综上分析，技术资本能够改变行业的社会吸引力，加大技术投入有助于增强行业*IAE*。行业的获利潜力与行业的技术实力与技术投入息息相关。

2. 技术资本有助于提升*FAE*。盈利实现是企业价值管理目标的直接体现。而重视技术有助于增强盈利能力。同行业内部各企业的盈利能力差异较大，主要受技术积累与运作所致。关于技术对企业的重要性前已述及。但各企业的技术培育重点不同，有的注重技术开发、有的注重技术运作，也有的仅集中于技术获取。这导致技术的增值效果差异明显。只有同时注重技术研发、技术确权、技术交易以及后期的灵活运作的企业，才能够在与同行对手的动态博弈中分得最大化的盈利空间。Porter（1985）利用价值模型探讨了技术对同行企业竞争的影响，研究发现技术积累突出的企业经营运作成本较低，且经营中的差异化运作较突出，凸显竞争优势[140]。一些世界性大公司，如微软、苹果、沃尔玛、Google等历来重视技术培育与运作。其中，微软、苹果更重视将技术用于产品生产与对外的许可与销售。戴尔、沃尔玛更注重构建生产、营销、服务管理中的技术系统以降低运作成本，在信息技术的推动下，沃尔玛的存货成本仅占总成本的0.15，约为同行对手的一半。另据商业周刊报道，虽计算机行业日趋饱和，行业的*IAE*几乎趋于0，但戴尔公司却仍维持收入增长，主要得益于信息技术应用带来的存货周转与成本优势。可见，技术有助于企业*FAE*实现。

3. 技术垄断能力决定了企业的超额盈利期n的大小。n反映了企业能够持续获取超额盈利的时间，n越长*FAE*和V越大。通过加大技术投入、快速实现技术转化，甚至尽可能地延长技术垄断期，能够增加n的长度。拥有原创技术成果的企业都会有尽可能维持技术垄断的主观需求。Feeny（1990）构建一个基于技术的竞争模型来分析同行业企业的技术应用过程、技术垄断、超额盈利持续获取之间的关系[141]。做法如下：假设仅考虑行业内的两个竞争企业A与B，企业A率先开发成功技术成果，并及时投入生产，图3-3给出了企业B的反应、应对过程及对企业A的持续获利期n的影响。在企业 A 的技术被企业 B 成功模仿并应用的期间里，企业 A 能获得超额利润。

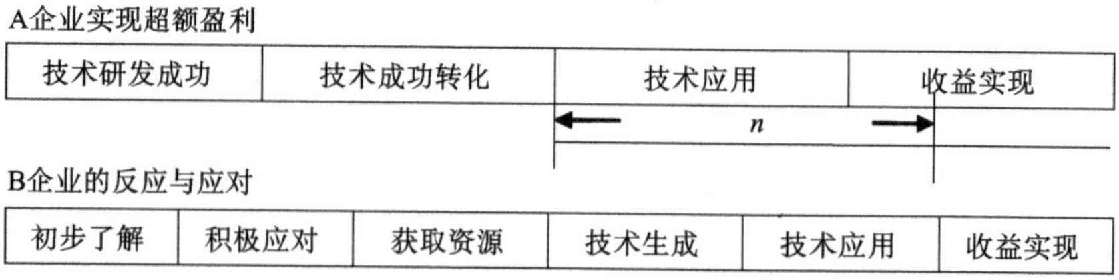

图 3-3 技术应用与收益实现

图 3-3 显示，在 A 企业应用新技术后，B 企业的技术应对历程分六个阶段：了解、应对、获取资源、技术生成、应用与收益实现。最初在了解阶段，B 企业需要先推算 A 企业的新技术具有哪些功能、实现了哪些技术突破等，一直持续到 A 企业应用了新技术，B 企业看到了新技术带来的诸多变化，开始谋划如何应对，包括搜集与 A 企业技术成果有关的所有细节性数据资料，以及要用到的各种关键资源。B 企业的应对策略主要有：选取恰当的时机并购或控股 A 企业、开发类似或更高级技术实施替代、委托研发实力较强的第三方实体研制更先进的技术超越 A 企业等。确定了应对策略后，接下来 B 企业需要配置新技术获取需要的各项资源与能力，以尽快成功获取技术。由于 B 企业属于后发企业，能够利用 A 企业的技术开发经验，其技术获取的时间要短于 A 企业。

在 B 企业积极应对的过程中，A 企业会想方设法保持对新技术的垄断地位，尽可能延长新技术带来的超额盈利持续期 n。技术越先进、复杂保密性措施做得越好，被 B 企业赶超的可能性越小，垄断期及超额盈利期间也越长。因此，A 企业新技术的原创程度、开发难度、复杂性及后期管理能力决定 n 的大小。$FAE\times(1+r_e)^{-n}$会降低 FAE 与价值，但随着 n 的增大，FAE 与价值的降低速度会趋缓。极端考虑，若 n 接近正无穷，此时的 $FAE\times(1+r_e)^{-n}$趋于零。预期的 FAE 的增值现值变为 FAE/r_e。若 n 等于零，A 和 B 企业技术实力相当，都不具备相对技术优势，此时 $FAE\times(1+r_e)^{-n}$等于 FAE，而$[FAE-FAE\times(1+r_e)^{-n}]$为零。超额收益只能通过行业的 IAE 来获取。可见，企业价值 V 同 n、FAE 的大小成比例变动。

4. 技术资本对综合资本成本率 r_e产生重要影响。r_e是企业的综合资本成本率，也是资本所有者要求的最低必要报酬率，取值取决于企业的风险水平。而技术研发、资本转化与后续运作中都存在较大的风险，尤其是技术研发失败的风险，有时甚至会带来致命影响。技术资本应用过程中必须要全面权衡它的风险水平。风险越高，r_e越大，但成功实现 FAE 的可能性越低，FAE 也越小。技术风险主要体现在以下方面：技术开发投入较大，但能否成功带有很大的不确定性；技术时效性强，开发过程中，若竞争对手领先获取到类似或更先进技术，可能会导致进一步开发价值甚微；另外，技术转化中，也存在产权界定不清晰、新技术应用的前期准备不足影响应用进度等风险；进一步，技术应用中也会带来多种风险，技术更新快，随时可能面临淘汰，技术许可、技术抵押、对外投资等可能会引致技术外漏风险等。以上诸风险无形中提高了企业的综合资本成本率。而且其他因子的风险还会扩大技术风险的影响力。例如，若研发人力对企业的忠诚度不高可能导致技术泄露、竞争者不按经营常规运作、供应商无法按时提供关键技术资源、顾客的消费偏好发生根本性变化等，都可能会加大技术风险提高资本运作成本。

5. 技术价值是BV_0的重要部分。技术是企业生产中的重要资源，技术的价值理应成为企业账面价值的一部分。但现行的财务报告还未采取恰当的方法来记录各项技术资本的获取成本、价值、折旧等，只是规定从外部获取的技术资本计入无形资产按照一定期限摊销。对内部取得的技术按照研发成本结转至无形资产。以上处理有失恰当，并不能准确反映出技术的价值，仅仅代表取得成本。寻求会计报告中科学合理的技术确认方式变得至关重要，它关系到企业账面价值披露的相关性、准确性，也有助于引导相关决策。另外，技术折旧方法选择、折旧期限估算也会通过影响技术账面价值与企业价值。直线折旧法、较长折旧年限不符合技术特征。技术更新快，应采用多倍递减法，缩短折旧年限更符合企业实际。进一步，研究开发费用的处理方法也会影响企业价值。会计规定将研究支出计入费用，开发支出计入无形资产直接增加企业账面价值。但划分标准主观性太强，其合理度直接影响无形资产价值。目前企业会计报告附注中披露出的技术价值在总账面值的比例平均还不到20%，一些技术企业甚至为零，反映出技术价值未得到合理披露，对外公布的账面价值不够真实全面，进而影响企业总价值 V。

6. 技术成果产权界定及后续投资状况决定了资本转化期 d 的大小。d 实质反映技术资本的生成速度。新技术更新太快，能否及时成功转化是盈利保证。一定程度上，转化期 d 与超额收益呈明显负相关。在技术转化中，受技术产权界定不清、投产计划不周密、技术服务后备力量不充足、新技术应用中的人力缺乏等影响，技术转化期会延长，推迟收益实现。其中，合理安排技术的产权很关键。技术生成过程中，货币、人力、机器、土地、甚至其他技术所有者都投入了相应资源，应根据贡献大小按照比例分享新技术产权。现实中，大多数技术的所有权是由货币、实物提供者所享有，这种极不合理的界定方法根本无力调动技术研发人员的主观能动性，也难以很好地配合协调技术转化，制约转化进程与后期运作，也会影响后期技术研发效果。

技术转化越快，企业的横向竞争优势越明显。Mcfarlan（1984）发现考虑到转化中的诸多未知因子，实际的技术转化通常比预期要长一些[139]。但也出现过例外。20 世纪 90 年代末期，电子商务开始兴起，最初，大家认为早进入该行业，会获得品牌与顾客忠诚优势。实际情况却是由于初期资金投入大且客户源不足，早期很多的电子商务相关企业遭到重击。后期进入的企业却享受到较低的成本好处。且随着客户消费能力逐步提升，企业面对的客户源也越来越多。调查发现，后进入企业的成本约降低 35%。可见，企业在寻求技术提升价值的具体路径时，要多方权衡各影响因子之间的关系，特殊情况下，为规避 *FAE* 风险，推迟新技术应用也具一定可行性。

3.3.4 基于技术资本的企业价值驱动模型

上述分析显示，选择前景广阔的新兴技术行业、合理确定技术的转化时机、降低技术配置中的潜在风险、恰当安排技术研发投资等能够增强竞争优势，延长盈利期间，提升企业价值。为了进一步考证技术转化、资本生成、运营与价值之间的内在互动关系，借鉴 Kuno（2002）[142]的研究结论，下面构建一个技术资本转化、利用与价值增值的定量模型。鉴于技术与 *IAE*、*FAE* 均密切相关，模型拟在同业竞争的前提下设计，这样一来，企业价值 V 不仅与内部技术有关，还受到竞争企业的技术影响。

为方便起见，先假定某一行业存在两个竞争企业：甲和乙，都以价值最大化作为战略目标，其利润函数分别为 $\pi(\theta_x,\theta_y)$。其中，θ_x 是企业甲的技术利用效率，θ_y 是企业乙的技术利用效率，最初的利用效率均设定为 θ_0。利润函数 π 都在自身技术利用效率区域内呈递增、非负变动，在对方竞争企业的技术利用效率范围内呈递减、非负。再令其他要素资本不变，仅探讨技术资本变化对价值增值的贡献。为细致考察各技术因子的影响，令企业在时间 T_i 准备转化新技术，待转化的新技术存量为 $B(T_i)$，成功转化为技术资本的时间为 T。考虑到转化中的高度不确定，$B(T_i)$ 满足泊松分布条件。令 t_i 表示技术的转化时间，即 $t_i = T - T_i$。若忽略技术外溢，不同企业的技术配置差

异都通过 θ 来反映出来。投资成本 $I(T_i)$ 非负且递减，且 $\frac{\partial I}{\partial t_i}\leqslant 0$，$\frac{\partial^2 I}{\partial {t_i}^2}\geqslant 0$。假设最初的技术效率为 θ_0。随着新技术的逐步应用，技术应用效率慢慢增至 θ_i，且满足 $\theta_i > \theta_{i-1}$。这表明新技术会带来生产的高效率与高盈利。但考虑到投入成本负担及产品市场的饱和度，效率与利润增长不会一直持续。当竞争企业应用更先进的技术后，企业盈利开始下降，即有盈利函数 $\pi(\theta_x,\theta_y)\geqslant 0$，$\frac{\partial\pi(\theta_x,\theta_y)}{\partial x}>0$，$\frac{\partial\pi(\theta_x,\theta_y)}{\theta_y}<0$，$\frac{\partial^2\pi(\theta_x,\theta_y)}{\partial^2\theta_x}<0$，$\frac{\partial^2\pi(\theta_x,\theta_y)}{\partial\theta_x\partial\theta_y}<0$。为了求解企业价值 V，先要估算未来盈利总额现值。假定企业管理者风险中性，以不变的利率 r 将预期利润进行折现。且甲企业在 A 时刻应用技术 i，乙企业在 B 时刻应用技术 j。若甲先应用技术，有 $A<B$。此时，企业甲的报酬额如下：

$$\int_{u=0}^{A}\pi(\theta_0,\theta_0)e^{-ru}du+\int_{u=A}^{B}\pi(\theta_i,\theta_0)e^{-ru}du+\int_{u=B}^{\infty}\pi(\theta_0,\theta_0)e^{-ru}du-I\times(A-T_i)\times e^{-rA} \quad 3.5$$

若乙企业先应用技术，有 $A>B$，此时企业甲的报酬另表示为：

$$\int_{u=1}^{B}\pi(\theta_0,\theta_0)e^{-ru}du+\int_{u=B}^{A}\pi(\theta_0,\theta_j)e^{-ru}du+\int_{u=A}^{\infty}\pi(\theta_i,\theta_j)e^{-ru}du-I\times(A-T_i)\times e^{-rA} \quad 3.6$$

若两企业在同一时间开始应用新技术，有 $A=B$，企业甲的报酬又可表示为：

$$\int_{u=0}^{A}\pi(\theta_0,\theta_0)e^{-ru}du+\int_{u=A}^{\infty}\pi(\theta_i,\theta_j)e^{-ru}du-I\times(A-T_i)\times e^{-rA} \quad 3.7$$

上述各式反映出，企业利用新技术的过程大体遵循动态的时间博弈。企业的报酬额同时受自身技术应用及对手企业的技术应用的双重影响，且都可表示为技术资本生成时间 T 的函数形式。进一步，设定 $V(S,i,T,j)$ 表示企业在时刻 T 的价值。企业甲在时刻 S 应用新技术 i，企业乙在时刻 T 应用新技术 j，且有 $T\geqslant T_j$，$S\geqslant T_i$，$S<T$。起点时间一致，甲乙企业的价值可定量表示为：

甲企业价值 V：

$$V(S,i,T,j)=E\Big[\int_{u=0}^{-(S-T)}\pi(\theta_i,\theta_0)e^{-ru}du+\int_{u=-(S-T)}^{\infty}\pi(\theta_i,\theta_j)e^{-ru}du-I\times(S-T_i)\times e^{-r(T-S)}\Big]$$

$$=\frac{\pi(\theta_i,\theta_0)}{r}(1-E[e^{-r(T-S)}])+\frac{\pi(\theta_i,\theta_j)}{r}E[e^{-r(T-S)}]-I\times(S-T_i)E[e^{-r(T-S)}]。\quad 3.8$$

乙企业的价值 V：

$$V(T_j,S_j) = E\left[\int_{u=0}^{-(S-T)} \pi(\theta_i,\theta_0)e^{-ru}du + \int_{u=-(S-T)}^{\infty} \pi(\theta_i,\theta_j)e^{-ru}du - I\times(T-T_j)\times e^{-r(T-S)}\right]$$

$$= \frac{\pi(\theta_i,\theta_0)}{r}(1-E[e^{-r(T-S)}]) + \frac{\pi(\theta_i,\theta_j)}{r}E[e^{-r(T-S)}] - I\times(T-T_j)。$$

3.9

公式 3.9 能够清晰反映出企业价值 V 与技术成功转化资本的时间、技术资本的应用效率、转化率、转化过程中的其他资源投资、承担的风险水平之间的定量曲线关系，充分表明了技术要实现价值，首先需成功转化为资本。技术转化经历的时间长度、转化中的相关配套投资、成功转化的比率、新技术应用的难度都会制约价值实现。在其他因素不变的前提下，价值 V 会伴随以上技术因子而变动。因此，企业价值主要取决于技术资本的形成时间、技术投资额、技术资本运作的效率以及技术应用中的潜在风险。

基于以上对技术资本与企业价值的定性与定量分析，得出如下结论：不仅技术资本的价值是企业价值的重要组成部分，更重要的是，技术资本是价值创造的重要来源，它同货币、实物、人力等要素一起共同参与价值创造；技术资本的有效运营能够提高企业获取超额收益的能力（包括内部及行业的超额收益）、能够形成并有助于维持企业的超额盈利期，降低技术资本风险可以降低资本成本提高企业价值，合理确认技术资本的价值可以提高企业价值、促进技术的转化速度也可以提高企业价值；技术的转化速度、转化可能性、转化风险、转化投入与企业价值之间存在一定的动态关系，技术转化决定了企业价值的实现。总而言之，由技术转化而来的技术资本是企业价值的主要推动力，它与企业价值之间一定存在函数关系，也应作为企业价值函数中的一个变量，与其他生产要素一起共同决定着价值产出。

3.4 现实证据

3.4.1 欧美国家技术资本的应用实践

几次重大的科技革命都起源于欧美国家，有关技术的生成、转化、利用及价值创造机制相应地也较国内早很多，也更为先进、成熟与完善，世界

500强排名中技术先进的企业多数都是欧美国家的，如苹果、微软、Google、高通。早在19世纪时，欧美国家许多资本密集型的行业已开始被流水作业或批量生产技术所替代，许多重要技术已经替代了物质资本、原材料以及非熟练的劳动工人，但当时的整体技术转化率并不高。直到20世纪80年代，普遍开始重视技术转化，技术市场与技术政策有力地促进了技术转化能力的提高。到了90年代，企业技术转化率已普遍较高，技术资本积累也已初具规模，并开始探索技术资本的运营问题，实际上，90年代初期很多企业的技术资本对企业价值还未表现出正向影响关系，到了后期技术资本的运营效率效果才真正体现出来，而2000年以后，技术资本已被看作是美国及其他国家经济增长的来源（Hyunbae Chun，2006）。近十年来，欧美各国技术转化率进一步提升，技术资本积累对经济增长的作用也愈加突出。在此过程中，技术资本的运营方式趋于多样化，运营效果越加明显，具体体现在：通过技术许可一方面可以获取收益，另一方面也可为内部研发提供融资支持；通过技术并购可以短期内增强技术实力，实现企业的快速扩张；通过技术控股等成功实现技术资本的以少博多，以上诸方式都已成为欧美企业创造价值的重要方式。得益于技术资本积累，这些年也相继出现了一批优秀技术企业，它们一半以上的纯收入来自于专利费和技术转让。

例如，高通公司的净利润率之高全球罕见，主要得益于技术资本的灵活运营。根据高通最新发布的2014财年第三季度财报，高通第三季度营业收入为68.1亿美元，净利润为22.4亿美元，由此可算出高通的净利润率为32%。从净利润构成来看，来自授权和专利费用的营业收入为18.84亿美元，而其业务成本很少，这也意味着84%的净利润来自授权和专利费。若除去授权和专利费，高通该季度其他业务净利润只有3.6亿元，净利润率为5%。正因为如此，截至第三季度末，高通所持有的现金、现金等价物和有价证券总额为327亿美元，如此多的现金、现金等价物，在全球企业中也不多见。

此外，苹果公司技术资本经营方式也比较灵活。苹果公司核心业务是电子科技产品，最知名的产品是Apple II、Macintosh计算机、iPhone手机和iPad平板电脑等，它在高科技企业中以创新而闻名。20世纪70年代，苹果公司研制出Apple II及其后的Macintosh，持续不断地推出新产品，至今苹果公司致力于不断创新及研发。尽管苹果公司的产品已风靡全世界，但它其实基本不介入产品的生产制造环节，仅重点关注产品的设计与销售，生产线同其产品一样遍布全球，通过全球制造业代工。这样一种模式，使得苹果能聚焦于产品的创新。从传统产品价值链角度来看，苹果公司将自己的核心竞争力建立在“微笑曲线”（Smiling Curve）上价值最丰厚的两端：研发和营销，攫取了最大的利润空间。自 2000 年以来，其平均年盈利达 25 亿美元以上。《商业周刊》始于 2005 年的“全球最具创新力企业”评选中，苹果公司连续 6 年位居榜首。2012 年 8 月 24 日，苹果公司的股价、市值均再创历史新高，成为全球市值最高的公司。

与苹果相比，Google 的技术资本积累与利润创造也非常可观。Google 推出 Android 操作系统自推出以来就保持着一往无前的爆发力，特别是在智能手机市场，GFK 调查数据显示，Android 的市场份额早就已在亚洲市场超越了诺基亚的 Symbian 系统跃居第一。在可预见的将来，Android 手机操作系统在美国的市场地位难以撼动，并正向全球市场霸主的方向发展。得益于技术优势，该企业近年来持续保持业绩增长，且营业收入平均达到 125 亿美元，而平均利润也达到了 30 亿美元。在这方面，微软的运营效果更突出，过去单靠物质资本的积累，要达到几亿美元的资本需要几代人的努力，而微软比尔·盖茨通过技术与物质有机结合，仅技术产权转让与许可的收益 1990 年就达 3000 万美元，不到 20 年的时间里使资本总额达 510 亿美元，平均年营业收入达到 350 亿美元，平均年利润达到 80 亿美元，产值超过美国三大汽车公司的总产值。可见，技术资本在欧美国家企业发展壮大中发挥了至关重要的作用。

3.4.2 中国企业技术资本的应用实践

与欧美国家相比，国内各行业、企业技术资本的生成、利用状况以及财务业绩尽管近几年有明显改善，但仍存在不少问题。技术资本积累偏低，创造价值的方式也比较单一。

参照 Wind 数据记载，2013 年度 2473 家上市公司的营业总收入约为 26.81 万亿元，上年同比增长 9.68%，实现净利润约为 2.24 万亿元，上年同比增长 14.68%，其中约有 1338 家公司当年的净利润实现同比增长，约占 54.10%，这说明上市企业的整体业绩趋好。但行业之间的业绩差距较为明显，突出体现在：TMT、汽车、医药、生物等技术积累丰厚的行业业绩普遍突出。其中，约 60% 的汽车行业企业净利润实现增长，比亚迪、重汽等 15 家公司的利润增幅甚至超过 1 倍，汽车整车及相关零部件、修理服务等企业的绩效也较好。TMT行业在国家政策带动下，业绩增长也十分明显，在TMT行业约有212家企业的利润上涨，个别企业如超图、京东方、永鼎等增幅达到一倍以上。医药、生物行业约有127家净利润趋好，尤以中药、医药最突出，嘉应制药增幅达到了1743.15%。相比之下，技术积累存量偏低的一些行业，业绩下滑明显，如房地产、农林牧渔、钢铁、煤炭、有色金属行业等。这说明近年来产业结构、行业结构调整的效果开始显现，整体上依靠低技术含量、传统要素驱动型制造业的盈利能力正在下降，技术驱动型新兴制造业价值创造的能力明显提升，技术的作用凸显，显然已成为资本市场的主力军，取代传统要素成为价值创造的主要动力。

具体到行业内部，不同企业间的利润差距很明显。如同为汽车行业，60%企业盈利，40%企业亏损；TMT行业也有近40%企业业绩下滑。主要是行业内资源分配不均，尤其是技术资本生成及运营效果差异较大所致。但纵观大多数企业的财务报告，货币资本、实物资本的配置比例占到2/3以上，尤其是银行存款、固定资产、房地产远超技术资产。内部资本配置的不合理是导致行业间盈利差距的重要原因。这些传统资本的投入现已超过最佳的规模投入点，继续的投入将导致成本上升，急需作出调整，降低传统要素投入，提高技术资本存量与配置效率。

这从2013上市公司财务报告即可看出，大部分企业的技术研发投入、申请的专利数量、研发中心、新产品、专有技术以及利润水平均有不同程度提升，见表3-1。相对于一般企业，这些高科技企业的技术投入力度、产出能力相对较高，其中多数拥有国家级的研发中心，各产品技术水平领先，基本可以代表目前技术资本积累与运营的较高水平。仔细分析后发现以上企业在开发支出、技术存量、利润与收入获取方面存在一些问题。

表3-1　　2012~2013年企业技术资本积累与业绩　　单位：亿元，%

企业名称	开发支出	R&D	技术资本	利润2013	利润2012	增长%	收入2013	收入2012	增长%
中国重汽	0	1	0.01	3.3	-0.1	378	215	194	10.8
长安汽车	7	—	9.2	33.	11	210	385	295	30.6
一汽轿车	3	2	4.1	9.9	-8	227	297	234	27
清华同方	6	4	17	1.6	7.1	-11	227	229	1
精伦电子	0	15	0.01	-0.8	-0.02	—	3.2	2.8	13.9
国锐科技	0	4	0.04	0.4	0.1	383	9	9.9	-8.6

续表

企业名称	开发支出	R&D	技术资本	利润 2013	利润 2012	增长%	收入 2013	收入 2012	增长%
烽火电子	0	14	0.02	0.3	0.3	-16	8	9.1	12.6
南玻集团	0.1	3	0.54	6.1	1.2	422	77	70	10.6
中兴通讯	29	9.8	1.49	0.7	-42	102	75	841	-11
科龙电器	0	—	1.24	11	6	81	244	190	28.5
潍柴动力	0	3	0	0.4	0.7	-50	23	21	10.4
浪潮电子	0	5	2.05	0.6	0.3	121	42	29	48.2
中联重科	0	5	13.2	37	71	48	385	480	-20
紫光股份	0.1	0.6	0.1	1	0.6	67	85	65	30
南京高科	0	0.2	0.07	3.6	2.6	38	35	22	62

注：技术一栏仅反映除土地使用权以外的技术资本，净利润及净资产收益率都扣除了非正常损益，R&D%代表研发占总收入的比重，反映当年研发力度，NAPR 代表净资产收益率，DD 代表开发支出额。

有些高科技企业言过其实，并未拥有较高的技术投入与产出能力，研究支出、开发支出很小，出现 0 的也不在少数，技术存量增加有限，如南京高科、中国重汽、精伦电子、国锐科技、烽火电子、科龙电器、潍柴动力等，其中不乏重点龙头企业，导致此情况的原因也有几个：一些企业研发投入还未形成开发支出，都计入了管理费用，如精伦电子、国锐科技；也有的企业项目已开发成功转入技术资本，如中联重科，此时仅看研究与开发不能准确把握企业技术水平，还需要再结合其他信息如专利、专有技术数量、研发中心数量等，此类信息通过无形资产明细反映；进一步，2/3 企业的无形资产以土地使用权、特许权、商标权、特许权为主，其中尤以土地使用权居多，占据无形资产的一半以上，而专利技术、专有技术数量与比重很小，如中国重汽仅 0.01 亿元，潍柴动力为 0，南京高科 0.07 亿元等；此外，还有可能受会计处理的影响，很多技术，尤其是内部开发形成的专有技术，可能公允价值较难确认，未反映在报告中。基于以上分析，有必要进一步结合企业获取技术成果与奖励的数量如专利、获奖等综合判断，这往往更具说服力。如潍柴动力多次获得国家科技部奖项、自主完成新产品开发多项；紫光股份则是重点信息技术类高新技术企业，自主研发全球首台云计算机，拥有多个技术研发中心。

在了解技术资本积累状况时，结合会计信息披露、技术成果数量与技术奖励各方面，基本能够全面了解企业的技术能力。很明显，排除会计业务处理差异，以上企业的技术资本存量偏少。其中，开发支出额较大的有清华同方、长安汽车、一汽轿车，专利、非专利技术等较大的有中联重科、清华同方、长安汽车等，紫光股份这类企业代表了技术资本积累的较高水平，但与固定资产、土地使用权、房地产、银行存款、甚至职工薪酬相比明显过低。尤其是这几年不少企业过于重视房地产投资，甚至偏离科技主业转向房产经营，如南京高科，其无形资产中土地使用权比重居高不下，技术少得可怜。据此猜想其他一般企业的技术能力更弱，何谈技术运营与价值创造？进一步，很多企业专利中的大部分都是一些技术能力很弱的外观设计专利，发明专利比例太小，根本经不起市场长久考验。如精伦电子授权专利30项中仅2项发明专利，南京高科、烽火电子等则未披露专利情况。

另外，还有部分企业，研发投入、开发支出及各种发明专利、非专利技术都较突出，但利润增长却不明显。这类企业面临主要问题是技术资本的运营方式、过程与途径不恰当，可能过多地集中在传统商品经营，围绕采购、生产、销售环节，忽视了更为灵活的盈利环节，如技术许可、技术转让、技术投资、技术服务等。表3－1中的企业技术主要用于产品生产与销售，其他的运营方式很少采用。如中联重科，拥有多个国家重点实验室，研发出多项技术水平世界领先的新产品，完成重大科研项目达144项，申请专利达1499项，拥有业内唯一的六位一体技术平台，但其营业收入、利润并不稳定，尤其近两年还出现下跌趋势，原因主要在于技术运营方式单一，商品经营的技术投入可能已达饱和状态，而技术许可、技术转让、技术资本投资等业务很少。此外，清华同方是电子信息类龙头企业，拥有多项先进的核心技术产品，SIM占据全球35%的市场份额，SRAM、EPROM、特种存储器等产品据行业领先，所涉足的领域如智慧城市、智能建筑、互联网、物联网等都具有很大的发展空间，但业绩出现连续下跌。中兴通讯专利拥有量全国领先，2012年国际专利申请量3906项，蝉联全球第一，近几年业绩亦连续下滑。

值得一提的是，仍有部分企业积累了丰富技术资本，并且实现了持续稳定的业绩增长。如长安汽车这些年一直致力于技术能力提高，开发多款汽车产品，举行各种活动如创新品牌传播活动，大力开展长安汽车进社区、校园、商圈促进技术转化；收购其他如雪铁龙技术公司获取所需核心技术，加大内部研发投入与技术整合及生产经营过程中的技术管理。通过努力，近几年的业绩有很大提升，并表现出良好的发展势头。此外，浪潮电子表现也较为突出，研发的天梭K1是中国第一款自主研制的主机系统，在可靠性、扩展性、灵活性等均达到业界领先水平，自主研发了多款低、中、高端服务器产品，保持着较为明显的技术优势，更为重要的是，该公司重视技术资本的运营与价值创造，在拓宽产品链的基础上，开始尝试向技术链转移，推出多款服务类技术，形成差异化的服务技术优势，构建了三级增值渠道体系，推出经销商拓展计划，授权渠道签达1000多家，成立了国产主机系统产业联盟推动以天梭K1为技术核心的关键应用产业链，这些措施都促进了技术资本运营能力的提高，提升综合业绩。除了上市公司，民营企业中还有很多此类例子，最为典型的如华为技术公司。该公司技术专利的申请量与授权量位居全国第一，技术资本的运营能力也是业界领先，得益于此，多年来该企业的业绩一直持续呈上升态势。

以上分析显示了在技术投入、技术资本积累、运营方式、效率与价值创造方面，国内企业远低于欧美发达国家的优秀企业。面对如此大的技术差距，不少企业尝试技术引进、模仿创新、技术代理、技术受让、获取技术许可或成为全球价值链中原料、零件供应、产品的生产商，寻求生存与发展机会。高通、苹果公司零部件制造、产品生产等低价值环节大部分下放给中国等发展中国家企业完成，只抓关键技术制造、技术注册与技术营销。高通技术许可与转让的收入有一半来自中国。另据《证券日报》统计，苹果公司2012年上半年净利润达204亿4600万美元，而参与苹果公司供应链的A股公司净利润之和仅为1亿4000万美元，相当于苹果公司的一个零头，甚至于国内电子信息行业百强企业的年盈利总额还不及苹果公司一家。而在集成电路领域，国内近500家IC相关企业的销售总额也不及全球最大IC企业高通。据上分析，尽管技术资本的贡献已经显现，但与国外相比，国内企业的技术积累、技术创新、技术运作方法及运作效果都有待提升。

3.5 研究设想

3.5.1 关于技术资本配置状况的设想

根据以上部分的现实依据，推定目前中国各行业企业技术资本配置状况如下：整体上，相对于货币、实物、人力等资本要素，各行业技术资本存量偏少，在要素资本中的配置比重偏低，尤其对于货币资本与实物资本，很多行业出现资本深化趋势，迫切需要调整要素结构，向技术转型；具体看，行业之间技术资本的配置状况不均，在汽车行业、信息技术行业、电子行业、生物医药等，技术资本积累程度较高；而在传统的钢铁、能源、农、林、牧、渔等行业，传统要素的资本配置比例过高，技术资本积累很少甚至不少为0；而且同一行业内部企业间的要素资本结构、技术资本内部结构也很不合理，积累质量不高；行业间技术资本配置不均导致后续配置效率差异较大。以上问题留待第4章进行分析。

3.5.2 关于技术资本与企业价值的相关性设想

依据本章的理论论证与部分事实证据，推定出下面有关技术资本与企业价值的关系设想：技术资本对企业价值具有明显的正向促进作用，技术资本的积累量越大，企业价值越高，但技术对价值的作用程度目前小于人力资本；由于技术转化、运营与人力配置状况以及行业盈利性密切相关，技术资本对企业价值的作用程度受到来自人力资本、行业技术特征的调节，受技术质量不高的影响，技术与人力表现出一定的相互替代性，行业的技术投入力度、技术集中度都会产生一定作用；若再进一步考证技术资本的产出弹性以及与人力的替代程度，会发现技术资本的产出弹性小于人力与实物资本的产出弹性，且技术对人力的替代程度会略高于实物资本对人力的替代；不同行业贡献率差异很大，在技术配置较高的行业表现更为突出，新兴战略行业尤其是TMT类、汽车制造类、生物医药类高新技术企业的技术及其他资本的贡献率相对较高，而钢铁能源等行业企业贡献率较低。以上推断留待第5章分析。

3.5.3 构建技术价值链的设想

理论分析已表明技术资本是价值创造的重要要素，实践证据也显示现阶段企业技术资本配置数量、质量都不高，利用效率低。在价值实现上，目前大多数企业的价值主要靠产品驱动，越来越多的证据表明价值创造的持久动力来自于新兴要素，已经有人开始关注信息价值链、知识价值链问题，但此类研究目前还处于研究空白。基于此，企业有必要结合自身资源与能力状况，构建一个技术价值链模型，意在帮助企业从战略上增强技术核心优势培育，提高技术的商业化应用价值。技术创造价值必须遵循财务规律，先转化为资本按照内在的流程与联系逐步释放能量。而技术价值链反映了技术资本生成及后续运营中的技术活动链接关系，由相互关联的系列技术环节组成：技术生成—技术确权—技术交易—技术运营等。其中每个环节又由不同技术节点组成，如技术生成包括内部研发、合作研发。技术确权也分为独立注册、合作注册（或内部注册与外部注册）等。考虑到企业所处行业、发展阶段、财务战略、资源、能力有别，适用的价值链条以及各驱动环节、连接点的重要性也不同。至于设计思路、运作模式与应用性问题，留待后面第6~8章逐步分析。

3.6 本章总结

本章分别从理论、现实证据两大方面分析了技术资本与企业价值的内在关系，并在此基础上提出本书接下来章节的大体研究设想。本章是进一步研究的基础与前提，起到通篇引领作用。其中，3.1（第1节）介绍了本书研究的理论基础——新经济增长理论、新兴要素资本理论与要素价值理论。接下来的技术资本配置对企业价值的影响、技术价值链构建与应用都是在以上理论的基础上拓展思路与搭建研究框架。3.2（第2节）介绍了技术资本的相关理论，诸如技术资本的内涵、属性、几个基本命题，这是分析技术资本配置及作用的基本指导，只有准确把握了技术资本的内涵性认识，才能有助于更深入地从实践角度探讨技术资本如何应用，促进技术资本合理高效配置与价值创造。3.3（第3节）从理论上厘清技术资本与企业价值的关系，这对于接下来两者关系的实证分析、技术价值链管理都提供一定支持。3.4（第4节）介绍国内外技术资本的应用情况，对以后章节的实证检验、技术价值链应用实践与优化对策提供一定事实依据。最后，基于以上各节理论与事实，提出后面章节要研究的几个主要问题及有关设想。

第4章

中国各行业技术资本配置状况分析

4.1　学界对技术资本配置状况的现有认识

前述分析显示，纵观国内外企业发展，技术对经济增长的贡献日趋凸显。尤其在知识经济的今天，技术已是企业挖掘内部潜力、维持、提升核心竞争力的根本动力。探究企业技术资本的配置状况，解释其背后的资源配置效率，成为经济新常态下企业转型升级的首要问题。近年来，在建设创新型国家发展战略的指引下，企业技术能力明显增长，研发投入大幅增加，专利数量几乎呈爆炸式增加，其中，2000～2008年，专利申请量、发明专利申请量平均增幅达到20%，2010年，专利申请量超过122万件。根据OECD出版的《主要科学技术指标2011/1》报告，中国已然成为全球专利大国，发明专利授权已稳居全球第三。

理论上，技术资本的重要性以及对企业价值的推动力已毋庸置疑。但技术资本对价值的驱动效果还受到技术转化时间、转化速度、转化质量、技术运营方式与效果等因素影响。因此，实践中，尽管企业整体技术实力有很大提升，但不同行业技术资本配置状况差异较大，即使技术实力相当的企业，运作效果也可能大相径庭，主要体现在存量、结构、获取渠道与运作效率上。现有学者对此问题的关注多集中于R&D、知识资本存量与效率、专利存量与运作效率，还未出现分析各行业企业技术资本配置状况的文献。接下来，本章尝试对此做出突破。技术资本的存量多大？与其他资本相比配置力度如何？要素资本结构及技术资本的内部结构是否合理？运作效率是否高效？进一步，行业差异是否明显？以上问题的分析将有助于企业加深对各行业技术投入与创新状况的现实认识，有针对性地制定与实施一些有助于战略转型、持续发展的技术管理策略，同时也给政府相关部门制定一些调结构、促转型的创新驱动发展政策提供有益参考与借鉴。

4.1.1 技术资本配置存量的现有认识

关于技术资本的存量测度问题，罗福凯进行了理论探源。他认为，技术资本与其他资本一样，是一种可测度的资本方式，其数额与技术成果产量、技术转化速度及技术存量存在函数关系，若其他资本一定，技术资本的相对比重越大，企业越具竞争力[47]。提高技术资本存量是企业资本结构优化的根本方向。

实践中，直接针对技术资本存量的研究文献较少，仅有个别学者给予关注。如罗福凯和周红根（2014）发现中国高端制造业技术资本配置普遍不高，技术资本存量占总资产均值较低，平均仅占0.37%[144]。神瑞英和陈肖丹（2013）的研究给出更详实数据，估算出2007至2011年高新技术企业技术资本存量依次为1506570978元、1435835211元、2143674641元、2168405410元、4196697991元，呈缓慢上升趋势[145]。许秀梅（2015）发现行业间技术资本配置差异较明显[146]。

另有一些人围绕R&D、技术知识、专利存量问题展开研究。在技术知识方面，罗正清和金生（2009）基于知识深度、知识宽度和知识强度三个属性提出了一个面向创新的知识测度模型[147]。蔡虹和许晓雯（2005）参照国外技术知识存量的计算方法，确定了技术知识的陈腐化率和R&D时间滞后性，测算了以自主研究开发和技术引进为主的知识存量构成，从中国技术知识总量及占GDP的比重等方面与美国和日本进行了比较，提出有效利用外溢技术是近期提高国内技术知识存量的重要途径[148]。蔡虹和张永林（2008）构建了一个计量模型来分析R&D投资的经济效果，具体思路是先测算了八大区域的自主研发、区域间外溢技术存量，然后估算出各区域技术总量的产出弹性系数、边际生产率。结果发现，在北部沿海地区，同化吸收所致的外溢技术存量所占比例最小，也是主要的技术溢出主体，相比之下，西北地区的比例更高一些，且以吸收外溢技术为主，另外还发现，八个区域技术存量的产出弹性系数约在0.20~0.44之间，边际收益率约在1.37~9.10之间[149]。

进一步，在专利存量方面，中国实施专利法30年以来，虽已进入世界专利大国行列，但重大核心专利缺失与专利转化率不高，一直是制约科技可持续速发展的瓶颈[150]。微观层面上，各高新技术行业的研发资本存量差异明显[151]。徐欣和唐清泉（2012）基于行业视角，以2002~2006年制造业上市公司为对象，发现自2000年以来专利数量逐年上升，但是专利的行业分布不均匀[152]，这种偏态的分布态势反映出制造企业的技术积累与应用不均，虽专利技术实力有所提升，但以外观设计、实用新型为主，发明专利的生产效率明显偏低，且国有、非国有企业的技术创新能力差异明显，前者能够同时兼顾三种类型专利的研发投入，后者的研发资金主要集中在发明专利。吕淑仪（2009）通过对广东专利数量结构、新技术发展速度及动态变化趋势分析，发现近年来广东专利结构日趋合理，新技术开始萌芽生长，具有较强的技术创新和发展潜力[153]。张帆（2014）从专利数量趋势、技术生命周期、技术演进、有效专利等指标角度分析了川酒专利存量特征，描述了川酒技术创新与产品设计创新活动发展态势与特征，结果显示川酒行业创新活动表现出六个方面特征，整体上遵循了良性发展过程[154]。刘凤朝和潘雄锋（2005）以国务院发展研究中心划分的八大经济区为分析单元，利用布局系数指标和顺序分布模型，从区域“特化”角度对八大区域的专利分布、变动差异和基本特征进行考察[155]。汤亚非和邹纲明（2012）仅集中于分析发明专利的配置状况，诸如发明专利授权数、授权部门、领域与地区前10名、国内外职务、非职务发明专利比例、按国际IPC分类的行业授权结构分布以及发明专利的市场交易情况，发现发明专利授权数量以平均每年30.9%速度增长，技术交易市场上发明专利的合同数和交易额升降不一，单个合同金额提升较快，国内职务发明专利的比例低于国外，地区和领域分布都不均匀，发明专利集中在东部地区[156]。

4.1.2 技术资本配置结构与渠道的现有认识

经济学家们历来主张，掌握、应用先进技术的经济体，更具有核心竞争优势和更高的增长动力，投入生产中的技术水平越先进，产出及效率就越高[165]。

自20世纪70年代起，许多发展中国家都相继开始实施自主技术创新战略，并注重优先发展资本密集产业。但这些年的经济实践表明，片面、过度的追求技术先进，可能并非是经济持续增长的最佳路径，保持适宜的技术结构与获取渠道更有利于健康发展。20 世纪 80 年代后期罗默等人以新古典学者有关要素累积决定论为基础，从内生技术视角阐明了适度技术结构的突出作用。在国内，已有人注意到此问题带来的影响。陈菲琼和王寅（2010）探讨了技术结构影响经济发展的内在机制，并搜集长三角地区数据，将技术结构与经济产出分别作为投入、产出指标，利用 DEA 方法分析了技术结构的投入效率，结果验证了经济发展是由技术结构内生出的高等技术研发效率所决定，适度合理的技术结构有助于经济良性发展，要做到这一点，关键是加大高等技术研发投入、改进投入效率。作者还计算了技术结构效率改进值，提出后续改进措施[166]。葛沪飞与仝允桓（2010）认为自主 R&D 和 FDI 是技术积累的重要来源，但效率存在显著差异[165]。

4.1.3 技术资本配置效率的现有认识

配置效率意在研究如何安排要素投入的最佳组合，以生产最优商品组合及规模。在投入规模一定前提下，若通过优化调整各要素投入比例与结构能够促进产出增加，要素的产出效率就得到提升。若产出一定，配置效率指的是要素资本投入的最小化。意大利经济学家帕累托提出了一种资源配置效率的极端理想状态——帕累托最优，即在没有任何人境况变坏的前提下，无法使得至少一人变得更好，已无任何改进余地的状态。现实中，很难达到这种境界，需要作出不同程度的帕累托改进，常用的方法主要有参数法、非参数法等。

实践中，此方面文献多围绕区域、行业或企业层面的传统要素及研发、技术创新投入产出效率展开。方福前（2009）以劳动和固定资本为投入，以总产值、新产品、专利申请数为产出，选用 DEA 方法分析了 1999 ~ 2006 年、2005 ~ 2011 年高技术产业内部各行业的投入—产出效率，发现高科技产业内部配置效率极不均匀[157]。吉生保（2010）选取投资额、科技经费支出、R&D 人员全时当量为投入，主营业务收入与专利申请数为产出，基于三阶段 DEA 模型和 2008 年分省数据分析高技术产业效率，发现各省效率差异较为明显[158]。也有不少文献针对特定行业。王姗姗和屈小娥（2011）选取 2003 ~ 2007 年制造业 28 个行业样本数据，利用 M 指数法，以资本、劳动力和能源为投入指标，以总产值为产出指标分析全要素能源效率问题[159]。曹文彬（2013）以总资产、股东权益、年末职工总人数为投入，以资产负债率、速动比率、净资产收益率、流动资产周转率、净资产增长率为产出，选取 DEA－Tobit 模型分析 2005～2011 年信息技术上市公司效率[160]。陈冰等（2013）以年均总固定资产、年末在册职工人数为投入，主营业务收入和利润总额为产出，利用 DEA－Tobit 模型分析 2002～2009 年医药上市公司的效率问题[161]。程慧平（2013）选取非参数 DEA 方法和参数 SFA 方法，对 2001～2010 年 30 个省级行政区信息服务业技术效率进行比较分析[162]。微观企业方面，刘纯彬（2014）运用 DEA 及 M 指数，以资本、年末总资产、劳动力人数为投入指标，主营业务收入为产出指标分析了中国 12 家主要轿车生产企业 2008～2012 年的效率变动情况[163]。熊婵等（2014）以研发费用、研发人员数量、广告投入、人力资源成本和管理费用为投入，销售额和品牌资产为产出，分析 2008 年高科技创业企业的技术效率[164]。

纵观以上技术资本相关文献，有的注重研发问题，有的混淆技术与知识的区别，将其合为一体探讨技术知识存量，有的仅片面探讨技术资本的组成部分——专利，仅有极个别学者关注到技术资本配置，但局限于个别行业，忽视了行业整体的配置状况，更缺少对技术资本获取渠道与效率的关注。总之，还未发现有人从微观层面分行业探讨企业技术资本的配置状况。

接下来，本章拟从存量、内部结构、获取渠道与配置效率四个方面，分行业对比分析上市企业技术资本的配置状况。首先搜集沪深上市企业的财务大数据，从无形资产明细中分类整理出各企业所披露的专利、非专利技术、系统与软件、开发支出、研发中心以及其他技术权利等存量数据，据此计算每个企业的技术资本存量，汇总生成行业技术资本存量，并进一步分析内部结构、获取渠道以及利用效率，以便于详细了解各行业技术资本的配置状况与差异。

4.2 样本来源及数据搜集

由于技术资本明细数据目前尚无数据库可完整分类提供，为详尽真实地反映出技术资本投入情况，特从国泰安数据库中搜集 2009～2014 年沪深主板、创业板、中小板中股票交易代码以0、3、6居首的 A 股企业相关财务数据，根据无形资产明细项目，逐个整理出专利、非专利技术、开发支出、研发中心、系统与软件、其他技术权利的账面净值。谨慎起见，样本搜集过程中仅排除了年度技术资本为零或空的企业。通过对2009~2014年沪深上市企业逐个筛选，初步获取各年样本个数为591（2009）、628（2010）、863（2011）、1088（2012）、1191（2013）、1261（2014），见表4-1。剔除ST、*ST企业后，最终样本为577（2009）、614（2010）、849（2011）、1070（2012）、1176（2013）、1244（2014），见表4-1。表4-1中显示，自2009年以来，对外披露技术资本的企业数量均逐年上升，整体上由2009年的36%上升到2014年的58.2%，主要集中在制造业、信息技术业，两者之和约占80%。其他依次为批发零售贸易业、电煤水生产与供应、采掘业、农林牧渔业等。可见，近年来，技术资本受到越来越多的企业重视。

表4-1　对外披露技术资本的各行业样本个数　　单位：个

年份	2009	2010	2011	2012	2013	2014
总体个数	1603	1694	1919	2048	211 5	2136
样本个数	591	628	863	1088	1191	1261
其中：						
制造业	429	454	639	808	870	915
房地产业	9	9	18	25	31	32
信息技术业	52	58	90	110	129	141
采掘业	8	12	12	22	21	23
电煤水生产与供应	16	13	16	10	19	23
批发零售贸易业	22	26	30	30	41	42
社会服务业	6	5	13	13	23	24
综合类	19	18	11	11	9	9
交通运输、仓储业	7	6	4	6	11	11
建筑业	7	9	8	10	9	7
传播与文化产业	4	6	7	5	13	15
农林牧渔业	10	9	14	13	14	17
金融、保险业	2	3	1	1	1	2

数据搜集过程中，对每个样本企业的无形资产明细逐个判断与辨别，去除异常值以及不应划归技术资本的项目，之后将每一项明细按照所属类别，分别划归到专利、非专利技术、系统与软件、开发支出等项目中去。其中，

难以区分的明细项目，如未指明类别的技术，暂时划归非专利技术；未披露获取渠道的系统与软件，从国家知识产权局网站查询企业近年来的专利情况，若存在即归专利，否则再结合企业其他信息来判断是否为内部研发，内部生成计入非专利技术，否则计入系统与软件。这里的系统与软件仅核算企业外购部分；新产品开发费用计入开发支出。另外，由于房地产、建筑业大部分开发支出属于固定性房产建设支出，与技术无关，计算时将其从开发支出中扣除。大型研发机构、产学研一体化项目等计入研发中心。其余的各种技术相关权利如服务权、融资租赁使用权、技术许可权等计入其他技术权利。最后汇总得到各年度技术资本存量。

考虑到物价指数影响，进一步分析之前还需先进行价格指数平滑处理。由于技术积累是各类原材料、实物、人力的共同作用，选取工业生产购进价格指数、固定资产投资价格指数以及城镇单位就业人员工资指数的加权平均值作为技术资本平减指数。鉴于技术资本由六部分组成，每一部分所耗用的人力、材料及固定支出项目难以测算，且参照行业技术资本明细构成后发现外购系统软件与其他技术权利、开发支出与研发中心、专利与非专利技术占总体的比重均约占1/3，令加权权重为1:1:1，2009年为基期进行处理。

为便于对比分析，另外给出人力资本与实物资本的存量数据。借鉴有关研究，实物资本根据存货、投资性房地产、固定资产的期末数按照相应的价格指数平减后汇总得到。这里的存货价格指数是工业生产购进与出厂价格指数的算术平均，后两者分别选取房价与固定资产投资价格指数。人力数据来源于相应年度企业资产负债表中的应付职工薪酬，参照城镇单位就业人员工资指数平减。以上指数均从《中国统计年鉴（2009~2014）》、中国国家统计局网站的年度统计公报（2009~2014）中搜集，2009年为基期。

4.3　技术资本的存量分析

4.3.1　行业整体技术资本存量分析

对于资本存量的测算，现有文献多采用永续盘存法。由于文中财务数据均来自微观企业经审计后的公开财务报告，并已按照会计准则规定提取了折旧，按照经济业务发生的时间及时调整了资本变动，能够较真实地代表企业相应时点的资本存量，据此汇总的技术资本数据也能够很好地代表存量水平。

参照2001年上市公司行业分类指导划分标准，将样本划分为13个行业门类，它们分别是农林牧渔业、采掘业、制造业、电煤水生产与供应、房地产业、交通运输仓储业、信息技术业、批发零售业、金融保险业、建筑业、社会服务业、传播与文化产业、综合类。表4－2给出了2009～2014年各行业的技术资本、人力资本、实物资本以及技术资本在总要素资本的相对比重。

表4－2　　行业整体技术资本配置存量数据　　单位：万元

2009年	技术资本	人力资本	实物资本	技术比重（%）
农林牧渔业	4762.01	13855.1	507942.5	0.24
采掘业	133384.8	279451	52346080.5	6.59
制造业	1105619.1	1752758.4	82548993.2	54.59
电煤水生产与供应	74158.1	103145.2	13470216.6	3.66
房地产业	319693.8	241979.1	10165786.2	15.79
交通运输仓储业	20688.5	268986.7	5550486.1	1.02
信息技术业	201541	244118.4	4722714.3	9.95
批发零售业	67540.7	77183.7	3435894.6	3.33
金融保险业	1819.4	10636.2	61926.9	0
建筑业	20526.2	22728.9	3859876	1.01
社会服务业	36982	3478	453566.5	1.83
传播与文化产业	11727.5	8094.2	465901.2	0.58
综合类	26798	29790.1	2226513	1.32
总计	2025241.1	3056205.1	179815898.4	1
2010年				
农林牧渔业	4160.5	17075.4	618565.8	0.12
采掘业	504276.8	985465.1	113780040.8	14.58
制造业	1566201.4	2329366.9	114493665.2	45.30
电煤水生产与供应	164824.7	83358.8	15387990	4.77
房地产业	517504.2	345976.7	22528560.9	14.97
交通运输仓储业	20333.3	313333.3	6204467.3	0.59
信息技术业	266414.4	324884.7	5089843.8	7.71
批发零售业	94859.2	118402.2	5631699.1	2.74

续表

2010 年	技术资本	人力资本	实物资本	技术比重（）
金融保险业	272354.2	293524.3	1825159.4	0.08
建筑业	5094.1	15901.9	4467538.7	0.15
社会服务业	11724.3	2834.8	424536.1	0.34
传播与文化产业	19645	8880.1	548487.7	0.57
综合类	10111.1	23359.7	2869571.7	0.29
总计	3457503.2	4862363.8	293870126.4	1
2011 年				
农林牧渔业	10862.5	77092.7	1149268.4	0.33
采掘业	350107.4	704067.5	73866794.1	10.50
制造业	1940522.1	2929509.6	156024838	58.19
电煤水生产与供应	74643.3	75731.5	31380213.4	2.24
房地产业	178896.7	397653.4	32017828	5.36
交通运输、仓储业	10306.4	28593.4	1867240	0.31
信息技术业	442398.9	378120.3	5916635.6	13.27
批发零售业	110707.3	121439.2	6403034.5	3.32
金融保险业	447	2530.4	17283.5	0
建筑业	163961	25649.8	7367935.1	4.92
社会服务业	15665.1	9548.8	482176.4	0.47
传播与文化产业	26099.5	12808.8	726464.8	0.78
综合类	10342.6	14463.7	1804589.7	0.31
总计	3334959.9	4777209.3	319024301.5	1
2012 年				
农林牧渔业	14689.3	31449.1	928488.9	0.25
采掘业	1776967.2	726737.3	140270555.2	30.78
制造业	2653843.6	3160367.4	205017862.3	45.97
电煤水生产与供应	77417.4	84294.5	31113715	1.34
房地产业	322113.8	553729.1	58102338.2	5.58
交通运输仓储业	9185	22896.8	2084340.4	0.16
信息技术业	543219.4	320338.5	7950785.3	9.41
批发零售业	113187.2	102739.1	8275768.3	1.96
金融保险业	417.4	4315.2	14979.7	0
建筑业	202354.2	12635.5	9088712.2	3.51

续表

2012 年	技术资本	人力资本	实物资本	技术比重（）
社会服务业	26704.6	16168	1181575.9	0.46
传播与文化产业	26113.1	38807.2	940106.8	0.45
综合类	6867.7	18268	1838277.8	0.12
总计	5773079.8	5092745.8	466807506	1
2013 年				
农林牧渔业	18002.8	33315.5	2357279.3	0.34
采掘业	482568.4	215738.5	83553327	9.05
制造业	3488862.6	2269260.3	238902116.2	65.44
电煤水生产与供应	82370.1	75656.2	40257215.8	1.55
房地产业	76843.1	380719.6	70517042.3	1.44
交通运输仓储业	4244.6	17254.4	2647335.1	0.08
信息技术业	742530.6	260988	10019490.5	13.93
批发零售业	139432.1	76225.1	11828134.5	2.62
金融保险业	40.9	3313.4	4201.8	0
建筑业	202225.5	8816.6	8274468.2	3.79
社会服务业	35975.7	11759.3	1468763.3	0.67
传播与文化产业	51650.3	24928.8	1203679.4	0.97
综合类	6637.7	7810.1	1832370.4	0.12
总计	5331384.4	3385785.8	472865423.9	1
2014 年				
农林牧渔业	21157.9	25673.3	1989877.8	0.39
采掘业	277816.3	348957	165084573.8	5.17
制造业	3715298.7	2645855.7	267776316	69.09
电煤水生产与供应	84144.8	91271.5	47199554.7	1.56
房地产业	81633.9	393261.7	81004100.5	1.52
交通运输仓储业	3955.4	16747.2	2930280.7	0.07
信息技术业	874300	313142.6	11785901.6	16.26
批发零售业	149086.7	105988	13168500.8	2.77
金融保险业	7882.6	12996.6	169836.9	0
建筑业	50691.1	8427	9633146.2	0.94
社会服务业	32396.2	14966.7	1644809.2	0.60
传播与文化产业	72663.4	40913.9	1243011.2	1.35
综合类	6094.6	7562.1	1977776.2	0.11
总计	5377121.5	4025763.2	605607685.6	1

表4－2中显示，2009～2014年中国行业整体技术资本存量依次约为202.52亿元、345.75亿元、333.50亿元、577.31亿元、533.14亿元、537.71亿元，平均值为421.65亿元。从横向看，年度技术资本较为集中的行业门类主要有制造业、信息技术业、采掘业、房地产业。尤以制造业最为突出，技术资本存量达到1447.03亿元，占总体的57.2%，最高存量为2014年的371.52亿元，平均值为241.17亿元。其次是采掘业，技术资本总量为352.51亿元，占总体的13.93%，最高值为2010年的50.42亿元，平均存量为58.75亿元。信息技术业紧随其后，技术资本总量为307.04亿元，占总体的12.14%，最高值为2014年的87.43亿元，平均为51.17亿元。房地产业的技术资本总量为149.67亿元，占总体比重为5.92%，最高值为2010年的51.75亿元，平均为24.94亿元。技术资本存量较少的行业为金融保险业、综合类、农林牧渔业。其中，农林牧渔业的技术资本总量仅为7.36亿元，占总体的0.29%，最高值为2014年的2.11亿元。

可见，这些年中国各行业技术资本积累状况极不均衡，技术资本主要集中在制造领域以及与其联系最为密切的相关行业，而农业及服务业相对较少。

进一步对比行业要素资本存量，发现2009～2014年的实物资本、人力资本存量均明显大于技术资本，尤以实物资本最多，主要集中在制造业、交通运输仓储业、房地产业等行业，说明尽管这些年企业技术资本有明显增加，但现阶段企业的资本配置仍以传统的人、财、物为主，技术资本的相对存量过低。与实现经济新常态发展极不适应，迫切需要调整。

纵向上看，行业技术资本由2009年的202.52亿元上升到2014年的537.71亿元，增幅达到1.66倍。其中，增幅较快的集中在制造业、信息技术业、传播与文化产业、农林牧渔业及金融保险业。增幅较慢的有房地产业、电煤水生产与供应、交通运输仓储业、社会服务业及综合类，均为负增长。制造业由2009年的1105619.1万元上升到2014年的3715298.7万元，升幅为2.36倍；信息技术业由2009年的201541.0万元上升到2014年的874300.0万元，升幅为3.34倍；传播与文化产业由2009年的11727.5万元增至2014年的72663.4万元，升幅5.20倍；农林牧渔业及金融保险业分别升幅了3.44和3.33倍。相比之下，房地产业降幅0.74倍，交通运输仓储业、社会服务业及综合类分别降幅0.81、0.12和0.77倍。各行业纵向的增幅差距也较大。

再细看各行业门类技术资本的年度动态变动趋势，见图 4－1。能够各年度均实现稳幅增长的仅有制造业和信息技术业。其他行业波动较大，尤以采掘业和房地产业最为突出。采掘业自 2009 年以来，依次经历了升—降—升—降—降的波动历程，期间出现 3 个拐点。其中 2012 年的波动最大，2014 级降至最低，这可能与国家的产业转型升级政策调整有关。房地产业的波动略平缓一些，呈现缓慢的逐年下降曲线，尤其是自 2010 年以后，可能受房地产行业发展状况影响较大。其他行业的技术资本积累变动曲线均较平缓。

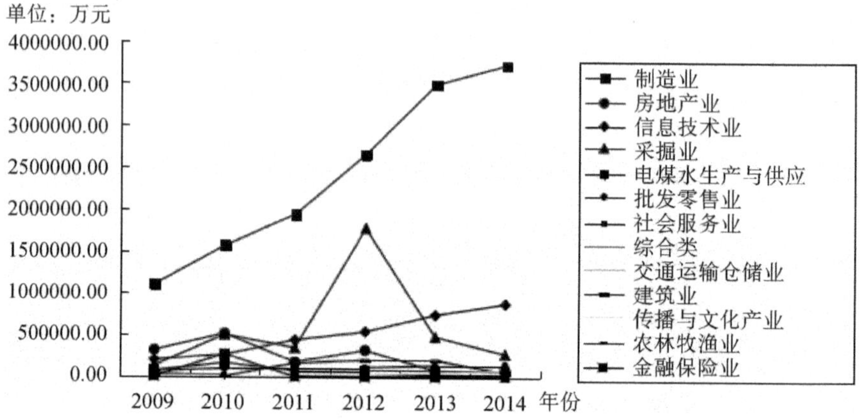

图 4－1　2009～2014 年行业技术资本的纵向变动趋势

综合权衡以上各行业技术资本的积累与变动状况，发现制造业、信息技术业技术资本的积累与变动趋势均较好，具有绝对和相对的双重优势。接下来在对行业整体分析的基础上，重点介绍制造业、信息技术业的技术资本配置状况，以更细致地了解各个细分制造业、信息技术业技术资本存量与变动状况。

4.3.2　制造业技术资本存量分析

2009～2014 年度制造业技术资本分别为 1105619.1 万元、1566201.4 万元、1940522.1 万元、2653843.6 万元、3488862.6 万元、3715298.7 万元。横向来看，技术资本存量较为集中的行业有电器机械器材制造、专用设备制造、生物制品、仪器仪表、交通运输设备制造等。其中，电器机械与器材制造业技术资本存量为 3753455.79 万元，占总体的 25.94%，最大、最小值分别为 1230269.68 万元和 93591.52 万元，均值 625575.97 万元。交通运输设备制造业的技术资本存量为 2183978.43 万元，占总体的 15.09%，最大、最小值分别为576158.96万元和192111.16万元，均值为363996.405万元。生物制品业的存量为1107745.83万元，约占总体7.66%，最大、最小值分别为416196.34万元和15690.53万元，均值为184624.3万元。相比之下，技术资本存量较少的行业集中在木材加工木竹藤制造、皮革毛皮羽绒制造、文教体育用品制造、印刷及金融保险等。皮革毛皮羽绒制造业的平均数资本存量仅为691.6万元，占行业整体的0.03%。可见，尽管这些年制造业整体的技术资本存量及增幅都较高，但不同行业存量差异较明显，技术资本主要集中在电器、交通、生物与医药等行业，轻加工行业的技术存量普遍较少，这可能与行业特点有关。

另将不同要素资本相对比，发现技术资本在要素资本中的平均占比为1.2%，人力资本均值为1.62%，实物资本均值高达97.17%，制造行业的技术资本存量明显小于人力资本与实物资本，尤以实物资本最突出，侧面反映出近年来企业发展大多依靠过量的实物投入来推动，实属典型的粗放式发展模式。为转变经济增长方式，制造业企业急需调整要素资本结构，加大技术资本与人力资本配置比例，使持续发展动力向异质性资本转移（见表4-3）。

表4-3　2009~2014年细分制造业技术资本存量分析　单位：万元

2009年	技术资本	人力资本	实物资本	技术资本比重（%）
食品加工业	5617.9	40554	1258919.7	0.43
食品制造业	4929	45382.4	1168642.2	0.40
饮料制造业	12915.9	41113.9	2465539.4	0.51
纺织业	4860.8	13720	524088.2	0.90
服装纤维制造业	2408	41911.2	1874894.1	0.13
皮革毛皮羽绒制造业	595.9	3403.8	117615.5	0.49
木材加工木竹藤制造业	2290.9	2345	523928.6	0.43
造纸及纸制品业	1855.8	8573.5	1426901.7	0.13
印刷业	835.1	6024.7	205560.4	0.39
文教体育用品制造业	61.7	1822.9	49004.2	0.12
石油加工、炼焦业	575	7225.9	398920.2	0.14
化学原料化学制品制造业	155087	169133.6	10712483.7	1.41
化学化纤制造业	7165.8	13441.3	911709.1	0.77
橡胶制造业	1173.6	5244.7	674216.8	0.17
塑料制造业	4523.4	7406.8	823769.8	0.54

续表

2009年	技术资本	人力资本	实物资本	技术资本比重（%）
电子元器件制造业	59042.5	58464.7	2876517.5	1.97
日用电子器具制造业	26721.6	62561.8	1884235.7	1.35
其他电子设备制造业	11339.7	6845.1	345258.8	3.12
非金属矿物制品业	7414.9	16703.7	2374948.8	0.31
黑色金属冶炼压延加工业	26203.9	98441.1	13726930.6	0.19
有色金属冶炼压延加工业	8608	46116.8	3115419.1	0.27
金属制品业	21731.5	87494.1	2563188.6	0.81
普通机械制造业	80348.1	179141.7	5424123.5	1.41
专用设备制造业	61213.3	153553	5050506.6	1.16
交通运输设备制造业	367758.9	265202.6	9027858.4	3.81
电器机械及器材制造业	93591.5	162747.4	5647149.2	1.59
仪器仪表办公机械制造业	3449.8	1853.5	128441.2	2.58
医药制造业	115983.5	195176.2	6470275.1	1.71
生物制品业	15690.5	9525	543436.8	2.76
其他制造业	1625.6	1627.8	234509.6	0.68
2010年				
食品加工业	6971.3	39854.6	1801767	0.38
食品制造业	5555.8	78362.5	1187743.8	0.44
饮料制造业	11544.9	11289.3	1561879.8	0.73
纺织业	8555.3	11655.3	642709.6	1.29
服装纤维制造业	1852	39751.2	2530970.3	0.07
皮革毛皮羽绒制造业	592.9	4342.2	149665.8	0.38
木材加工木竹藤制造业	2036	3106.3	564307.9	0.36
造纸及纸制品业	2137	10684	1797753.3	0.12
印刷业	471.7	6431	224305.2	0.20
文教体育用品制造业	444.1	3036.2	117205.8	0.37
石油加工、炼焦业	345.5	6211.9	516393.6	0.07
化学原料化学制品制造业	165938.6	150535.4	10844152.2	1.49
化学化纤制造业	12211.6	13806.7	1991889.8	0.61
橡胶制造业	2152.4	14297.7	914966.6	0.23
塑料制造业	3253.4	7995.6	875273.8	0.37
电子元器件制造业	131042.7	78366	3969559.1	3.14

续表

2010 年	技术资本	人力资本	实物资本	技术资本比重（%）
日用电子器具制造业	57288.2	64281.5	2686317.5	2.04
其他电子设备制造业	12692.3	7762.6	402416.5	3.00
非金属矿物制品业	23979.4	36742.3	3968530.1	0.60
黑色金属冶炼压延加工业	27059.2	168326.9	23848133.4	0.11
有色金属冶炼压延加工业	19307	60161.1	4974738.7	0.38
金属制品业	72232.1	83391.2	2660107.7	2.57
普通机械制造业	120810.9	200167.3	7190594.8	1.61
专用设备制造业	87773.7	191742.8	6566051.9	1.28
交通运输设备制造业	486118.3	594210.2	13255968.4	3.39
电器机械及器材制造业	145776.2	230556	11313192.5	1.25
仪器仪表办公机械制造业	2923.6	1438.5	161251.5	1.77
医药制造业	135079.1	198418.5	6969801.8	1.85
生物制品业	18579.8	10892	469880.9	3.72
其他制造业	1476.6	1550.2	336135.9	0.44
总计	1566201.4	2329366.9	114493665.2	1.32
2011 年				
食品加工业	22255.3	59208.9	2401459.8	0.90
食品制造业	8550.8	85236.2	1734970.3	0.47
饮料制造业	10669.9	13866.8	946405.7	1.10
纺织业	6324.6	14771.3	950520.9	0.65
服装纤维制造业	1668.9	56307.5	2935091.8	0.06
皮革毛皮羽绒制造业	566.2	3914.2	157716.9	0.35
木材加工木竹藤制造业	1905.4	14727.5	813437.5	0.23
造纸及纸制品业	3177.2	18410.9	2576854.1	0.12
印刷业	439.9	3820	234772	0.18
文教体育用品制造业	456.2	3569	116836.3	0.38
石油加工、炼焦业	35470.5	7342.8	2344679.9	1.49
化学原料化学制品制造业	244659.2	201272.5	15443675.8	1.54
化学化纤制造业	9797.1	21284.7	3008500.5	0.32
橡胶制造业	2527.6	16690.2	1054601.4	0.24
塑料制造业	3954.6	11662.9	1257826.9	0.31
电子元器件制造业	87923.7	92108.9	5260824.7	1.62

续表

2011 年	技术资本	人力资本	实物资本	技术资本比重（%）
日用电子器具制造业	69289.6	61148.2	2827538.5	2.34
其他电子设备制造业	37393	14867.1	604512.9	5.69
非金属矿物制品业	30776	69022.7	10774716.7	0.28
黑色金属冶炼压延加工业	44065.7	127911.5	23697396.6	0.18
有色金属冶炼压延加工业	51088.4	70603.4	6480230.7	0.77
金属制品业	71216.6	120247.1	3850244.5	1.76
普通机械制造业	129186.7	198792.2	7358138.2	1.68
专用设备制造业	108496.2	380527	11162554.4	0.93
交通运输设备制造业	576159	747490.5	23019424.9	2.37
电器机械及器材制造业	187350	307808.4	15388812.1	1.18
仪器仪表办公机械制造业	3153.7	5443.2	168098.3	1.78
医药制造业	153236.1	184889.2	8253669	1.78
生物制品业	36548.8	14012.2	654200.4	5.19
其他制造业	2215	2552.7	547126	0.40
合计	1940522.1	2929509.6	156024838	1.21
2012 年				
食品加工业	15352.3	59537.6	2794703.1	0.53
食品制造业	9057	94854.6	2204964.8	0.39
饮料制造业	63444.5	97269.1	4524950.7	1.35
纺织业	10115.1	12419.9	1278697.7	0.78
服装纤维制造业	1299.5	42585.3	3340784.6	0.04
皮革毛皮羽绒制造业	431.9	2941.2	203817.9	0.21
木材加工木竹藤制造业	3841.7	14224.1	887449.4	0.42
造纸及纸制品业	3328.5	31603.2	4523598.6	0.07
印刷业	879.2	2485.3	196944.2	0.44
文教体育用品制造业	365.2	2594.4	116845	0.30
石油加工、炼焦业	28828.7	10774.1	3221050	0.88
化学原料化学制品制造业	138822.9	157448.6	17895005.9	0.76
化学化纤制造业	20773.3	21428.7	2903589.8	0.71
橡胶制造业	5785.3	14282.9	1268568.2	0.45
塑料制造业	4138.5	12087.3	1489878.3	0.27
电子元器件制造业	4138.5	12087.3	1489878.3	0.27

续表

2012 年	技术资本	人力资本	实物资本	技术资本比重（%）
日用电子器具制造业	136304.5	98127.4	8231945.8	1.61
其他电子设备制造业	136325.4	122820.2	4649885.7	2.78
非金属矿物制品业	52767.7	42927.7	1426013.2	3.47
黑色金属冶炼压延加工业	76842.3	68413.2	14528870	0.52
有色金属冶炼压延加工业	32361.9	131546.9	32333356.2	0.10
金属制品业	52833.2	81929.3	8168475.8	0.64
普通机械制造业	158786.2	175036.6	8748318.8	1.75
专用设备制造业	192111.2	263030.7	14818129.2	1.26
交通运输设备制造业	895506	941400.7	35035489.8	2.43
电器机械及器材制造业	224125.4	251310.5	13445054.6	1.61
仪器仪表办公机械制造业	6851.9	62252.3	330022.2	1.72
医药制造业	283764.9	171477.7	9521075.8	2.84
生物制品业	42974.9	12666.5	677565.1	5.86
其他制造业	4181.4	4769.6	1052011.9	0.39
合计	2653843.6	3160367.4	205017862.3	1.26
2013 年				
食品加工业	25051.9	58896.4	4438059.4	0.55
食品制造业	7710.5	66333.8	2512985.6	0.30
饮料制造业	24701	58342.4	5242644	0.46
纺织业	6361.4	6440.6	988337.6	0.64
服装纤维制造业	3358.4	27034.7	3582899.2	0.09
皮革毛皮羽绒制造业	1034.7	4657.5	354647.8	0.29
木材加工木竹藤制造业	7502.3	9504.8	956504.3	0.77
造纸及纸制品业	5533.5	15774.1	4722115.9	0.12
印刷业	1379.6	2246.2	287244.7	0.47
文教体育用品制造业	628.2	2383.6	117848.2	0.52
石油加工、炼焦业	44275.6	13077.4	3848463.2	1.13
化学原料化学制品制造业	182890.2	128604.3	21856721	0.83
化学化纤制造业	17418.8	11739.5	2782960.9	0.62
橡胶制造业	8008.9	10961.7	1729781.7	0.46
塑料制造业	8667.2	9038	1749841	0.49
电子元器件制造业	230877.9	73830	9031695.4	2.47
日用电子器具制造业	142476.3	101162	6462541.6	2.12
其他电子设备制造业	69698.3	12980.9	1343370.7	4.89

续表

2013 年	技术资本	人力资本	实物资本	技术资本比重（%）
非金属矿物制品业	56422.5	55325.8	15381058.4	0.36
黑色金属冶炼压延加工业	36134.9	74012.2	38298184.2	0.09
有色金属冶炼压延加工业	139757.8	60732.4	11465820.8	1.20
金属制品业	72065.7	94868.4	4965665.5	1.40
普通机械制造业	183524.3	148257.8	10905490.3	1.63
专用设备制造业	273514.8	198438.6	18534924.6	1.44
交通运输设备制造业	1230269.7	629998.3	37533727.3	3.12
电器机械及器材制造业	306637.8	231202.5	15566397.1	1.90
仪器仪表办公机械制造业	10076.4	8081.8	410659.5	2.35
医药制造业	336965.5	138633	11810027.8	2.74
生物制品业	50974.3	13305.4	990769.1	4.83
其他制造业	4944.2	3396	1030729.1	0.48
合计	3488862.6	2269260.3	238902116.2	1.43
2014 年				
食品加工业	29068	73511.9	5084216.1	0.56
食品制造业	8092.4	73897.8	3098665.7	0.25
饮料制造业	47476.3	58341.9	5758503.8	0.81
纺织业	5447.8	24798.5	1553333.5	0.34
服装纤维制造业	138524.2	27620.3	3593470.4	3.68
皮革毛皮羽绒制造业	968.1	5045.5	394157.5	0.24
木材加工木竹藤制造业	7026.4	9672	988445.7	0.70
造纸及纸制品业	5309.8	16171.1	5618861.6	0.09
印刷业	1499.2	2845.5	293914.4	0.50
文教体育用品制造业	3794.4	2931.2	267585.6	1.38
石油加工、炼焦业	36134.3	13576	3702012	0.96
化学原料化学制品制造业	184898.9	157708.6	29520287.6	0.62
化学化纤制造业	14299.6	12764.7	3258863.3	0.44
橡胶制造业	9078.5	13480.8	1935148.9	0.46
塑料制造业	11180.2	9987.9	1552037.4	0.71
电子元器件制造业	270168	108081.8	9999206.6	2.60
日用电子器具制造业	121040.7	104120.9	6317340.5	1.85
其他电子设备制造业	77684.4	23426.2	1874184.1	3.93
非金属矿物制品业	39519	63303.2	12970923.5	0.30
黑色金属冶炼压延加工业	22469.3	73696.5	41404450	0.05

续表

2014 年	技术资本	人力资本	实物资本	技术资本比重（%）
有色金属冶炼压延加工业	49226.4	47110.6	11343460.3	0.43
金属制品业	68124.5	96321.8	4817155.8	1.37
普通机械制造业	234322.9	189392.2	15387827	1.48
专用设备制造业	288316.4	238611.3	20642326.9	1.36
交通运输设备制造业	1200962.3	676526.1	39150763.2	2.93
电器机械及器材制造业	323677.1	317360.7	19372378.2	1.62
仪器仪表办公机械制造业	13055.7	9723.5	544907.1	2.30
医药制造业	416196.3	176626.9	14821632.9	2.70
生物制品业	73356.1	14668.8	1201241.4	5.69
其他制造业	14381.3	4531.5	1309015.2	1.08
合计	3715298.7	2645855.7	267776316	1.36

另从纵向看，整体上，制造行业技术存量6年定基增长了2.36倍。增长幅度较大的行业集中在仪器仪表办公机械制造业、服装纤维制造业、其他、生物制品业、化学化纤制造业、文教体育用品制造业。仪器仪表办公机械制造业由2009年的3449.8万元增至13055.7万元。服装纤维制造业由2009年的2408万元增至2014年的138524.2万元。其他制造业由1625.6万元增至14381.3万元。生物制品业由15690.5万元增至73356.1万元。化学化纤制造业由7165.8万元增至14299.6万元。相比之下，以下行业出现定基下降：木材加工、木竹藤制造业、化学原料化学制品制造业、电子元器件制造业、普通机械制造业、交通运输设备制造业与医药制造业。这说明各制造行业技术资本的增长速度极不均衡，行业差距明显。

再看制造行业技术资本的年度变动情况，见图4-2。曲线最为突出的是电器机械及器材制造业，虽然前两年存量不太高且增速缓慢，但自2010年起实现了连续跳跃式增长。在2014年有小幅回落的情况下，3年连续式增加5.41倍。另外，生物制品业、仪器仪表办公机械制造业、日用电子器具制造业、专用设备制造业、其他电子设备制造业等虽技术存量不突出，但近年也呈现出稳定增长态势。与以上相比，交通运输设备制造业、金属制品业等行业技术存量增长不明显，呈N形曲线波动。其他行业存量及其波动均不太明显。综合权衡制造行业技术资本的存量及增长情况，发现行业内部的存量与变动差异均较大，表现较好的行业集中在生物制品、医药、电器机械及器材、交通运输设备制造业等，而冶炼压延加工业等行业表现偏弱。

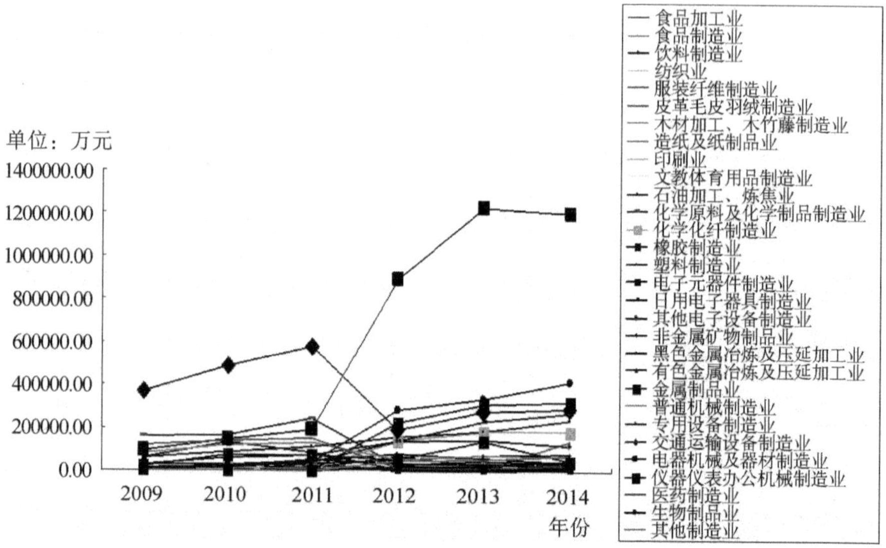

图 4-2　2009～2014 年制造业技术资本的年度变动趋势

4.3.3　信息技术业技术资本存量分析

信息技术业建立在现代科学理论和技术基础之上，是一门带有高科技性质的相对较新的服务性产业。信息技术业的发展对整个国民经济发展意义重大，它提升了其他相关行业所需信息的传递速度、准确度与质量，缩短技术从研制到应用于生产领域的距离，进而促进相关产业的 TFP 增长，也有利于国民经济结构调整。它主要包括四个细分行业：通信及相关设备制造业、计算机及相关设备制造业、通讯服务业、计算机应用服务业。表 4-4 给出了各细分行业技术资本及与其他要素资本的存量。表 4-4 中显示，2009～2014 年信息技术业的技术资本存量依次为 201541 万元、266414.4 万元、442398.9 万元、543219.4 万元、742530.6 万元、874300 万元，平均值达到 511734.05 万元。从横向看，技术资本存量主要集中在通信及相关设备制造业与计算机应用服务业。其中，通信及相关设备制造业的技术总量为 1425312.12 万元，占总体的 46.42%，均值 237552.02 万元，最大最小值分别为 2014 年的 399684.8 万元和 2009 年的 98859.5 万元。计算机应用服务业的技术总量为 1108323.443 万元，占总体的 36.10%，均值 184720.57 万元，最大最小值分别为 2014 年的 346559.7 万元和 2009 年的 46678.4 万元，均值 184720.57 万元。以上两个行业的技术资本合计占总体的 82.52%。相比之下，计算机及相关设备制造业、通讯服务业技术资本配置要弱一些。计算机及相关设备制造业的技术资本总量为519839.6万元，占总体的16.93%，均值86639.93万元，最大最小值分别为2014年的125423.4万元和2009年的53371.7万元。通讯服务业的技术资本总量为16929.21万元，占总体的0.55%，均值2821.54万元，最大最小值分别为2013年的4090万元和2011年的1759万元。这两个行业的技术资本合计仅占总体的17.48%。可见与制造业相比，信息技术行业内部技术资本存量差异更大，配置更不均衡，侧面反映出该行业具有更大的发展空间与盈利潜力。

表4-4 2009~2014年细分信息技术业技术资本存量分析 单位：万元

	技术资本	人力资本	实物资本	技术资本比重（%）
2009年				
通信及相关设备制造业	98859.5	179948.7	2707132.5	3.31
计算机及相关设备制造业	53371.7	34365.4	1119940.1	4.42
通讯服务业	2631.5	1105.2	113665.3	2.24
计算机应用服务业	46678.4	28699.0	781976.5	5.44
合计	201541	244118.4	4722714.3	3.90
2010年				
通信及相关设备制造业	129062.8	238762.5	2560768.2	4.41
计算机及相关设备制造业	60983.4	37052.9	1278856.0	4.43
通讯服务业	3157.1	1378.8	71677.0	4.14
计算机应用服务业	73211.2	47690.4	1178542.6	5.63
合计	266414.4	324884.7	5089843.8	4.69
2011年				
通信及相关设备制造业	209115	267706.0	2986792.8	6.04
计算机及相关设备制造业	86456.3	33933.5	1151090.2	6.80
通讯服务业	1759	5977.9	133036.9	1.25
计算机应用服务业	145068.7	70502.9	1645715.7	7.79
合计	442398.9	378120.3	5916635.6	6.57
2012年				
通信及相关设备制造业	247507.4	180884.1	3717145.5	5.97
计算机及相关设备制造业	86315.5	61939.1	2153849.9	3.75
通讯服务业	2659.6	4461.6	103134.0	2.41
计算机应用服务业	206736.9	73053.8	1976655.9	9.16
合计	543219.4	320338.5	7950785.3	6.16

续表

	技术资本	人力资本	实物资本	技术资本比重（%）
2013 年				
通信及相关设备制造业	341082.8	126096.2	4137309.1	7.41
计算机及相关设备制造业	107289.4	50882.6	2721623.1	3.73
通讯服务业	4090	6483.0	529257.6	0.76
计算机应用服务业	290068.5	77526.1	2631300.7	9.67
合计	742530.6	260988.0	10019490.5	6.74
2014 年				
通信及相关设备制造业	399684.8	151050.7	4811837.9	7.45
计算机及相关设备制造业	125423.4	53696.5	2931833.9	4.03
通讯服务业	2632.1	5698.5	490267.8	0.53
计算机应用服务业	346559.7	102697.0	3551962.1	8.66
合计	874300	313142.6	11785901.6	6.74

进一步比较行业的要素资本存量，发现计算机及相关设备制造业、通讯服务业以及计算机应用服务业的技术资本平均配置比重分别为 4.53%、1.89%、7.73%，人力资本的比重分别为 1.52%、0.14%、2.23%，但实物资本的比重达到 93.08%、95.88%、89.07%，技术资本超过人力资本但小于实物资本。此外，虽然通信及相关设备制造业技术资本小于人力与实物，但与人力的配置差异也远小于传统制造行业。这说明与其他行业相比，信息技术行业整体对技术、人力的配置力度更大，要素资本结构更为合理。

纵向看，信息技术业的技术资本从 2009 年的 201541 万元增长到 2014 年 874300 万元，增长 3.34 倍。其中，通信及相关设备制造业从 98859.5 万元增至 399684.8 万元，增长 3.04 倍。计算机及相关设备制造业从 53371.7 万元增至 125423.4 万元，增长 1.35 倍。通讯服务业 2009 年为 2631.5 万元，2014 年为 2632.1 万元，增幅接近零。计算机应用服务业从 46678.4 万元增至 346559.7 万元，增长 6.42 倍。各行业增幅差异较大，计算机应用服务业技术资本增长最快，通讯服务业最慢。再对比该行业相邻年度技术资本存量的变动情况，与传统制造业相比，绝大多数呈现出明显的稳幅增长态势。表现突出的为通信及相关设备制造业、计算机及相关设备制造业、计算机应用服务业。通信及相关设备制造业的环比增幅为 0.31、0.62、0.18、0.38、0.17；计算机及相关设备制造业的环比增幅为 0.14、0.42、0.00、0.24、

0.17。计算机应用服务业的环比增幅为0.57、0.98、0.43、0.40、0.19。以上行业增幅最快的年度均为2011年，这可能与政府对新兴信息技术的政策驱动力度加大有关。而通讯服务业环比增幅仅为0.20、-0.44、0.51、0.54、-0.36，呈现缓慢的M形波动。

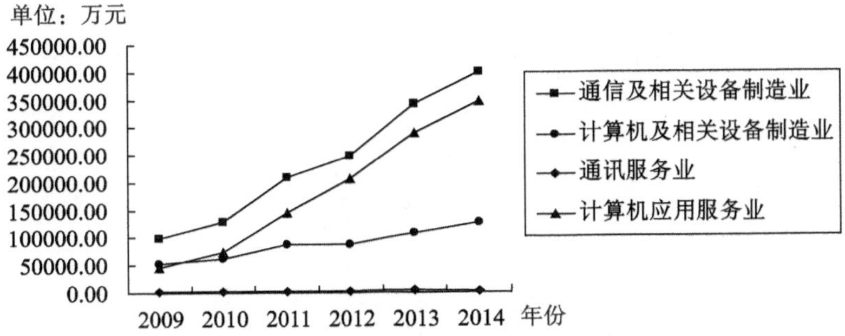

图4-3　2009~2014年信息技术业技术资本年度变动趋势

4.4　技术资本的内部结构分析

4.4.1　行业整体技术资本内部结构分析

技术资本的内部结构指专利、非专利技术、系统与软件、开发支出、研发中心以及其他技术权利占总体的比重，它反映了各部分技术的相对重要性、配置能力以及技术资本的整体质量。一般而言，专利、非专利技术、开发支出、研发中心等比例越高，技术资本的创新实力与潜力越强，质量越突出。

2009年技术资本的整体内部结构见图4-4。发现开发支出比重最高，达到37%，非专利技术次之，达35%，专利位列第三位，比例12%，系统与软件紧随其后，占11%，其他技术权利4%，最次为研发中心，仅有1%。这说明该年度行业整体对研发的重视与投入力度较大，取得了可观的技术成果。但披露的研发中心数据偏低。考虑到不少企业对此信息披露不全或未予披露，研发中心价值还有很大的提升空间。具体到行业内部，专利、非专利技术比重均较高的行业集中在采掘业、信息技术业、制造业；开发支出、研发中心集中在制造业与信息技术业；而房地产业、交通运输仓储业、批发零售业、金融保险业与建筑业的外购系统软件比例较高。相比之下，各行业的其他技术权利都偏低，说明尽管很多企业以许可协议的方式获取外部技术，以弥补自主技术弱势，但其在技术整体中所占较低，技术资本积累仍主要依靠专利、非专利技术等形式。

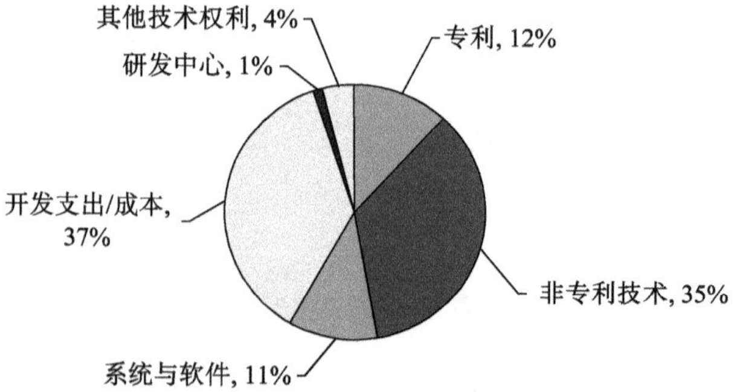

图 4-4　2009 年技术资本的整体内部结构

2010 年技术资本的整体内部结构见图 4-5。发现占比最高的仍是开发支出，其他依次是非专利技术、专利技术、系统与软件、研发中心与其他技术权利。与上年相比，一个明显的变化是开发支出、非专利技术的比重下降，专利的比重明显提升。一定程度上，这可能说明上一年度的部分开发支出已转化为非专利技术与专利，部分非专利技术进一步转化为专利技术。具体看，专利、非专利技术、开发支出均集中在制造业、信息技术业、采掘业、电煤水生产与供应业等，外购的系统软件占比较高的为房地产、交通运输、金融保险与传播与文化产业。其他技术权利变化不大。

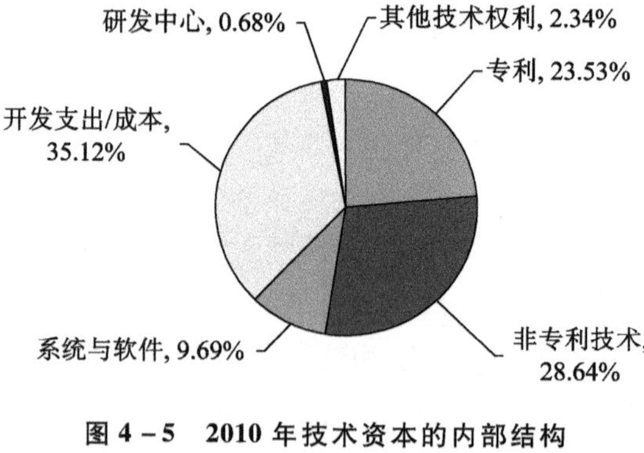

图 4-5　2010 年技术资本的内部结构

2011 年技术资本的整体内部结构见图 4－6。发现非专利技术上升至第一位，其他依次为开发支出、系统与软件、专利、研发中心与其他技术权利。与上年相比，突出的变化体现在：非专利技术比重上升，可能因为行业整体的开发效率大大提升，促进了技术成果的快速生成，亦可能因为非专利技术申请专利速度太慢，进一步影响到专利比重；研发中心占比开始超过其他技术权利，说明企业对研发中心的重视与培育力度有所加强。具体来看，专利与非专利技术、开发支出配置上，除了原有的制造、采掘、信息技术业比例较高外，农林牧渔、批发零售、社会服务与综合类行业的比重均有所提升，主要是因为此类行业也已开始重视开发各种应用性管理系统与软件。外购系统软件除房地产、交通运输等行业外，建筑业比重提升较明显。另外，研发中心提升集中在制造业、采掘业、信息技术业，这与近年来政府对技术创新的政策引导、制定与实施力度加大有很大关系。

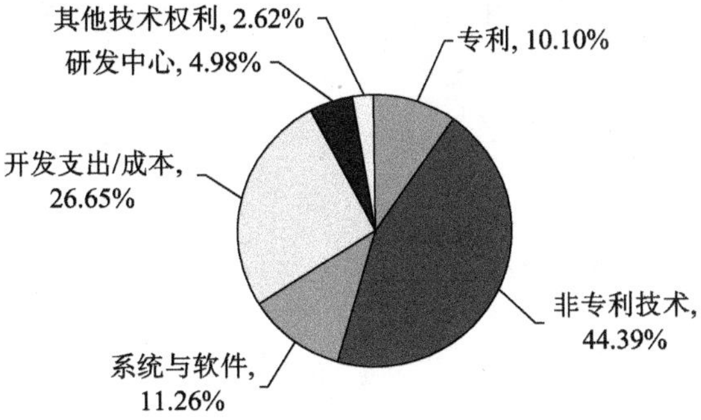

图 4－6　2011 年技术资本的整体内部结构

2012 年技术资本的整体结构见图 4－7。发现变化较为明显的是开发支出比重大幅增加，再次跃居第一位。其次是非专利技术。其他依次是专利、系统与软件、其他技术权利与研发中心。开发支出的增加来自项目研究成功后的部分转入。非专利技术比重下降主要受转化为专利的影响。其他技术权利比重增加，侧面反映出企业之间的技术许可力度增强，对外吸收技术许可的数量明显增加，开放式协同创新的力度与效果有所体现。具体来看，开发支出变化较大的集中在传播文化、金融保险、信息技术、采掘业。其他技术权利的增加主要来自于采掘业、农林牧渔与传播文化。

2013 年技术资本的整体内部结构见图 4－8。与上年相比，明显的变化有：非专利技术比例上升至第一位，取代了开发支出；系统与软件比例大幅增加，跃居第二位；其他依次是开发支出、专利、研发中心与其他技术权

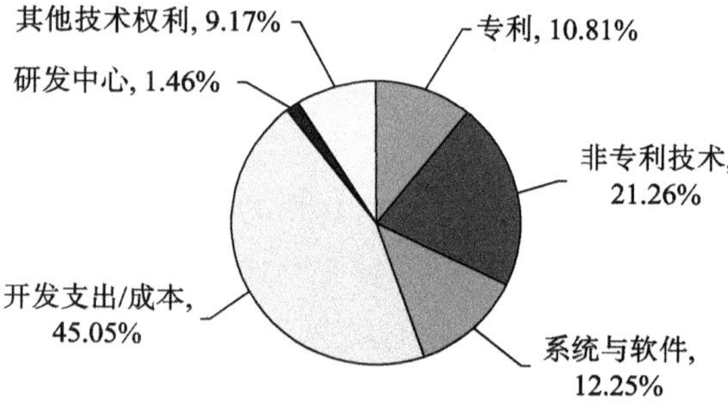

图 4－7　2011 年技术资本的内部结构

利；专利比例有所提升。造成此结果的原因可能有以下几种：2012 年的研发效率有所下降，研发费用的转化能力减弱；开发支出转化为非专利技术的速度放缓；上一期的专利申请已获批。具体来看，开发支出下降主要是受投入量较大的采掘业、制造业与信息技术业的影响。尽管建筑、金融保险、批发零售等行业相对投入所有增加（主要是开发系统与软件），但由于绝对投入数量较小，影响能力有限。系统与软件比重明显上升的行业集中在电煤水生产与供应业、房地产业、交通运输仓储业、批发零售业、建筑业，制造业、采掘业与信息技术业均有下降。

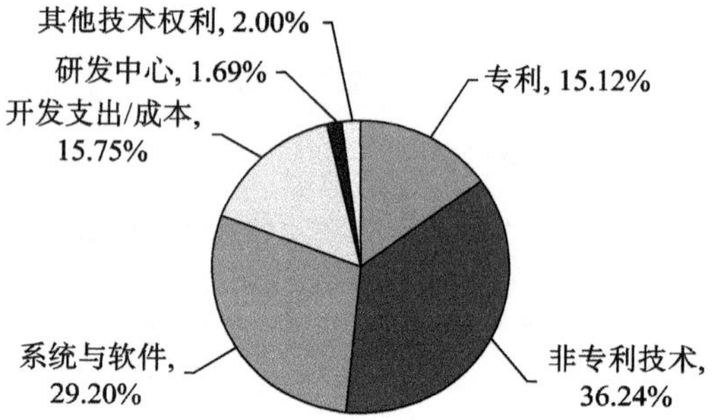

图 4－8　2013 年技术资本的内部结构

2014 年技术资本的整体内部结构见图 4－9。明显变化体现在：系统与软件的相对比重大幅上升至首位，其次是非专利技术，专利超过开发支出位居第三，其他依次为开发支出、研发中心与其他技术权利。造成此种变化的原因可能在于：伴随电子商务、互联网、云计算、大数据、互联网＋等对企业的深层渗入，不少行业企业加大对应用性信息系统、应用软件的配置力度，少部分实力强的企业自主或协作研发，形成非专利技术或专利，更多企业通过外购获取增加了系统与软件。此外，可能该年度开发支出、非专利技术的转化效率有所提高，致使专利比重增加明显。具体来看，系统与软件比例增加的行业集中在：农林牧渔业、批发零售业、建筑业。专利提升明显的行业集中在：信息技术业、采掘业、金融保险业。制造业略有下降。

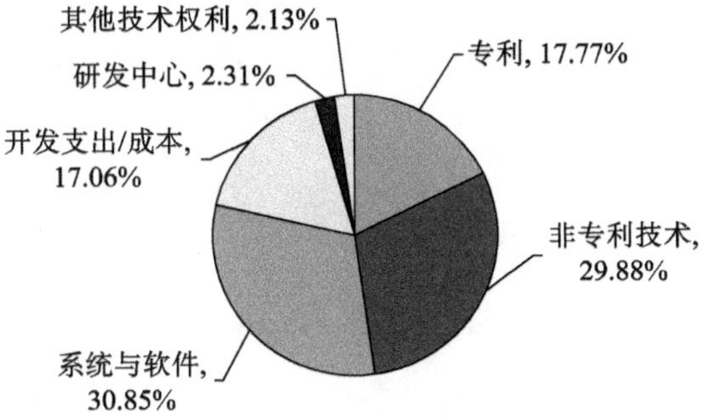

图 4－9　2014 年技术资本的整体内部结构

综上分析，制造业、信息技术业的专利、非专利技术、开发支出等比重一直较高，说明其自主技术创新能力相对较强。接下来，进一步了解这两个行业内部的技术资本结构，以探求更为细致的行业变动状况。

4.4.2　制造业技术资本内部结构分析

2009 年制造业技术资本的内部结构见图 4－10。非专利技术最高，为 41.07%，其次是开发支出为 26.21%，其他依次为专利（13.63%）、系统与软件（10.69%）、其他技术权利（7.67%）、研发中心最小（0.73%）。非专利技术占比较高的行业有石油加工炼焦业、食品加工制造行业、皮革毛皮羽绒制造业、服装纤维制造业、其他电子设备制造业、有色金属冶炼及压延加工业、电器机械及器材制造业等。开发支出占比较高的行业有化学化纤制造业、印刷业、造纸及纸制品业、化学化纤制造业、交通运输设备制造业、塑料制造业与其他制造业。专利较高的行业有化学原料及化学制品制造业、金属制品业、生物制品业、电子元器件制造业等。系统与软件占比较高的行业有文教、体育用品制造业、黑色金属冶炼及压延加工业、其他制造业等。木材加工、木竹藤制造业、电子元器件制造业、非金属矿物制品业和普通机械制造业的其他技术权利占比相对较高。研发中心占比较高的为金属制品业、电器机械及器材制造业、交通运输设备制造业等。

与存量数据做比较，会发现存量偏高的行业结构占比大多不突出。反而技术资本存量偏弱的行业，受基数影响，计算出的结构比较高。因此，判断配置能力时更多地依赖存量数据，内部结构数据仅作辅助参考。

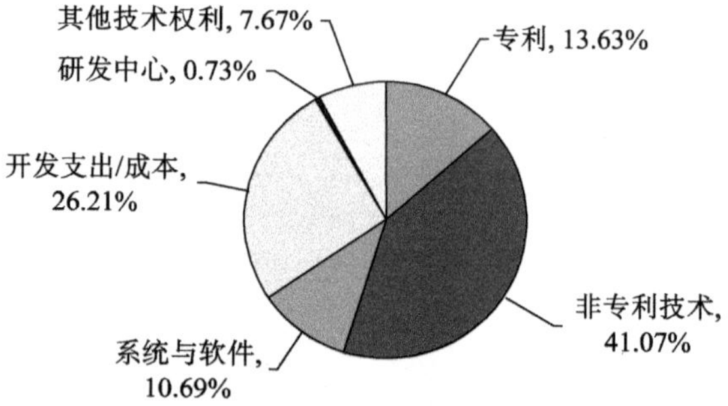

图 4-10　2009 年制造业技术资本的内部结构

2010 年技术资本的内部结构见图 4-11。与 2009 年相比，有几点变化：专利下降到 11.76%，而非专利技术提升至 45.85%；开发支出略有下降，反映出部分制造业专利申请的力度不足或效率不高，但开发支出转化效率较高。细分行业看，专利方面占比提升的行业主要有食品加工业、纺织业、皮革毛皮羽绒制造业、印刷业、文教体育用品制造业、橡胶制造业、专用设备制造业、仪器仪表办公机械制造业，占比明显下降的行业有饮料制造业、电子元器件制造业、日用电子器具制造业、其他电子设备制造业、非金属矿物制品业、金属制品业、交通运输设备制造业、医药制造业。非专利技术方面，占比明显上升的行业有饮料制造业、纺织业、化学化纤制造业、塑料制造业、电子元器件制造业、金属制品业、普通机械制造业；下降明显的行业有食品制造业、皮革毛皮羽绒制造业、造纸及纸制品业、橡胶制造业、日用电子器具制造业、其他电子设备制造业、生物制品业。开发支出增加明显的行业有食品加工等，下降明显的行业有造纸及纸制品业、印刷业、化学化纤制造业等。其他项目类别变化不太明显。

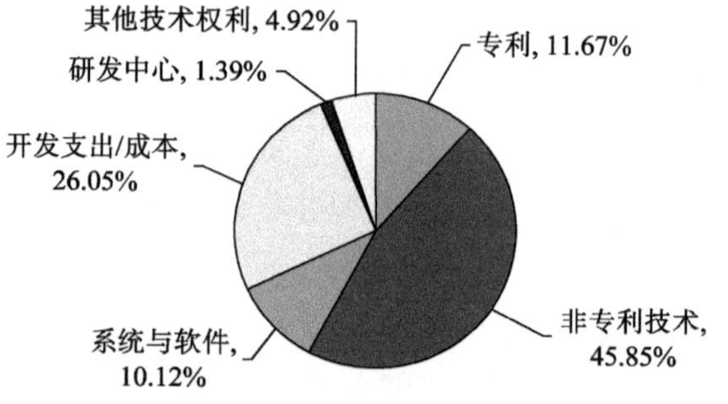

图 4-11　2010 年制造业技术资本的内部结构

2011 年制造业技术资本的内部结构见图 4－12。专利占比 13.14%，非专利技术占比 47.86%、系统与软件占比 10.33%、开发支出占比 22.4%，研发中心占比 2.53%，其他技术权利占比 3.75%。与上年度相比，专利、非专利技术占比均有所上升，开发支出下降，其他变化不明显。这说明当年专利申请与审批力度有所加大，开发支出的转化效率也得到一定程度提高。

具体看，专利上升明显的行业有食品加工与制造业、饮料制造业、皮革毛皮羽绒制造业、造纸及纸制品业、仪器仪表办公机械制造业、医药制造业。非专利技术上升明显的行业有：皮革毛皮羽绒制造业、橡胶制造业、其他电子设备制造业、有色金属冶炼及压延加工业、普通机械制造业、交通运输设备制造业、生物制品业、其他制造业。开发支出下降明显的行业有食品加工业、服装纤维制造业、皮革毛皮羽绒制造业、木材加工木竹藤制造业、造纸及纸制品业、印刷业、文教体育用品制造业、橡胶与塑料制造业、黑色金属冶炼及压延加工业、其他制造业。

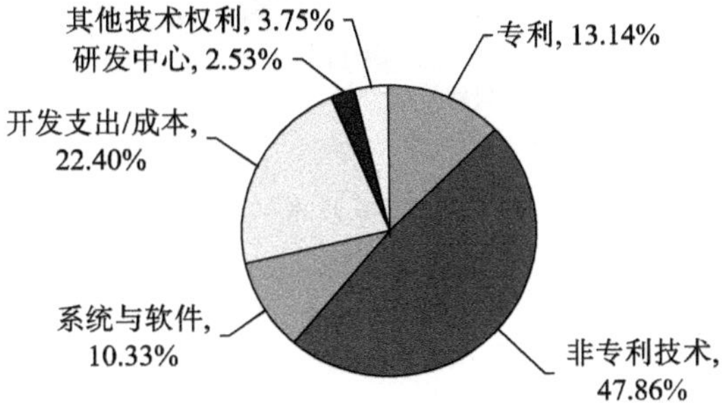

图 4－12　2011 年制造业技术资本的内部结构

2012 年制造业技术资本的内部结构见图 4－13。其中，专利占比 17.65%，非专利技术占比 31.96%，系统与软件占比 12.34%，开发支出占比 31.37%，研发中心占比 2.80%，其他技术权利占比 3.88%。与上年度相比，突出的变化体现在：专利提高了 4.51 个百分点，非专利技术下降了 15.9 个百分点，开发支出下降了 9 个百分点，研发中心、系统与软件、其他技术权利的变化较小，说明当年度部分非专利技术转化为专利，且部分开发支出也及时转化为专利或非专利技术。

具体看，专利占比提升较快的行业有木材加工木竹藤制造业、造纸及纸制品业、石油加工炼焦业、化学化纤制造业、橡胶制造业、塑料制造业、有色金属冶炼及压延加工业、普通机械制造业、专用设备制造业、交通运输设备制造业、医药制造业。非专利技术下降明显的行业有：食品制造业、饮料制造业、纺织业、服装纤维制造业、皮革毛皮羽绒制造业、造纸及纸制品业、石油加工炼焦业、化学原料及化学制品制造业、化学化纤制造业、塑料制造业、日用电子器具制造业、其他电子设备制造业、有色金属冶炼及压延加工业、交通运输设备制造业、电器机械及器材制造业、医药制造业、生物制品业。开发支出下降明显的行业有印刷业、食品制造业、饮料制造业、木材加工木竹藤制造业、化学原料及化学制品制造业、塑料制造业、普通机械制造业、医药制造业。

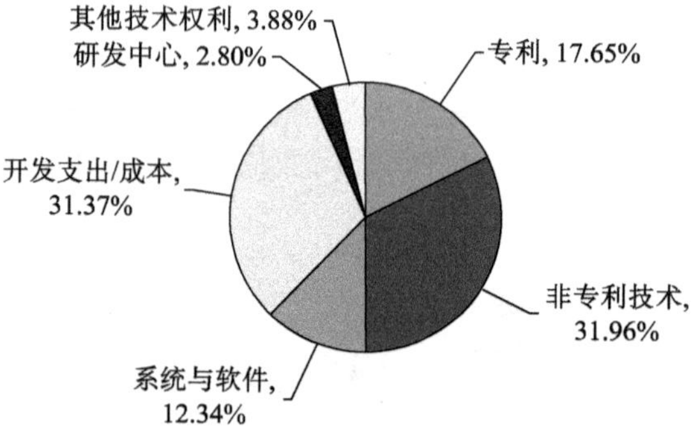

图 4－13　2012 年技术资本的整体内部结构

2013 年制造行业技术资本的内部结构见图 4－14。其中专利占比 19.30%，非专利技术占比 35.40%，系统与软件占比 30.41%，开发支出占比 9.70%，研发中心占比 2.25%，其他技术权利占比 2.92%。与 2012 年相比，突出的变化在于专利提升 1.65 个百分点，非专利技术提升了 3.44 个百分点，系统与软件提升 18.07 个百分点，开发支出下降 21.7 个百分点，研发中心与其他技术权利的变化不大，说明当年度技术创新能力明显提高，开发支出转化效率、专利数量提升明显，企业对外购系统软件配置力度加大。

具体来看，专利提升显著的行业有饮料制造业、文教体育用品制造业、化学原料及化学制品制造业、电子元器件制造业、其他电子设备制造业、非金属矿物制品业、有色金属冶炼及压延加工业、金属制品业、专用设备制造业。非专利技术提升显著的行业有：食品加工业、服装纤维制造业、化学化纤制造业、塑料制造业、日用电子器具制造业、交通运输设备制造业、仪器仪表办公机械制造业、医药制造业、其他制造业。系统与软件提升显著的行业有：食品加工业、纺织业、文教体育用品制造业、日用电子器具制造业、非金属矿物制品业、普通机械制造业、专用设备制造业、交通运输设备制造业、电器机械及器材制造业、仪器仪表办公机械制造业、生物制品业、其他制造业。开发支出下降突出的行业有：食品加工业、文教体育用品制造业、化学化纤制造业、电子元器件制造业、日用电子器具制造业、其他电子设备制造业、非金属矿物制品业、金属制品业、普通机械制造业、专用设备制造业、交通运输设备制造业、电器机械及器材制造业、仪器仪表办公机械制造业、医药制造业、生物制品业。

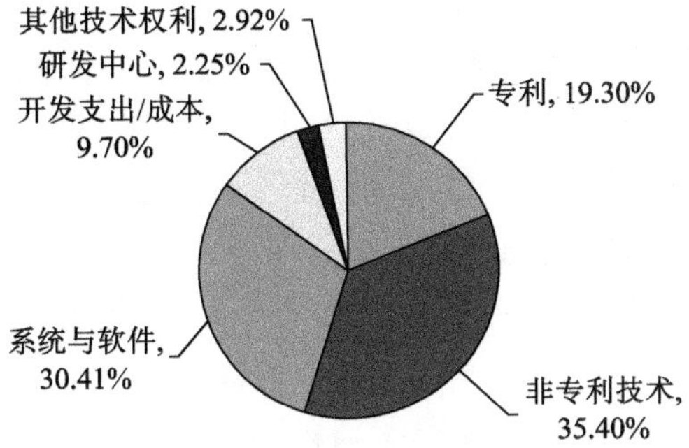

图 4－14　2013 年技术资本的内部结构

2014 年制造业技术资本的内部结构见图 4－15。专利占比 18.84%，非专利技术占比 31.85%，系统与软件占比 30.27%，开发支出占比 13.77%，研发中心占比 2.83%，其他技术权利占比为 2.44%。与上年度相比，明显的变化在于：专利、非专利技术分别下降了 0.46 个百分点和 3.55 个百分点，降幅不大；开发支出提升了 4.07 个百分点；而系统与软件、研发中心与其他技术权利变动不大。这说明当年度研发效率有所提高，但开发支出的转化效率、专利增加速度略有下降。

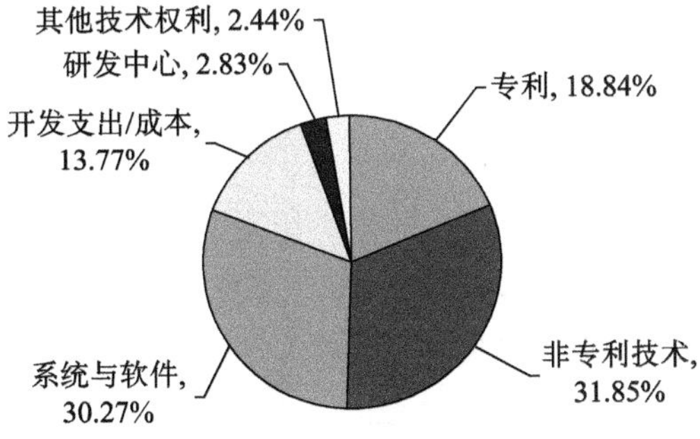

图 4－15　2014 年技术资本的内部结构

具体看，专利占比下降明显的行业集中在饮料制造业、石油加工炼焦业、化学化纤制造业、有色金属冶炼及压延加工业、金属制品业、专用设备制造业、医药制造业。非专利技术占比下降明显的行业集中在食品加工业、食品制造业、服装纤维制造业、仪器仪表办公机械制造业、其他制造业。开发支出占比增长明显的行业集中在：食品制造业、饮料制造业、服装纤维制造业、印刷业、有色金属冶炼及压延加工业、金属制品业、生物制品业。

4.4.3 信息技术业技术资本内部结构分析

2009年信息技术业技术资本内部结构见表4－5。整体上，专利占比6.6%、非专利技术占比33.2%、系统与软件占比36.8%、开发支出占比19.9%、其他技术权利占比3.6%，研发中心占比近似零。其中专利、非专利技术与开发支出的合计将近60%，说明信息技术行业整体的技术实力较强，可持续发展潜力较大。具体看，专利占比最高的为通讯服务业51.7%，计算机及相关设备制造业最小为0.6%，其他两个行业相差不大，行业间专利结构分布不均匀。非专利技术除了通讯服务业近似为零外，其他行业间结构差距不太明显，最大为计算机及相关设备制造业为45.1%。系统与软件行业比例集中在30%～50%之间，最大值为计算机及相关设备制造业的47.3%。开发支出占比最大的是计算机应用服务业，26.9%，最小为计算机及相关设备制造业的7%，行业差距较明显。其他技术权利主要集中于通信及相关设备制造业与计算机应用服务业，其他两个行业近似为零。

表4－5　　2009年信息技术业技术资本内部结构

	专利	非专利技术	系统与软件	开发支出	研发中心	其他技术权利
2009年	6.6%	33.2%	36.8%	19.9%	0.0%	3.6%
通信及相关设备制造业	4.2%	44.9%	30.9%	15.6%	0.0%	4.5%
计算机及相关设备制造业	0.6%	45.1%	47.3%	7.0%	0.0%	0.0%
通讯服务业	51.7%	0.0%	30.7%	17.6%	0.0%	0.0%
计算机应用服务业	6.3%	23.2%	39.5%	26.9%	0.0%	4.0%

可见，该行业技术资本明细项目结构差异明显。通信及相关设备制造业、计算机及相关设备制造业、计算机应用服务业以非专利技术、系统与软件、开发支出为主，专利申请力度还需加大。相比之下，通讯服务业以专利、系统与软件、开发支出为主，明显更注重专利的申请与保护。此外，各行业对其他技术权利与研发中心的配置力度均较小。

2010 年信息技术业技术资本的内部结构见表 4－6。专利占比 8.6%、非专利技术占比 31.9%、系统与软件占比 35.5%、开发支出占比 21.3%、研发中心占比 0.5%、其他技术权利占比 2.3%。与上年相比变化明显的是研发中心和其他技术权利。研发中心提高了 0.5 个百分点，其他技术权利下降了 1.3 个百分点。这说明一些企业开始对外披露或加大自主研发中心的建设力度，逐步降低对外部技术的依赖。

其中，专利变动明显的是通信及相关设备制造业和计算机应用服务业，前者增加了 10.4 个百分点，后者降低了 2.6 个百分点。非专利技术变动明显的是计算机及相关设备制造业，下降了 3 个百分点。系统与软件变动突出体现在通信及相关设备制造业和通讯服务业，分别下降了 8.5 个百分点和 7.4 个百分点。开发支出变动主要在于通讯服务业和计算机应用服务业，分别增长了 9 个百分点和 2.1 个百分点。研发中心比重增加来源于计算机应用服务业。其他技术权利变动集中在通信及相关设备制造业和计算机应用服务业，分别下降 0.7 个百分点和 1.9 个百分点。

表 4－6　　2010 年信息技术业技术资本内部结构

	专利	非专利技术	系统与软件	开发支出	研发中心	其他技术权利
2010 年	8.6%	31.9%	35.5%	21.3%	0.5%	2.3%
通信及相关设备制造业	14.6%	44.3%	22.4%	14.9%	0.0%	3.8%
计算机及相关设备制造业	2.8%	42.1%	49.7%	5.4%	0.0%	0.0%
通讯服务业	50.5%	0.0%	23.3%	26.2%	0.0%	0.0%
计算机应用服务业	3.7%	23.8%	40.4%	29.0%	0.9%	2.1%

2011 年信息技术业技术资本的内部结构见表 4－7。专利占比 8.2%，非专利技术占比 24.8%，系统与软件占比 34.6%，开发支出占比 30.4%，研发中心占比 1.8%，其他技术权利占比 2.0%。与上年度相比，变化体现在：非专利技术下降了 7.1 个百分点、开发支出提升了 9.3 个百分点，研发中心提升了 1.3 个百分点，结合专利微幅下降，反映出企业对研发中心的投入力度、研发费用转化为开发支出的效率有所提高，但开发支出转化为非专利技术、非专利技术专利申请效率在下降。具体看，非专利技术下降和开发支出上升均集中在通信及相关设备制造业、计算机及相关设备制造业和计算机应用服务业。非专利技术分别下降 12.6 个百分点、16.5 个百分点、4 个百分点，开发支出分别上升 13.4 个百分点、18.8 个百分点、4.3 个百分点。通讯服务业正好相反，非专利技术上升了 50 个百分点，开发支出下降了 6.9

个百分点。此外，研发中心占比提升主要受通信及相关设备制造业和计算机应用服务业的影响，分别提升了1.2个百分点和1.1个百分点。

表4－7　　2011年信息技术业技术资本内部结构

	专利	非专利技术	系统与软件	开发支出	研发中心	其他技术权利
2011年	8.2%	24.8%	32.8%	30.4%	1.8%	2.0%
通信及相关设备制造业	14.4%	31.7%	23.6%	28.3%	1.2%	0.8%
计算机及相关设备制造业	19.9%	25.6%	30.3%	24.2%	0.0%	0.0%
通讯服务业	0.0%	50.0%	30.6%	19.3%	0.0%	0.0%
计算机应用服务业	2.7%	19.8%	40.0%	33.3%	1.1%	3.1%

对比后发现，各信息技术行业的技术资本配置均以专利、非专利技术、系统与软件与开发支出为主，占总体比重超过95%，研发中心与其他技术权利占比极小。其中专利占比最高的是计算机及相关设备制造业，非专利技术占比最高的为通讯服务业，系统与软件、开发支出以计算机应用服务业最突出。

2012年信息技术业技术资本的内部结构见表4－8。其中，专利占比6.9%，非专利技术占比26.1%，系统与软件占比34.3%，开发支出占比30.3%，研发中心占比1.9%，其他占比1.5%。与上年相比变化不大。其中，专利下降1.3个百分点，主要集中在通信及相关设备制造业和计算机及相关设备制造业，分别下降6.1个百分点和6个百分点。非专利技术提升1.3个百分点，主要集中在通信及相关设备制造业和计算机应用服务业，分别提高0.8个百分点和3.8个百分点。研发中心提高0.1个百分点，主要是通信及相关设备制造业和计算机及相关设备制造业的共同影响，分别提高0.9个百分点和1.7个百分点。其他技术权利下降了0.5个百分点，主要受通信及相关设备制造业和计算机应用服务业的影响，分别下降0.8个百分点和0.4个百分点。

表4－8　　2012年信息技术业技术资本内部结构

	专利	非专利技术	系统与软件	开发支出	研发中心	其他技术权利
2012年	6.9%	26.1%	34.3%	30.3%	1.9%	1.5%
通信及相关设备制造业	8.3%	32.5%	27.5%	31.6%	2.1%	0.0%
计算机及相关设备制造业	13.9%	25.0%	40.3%	13.8%	1.7%	0.0%
通讯服务业	0.0%	40.0%	48.3%	11.7%	0.0%	0.0%
计算机应用服务业	4.9%	23.6%	35.0%	33.6%	0.9%	2.7%

整体上看，专利、非专利技术配置最高的仍为通信及相关设备制造业和通讯服务业。除此之外，通讯服务业的系统与软件技术、计算机应用服务行业的开发支出以及通信相关设备制造业的研发中心资源占比也较高。

2013年信息技术行业技术资本的内部结构见表4－9，专利占比7.5%，非专利技术占比23.4%，系统与软件24.8%，开发支出41.7%，研发中心2.4%，其他技术权利为1.4%。变化主要在于：专利提高了0.6个百分点，非专利技术下降了2.7个百分点，系统与软件下降了9.5个百分点，开发支出提升了11.4个百分点，研发中心提升了0.5个百分点，说明该年度企业的研发效率、专利数量均有所提高，外购系统软件配置下降，研发中心投入力度加强。具体看，各行业专利占比均有不同程度提高，主要集中在通讯服务业、计算机应用服务业；非专利技术的下降和开发支出提升在计算机及相关设备制造业、通讯服务业和计算机应用服务业较明显，前者依次下降10.6个百分点、14.7个百分点和3个百分点，后者依次上升36.5个百分点、24.5个百分点、10.3个百分点。研发中心变化主要受通信及相关设备制造业提升1.4个百分点所致。

表4－9　　2013年信息技术业技术资本内部结构

	专利	非专利技术	系统与软件	开发支出	研发中心	其他技术权利
2013年	7.5%	23.4%	24.8%	41.7%	2.4%	1.4%
通信及相关设备制造业	8.5%	32.4%	26.2%	31.2%	3.5%	1.2%
计算机及相关设备制造业	14.4%	14.4%	14.8%	50.0%	1.4%	0.0%
通讯服务业	30.0%	25.3%	8.1%	36.5%	0.1%	0.0%
计算机应用服务业	6.2%	20.6%	26.6%	43.9%	0.5%	2.2%

2014年信息技术行业技术资本的内部结构见表4－10。整体占比最大的是系统与软件，其次是开发支出28.6%，其他依次是非专利技术25.7%、专利18.8%、研发中心2.6%和其他技术权利1.2%。明显变化体现在：专利、非专利技术分别提高了11.3个百分点和2.3个百分点，系统与软件提高了7.9个百分点，开发支出下降了13.1个百分点，研发中心提高0.2个百分点，说明当年专利数量明显提高，各种新兴信息技术系统软件投入加大，开发支出效率明显提高，研发中心投入略有加强。

具体看，专利占比上升集中在通信及相关设备制造业、计算机及相关设备制造业、通讯服务业，分别增加5个百分点、8.6个百分点和3个百分点。

非专利技术占比上升集中在计算机及相关设备制造业和计算机应用服务业，分别增加9.4个百分点和8个百分点。系统与软件主要受通讯服务业驱使，增加17.1个百分点。研发中心主要受计算机及相关设备制造业的影响，提高0.2个百分点。但各行业开发支出占比均有不同程度下降，依次下降0.7个百分点、19.5个百分点、14.9个百分点、2.5个百分点。

表4-10 2014年信息技术业技术资本内部结构

	专利	非专利技术	系统与软件	开发支出	研发中心	其他技术权利
2014年	18.8%	25.7%	32.7%	28.6%	2.6%	1.2%
通信及相关设备制造业	13.5%	28.3%	23.2%	30.5%	3.5%	1.1%
计算机及相关设备制造业	23.0%	23.8%	14.3%	30.8%	2.1%	0.0%
通讯服务业	33.0%	20.6%	25.4%	21.6%	0.15%	0.0%
计算机应用服务业	4.5%	28.6%	25.4%	41.4%	0.5%	1.5%

综合以上分析，2009~2014年信息技术细分行业的技术资本以专利、非专利技术、系统与软件、开发支出配置为主，研发中心与其他技术权利占比很小，且年度变化不大。

4.5 技术资本的获取渠道分析

按照获取渠道，技术资本可分为自创技术资本与外购技术资本。其中，专利、非专利技术、开发支出与研发中心为自创技术资本。外购技术资本包括系统与软件和其他技术权利。了解技术资本的获取渠道，有助于更深层地把握各行业企业自主技术创新能力。

4.5.1 行业整体技术资本获取渠道分析

13个行业门类的自创与外购技术资本的相对比例见表4-11。从均值看，各年度的自创技术比例均在60%以上，自创技术（以下简称自创）明显大于外购技术（以下简称外购）。可见伴随研发投入的持续增加及政府技术创新政策的大力扶持，多数行业的自主技术创新能力得到提升。但也应看到，自创技术比例在行业间的差距比较明显。其中，自创技术比例较高的行业集中在制造业、信息技术业、采掘业、房地产业、建筑业、农林牧渔业，自创比例偏低的行业有电煤水生产与供应业、交通运输仓储业、批发零售业、社会服务业。

表4－11　　行业整体技术资本获取渠道结构分析表　　单位:%

年份	2009		2010		2011		2012		2013		2014	
	自创	外购	自创	外购	自创	外购	自创	外购	自创	外购	自创	外购
农林牧渔业：均值	55.8	44.2	69.5	30.6	61	39	67	33	64	36	62	38
最大值	100	100	100	100	100	100	100	100	100	100	100	98.7
最小值	0	0	0	0	0	0	0	0	11.6	0	1.3	0
采掘业：均值	63.8	36.3	63.5	36.5	52.9	47.1	63.4	36.6	64.0	36.0	56.4	43.6
最大值	100	100	100	100	100	100	100	100	100	100	100	100
最小值	0	0	0	0	0	0	0	0	0	0	0.0	0.0
制造业：均值	72.3	27.66	73.59	26.41	70.4	29.6	67.6	32.4	65.9	34.1	65.4	34.6
最大值	100	100	100	100	100	100	100	100	100	100	100	100
最小值	0	0	0	0	0	0	0	0	0	0	0.0	0.0
电煤水生产与供应业：均值	43.4	56.6	47.3	52.7	48.9	51.1	50.5	49.5	57.2	42.8	43.6	56.4
最大值	100	100	100	100	100	100	100	100	100	100	100	100
最小值	0	0	0	0	0	0	0	0	0	0	0.0	0.0
房地产业：均值	59.9	40.1	59.9	40.1	53.3	46.7	53.0	47.0	45.0	55.0	54.5	45.5
最大值	100	97.6	100	87.0	100	100	100	100	100	100	100	100
最小值	2.4	0	13.1	0	0	0	0	0	0	0	0.0	0.0
交通运输仓储业：均值	29.1	70.9	53.5	46.5	10.2	89.8	33.8	66.2	51.3	48.7	38.5	61.5
最大值	92.4	100	96.1	99.8	40.7	100	100	100	100	100	100	100
最小值	0	7.6	0.17	3.94	0	59.3	0	0	0	0	0	0.0
信息技术业：均值	59.7	40.3	64.2	35.8	63.4	36.6	64.2	35.8	66.7	33.3	66.1	33.9
最大值	100	100	100	100	100	100	100	100	100	100	100	100
最小值	0	0	0	0	0	0	0	0	0	0	0.0	0.0

续表

年份	2009		2010		2011		2012		2013		2014	
	自创	外购	自创	外购	自创	外购	自创	外购	自创	外购	自创	外购
批发零售业：均值	40.1	59.9	49.5	50.5	43.4	56.6	49.3	50.7	46.3	53.7	43.2	56.8
最大值	100	100	100	100	100	100	100	100	100	100	100	100
最小值	0	0	0	0	0	0	0	0	0	0	0.0	0.0
金融保险业：均值	18.9	81.1	58.3	41.7	43.7	56.3	30.7	69.3	0.0	100	43.6	56.4
最大值	37.8	100	95.7	100	93.7	6.3	80.7	19.3	0	100	87.2	100
最小值	0	62.2	0	4.26	93.7	6.3	80.7	19.3	0	100	0	12.8
建筑业：均值	57.9	42.1	53.2	46.8	41.9	58.1	50.7	49.3	44.0	56.0	56.1	43.9
最大值	100	100	100	100	100	100	99.4	100	99.2	100	99.4	100
最小值	0	0	0	0	0	0	0.0	0.6	0.0	0.8	0.0	0.6
社会服务业：均值	28.9	72.1	37.9	66.1	49.1	50.9	47.3	52.7	42.2	57.8	48.5	51.5
最大值	100	5.5	100	9.03	100	100	100	100	100	100	100	100
最小值	94.5	0	0	0	0	0	0	0	0.0	0.0	0.0	0.0
传播与文化产业：均值	53.0	47.0	36.6	63.4	48.4	51.6	40.3	59.7	34.0	66.0	36.5	63.5
最大值	84.6	100	81.2	93.5	96.0	98.4	98.8	100	95.6	100	98.2	100
最小值	0	15.4	6.5	18.8	1.6	4	0.0	1.2	0.0	4.4	0.0	1.8
综合类：均值	53.9	46.1	55.4	44.6	50.4	49.6	49.2	50.8	62.7	37.3	50.3	49.7
最大值	100	100	100	100	100	100	99.4	100	99.5	100	99.6	100
最小值	0	0	0	0	0	0	0.0	0.6	0.0	0.5	0.0	0.4
总体均值	60.2	49.8	60.9	49.1	61.9	39.1	63.2	36.8	62.5	37.5	64.7	36.3
最大值	100	100	100	100	100	100	100	100	100	100	100	100
最小值	0	0	0	0	0	0	0	0	0	0	0	0

另从均值变动看，行业间差距也比较明显。自创比例较高且变动较平缓的行业有制造业与信息技术业，说明这两个行业的持续自主创新实力相对较突出，是经济可持续发展的主要支撑力量。采掘业与农林牧渔业虽自创比例

高，但年度起伏较大，持续创新能力不稳，且后者的技术存量过低，实力偏弱。电煤水生产与供应业、社会服务业、传播与文化产业等，虽自主创新能力相对弱一些，但呈现出缓慢平稳增长态势。金融保险业、交通运输仓储业这两类行业技术资本配置更多地依赖外部购置，自创能力偏弱且年度波动较大，持续性不足。

再参照自创、外购比例的极值数据观察各行业自创能力的横向差异。发现除了批发零售业、金融保险业、社会服务业、传播与文化产业、交通运输仓储业，其他行业最大最小值均达到1和0，说明行业内部企业间自主创新能力差距较大。传播与文化产业、社会服务业自创的极大值大多小于外购的极大值。另外纵向上，金融保险、交通运输仓储的年度间差异明显，可能是由于个别年度投入开发应用系统与软件力度较大所致。对于出资聘请其他公司协助开发的内部应用性系统与软件，很多企业计入非专利技术，这会提升开发年度自创技术比例。

综上分析，除了制造业、信息技术业的自创比例较高且变动平缓外，其他行业持续创新能力都还有待加强。接下来，主要针对制造业、信息技术业进行详细分析，以更深入了解两行业内部自主技术的创新状况，有针对性地制定一些优化策略。

4.5.2 制造业技术资本获取渠道分析

制造业技术资本的获取状况见表4－12（仅给出均值）。2009～2014年的自创比重分别为72.3%、72.1%、70.4%、72.6%、73.9和73.5%，均明显高于外购比重且实现了平稳增长，说明在各种政策、制度、投入合力的作用下，制造业的自主创新能力这些年得到平稳提升。但增幅不大，仅为1.2%。

表4－12　2009～2014年制造业技术资本获取渠道分析

年份	2009		2010		2011		2012		2013		2014	
	自创	外购	自创	外购	自创	外购	自创	外购	自创	外购	自创	外购
食品加工业	49.4	50.6	55.0	45.0	54.4	45.6	50.6	49.4	51.5	48.5	49.0	51.0
食品制造业	48.1	51.9	41.6	56.4	56.8	43.2	54.7	45.3	50.4	49.6	54.1	45.9
饮料制造业	55.2	44.8	54.1	33.9	60.0	30.0	49.8	50.2	45.6	54.4	44.7	55.3
纺织业	44.1	35.9	54.0	46.0	56.3	43.7	53.4	46.6	53.3	46.7	58.1	41.9

续表

年份	2009		2010		2011		2012		2013		2014	
	自创	外购	自创	外购	自创	外购	自创	外购	自创	外购	自创	外购
服装纤维制造业	65.8	34.2	65.4	32.6	52.1	47.9	68.5	31.5	61.5	38.5	63.6	36.4
皮革毛皮羽绒制造业	58.2	41.8	66.1	31.9	59.0	41.0	67.4	32.6	51.1	48.9	61.9	38.1
木材加工木竹藤制造业	27.3	72.7	44.5	53.5	43.7	56.3	44.2	55.8	47.2	52.8	41.4	58.6
造纸及纸制品业	59.9	40.1	66.4	31.6	55.2	44.8	52.9	47.1	53.0	47.0	54	46
印刷业	48.4	51.6	53.0	45.0	54.4	45.6	61.1	38.9	63.5	36.5	55.3	44.7
文教体育用品制造	20.7	79.3	37.6	60.4	42.7	57.3	37.9	62.1	36.7	63.3	36.9	63.1
石油加工、炼焦业	100	0.0	98.0	0.0	78.0	22.0	46.1	53.9	30.8	69.2	30.4	69.6
化学原料化学制品制造业	74.9	25.1	75.2	22.8	80.2	19.8	79.5	20.5	80.5	19.5	79.7	20.3
化学化纤制造业	49.4	50.6	64.1	33.9	66.7	33.3	73.8	26.2	70.7	29.3	71.2	28.8
橡胶制造业	55.6	44.4	57.4	40.6	61.8	38.2	63.8	36.2	66.8	33.2	65.7	34.3
塑料制造业	65.9	34.1	60.4	39.6	61.7	38.3	53.0	47.0	56.3	43.7	54.7	45.3
电子元器件制造业	51.9	48.1	66.8	31.2	60.0	40.0	60.4	49.6	63.3	36.7	65.4	34.6
日用电子器具制造业	61.4	38.6	75.2	24.8	71.5	28.5	61.5	38.5	69.0	31.0	69.0	31.0
其他电子设备制造业	68.4	31.6	82.2	15.8	74.0	26.0	71.0	29.0	56.2	43.8	59.5	40.5
非金属矿物制品业	68.2	31.8	57.6	40.4	61.3	38.7	60.7	39.3	63.6	36.4	68.5	31.5
黑色金属冶炼压延加工业	58.9	41.1	59.4	41.6	61.1	38.9	54.6	45.4	52.2	47.8	62.6	37.4

续表

年份	2009		2010		2011		2012		2013		2014	
	自创	外购	自创	外购	自创	外购	自创	外购	自创	外购	自创	外购
有色金属冶炼压延加工业	73.4	26.6	79.4	18.6	82.5	17.5	73.3	26.7	61.6	38.	67.9	32.1
金属制品业	50.1	49.9	60.6	39.4	75.2	24.8	75.9	24.1	57.9	42.1	64.8	35.2
普通机械制造业	58.6	41.4	56.2	43.8	55.6	44.4	68.2	31.8	61.4	38.6	63.7	36.3
专用设备制造业	52.7	47.3	57.9	40.1	66.3	33.7	62.4	37.6	64.9	35.1	71.0	29.0
交通运输设备制造业	57.3	42.7	64.7	33.3	67.8	32.2	67.4	35.6	68.3	31.7	68.4	31.6
电器机械及器材制造业	75.1	24.9	78.3	19.7	69.9	30.1	67.5	32.5	65.8	34.2	61.9	38.1
仪器仪表办公机械制造业	63.5	36.5	72.2	25.8	61.0	39.0	70.5	29.5	68.7	31.3	59.7	40.3
医药制造业	84.3	15.7	79.8	18.2	81.6	18.4	70.5	29.5	57.0	43.0	54.0	46.0
生物制品业	57.2	42.8	64.7	37.3	65.8	34.2	68.7	31.3	71.9	28.1	75.6	24.4
其他	51.6	48.4	65.1	32.9	57.4	42.6	38.6	61.4	45.9	54.1	39.8	60.2
总均值	72.3	27.7	72.1	25.9	70.4	29.6	72.6	27.4	73.9	26.1	73.5	26.5

进一步分析，各细分行业间的横向差距与年度波动也较大。横向上，自创比例较高的行业集中在：服装纤维制造业、生物制品业、化学原料化学制品制造业、电子元器件制造业、日用电子器具制造业、其他电子设备制造业、非金属矿物制品业、有色金属冶炼压延加工业、专用设备制造业、交通运输设备制造业、电器机械及器材制造业、仪器仪表办公机械制造业、医药制造业和生物制品业。另外，自创比例明显偏弱的行业有文教体育用品制造业、木材加工木竹藤制造业、其他制造业。这些行业技术资本存量偏小，结构多以系统与软件、其他技术权利为主，自创的专利、非专利技术较少，纵向上，能够实现年度平稳增长的行业有生物制品业、日用电子器具制造业、化学化纤制造业、交通运输设备制造业、专用设备制造业、电子元器件制造业。变动幅度较大的有金属制品业和有色金属冶炼压延加工业。可见，这些年自主持续创新能力增长较快行业主要是装备制造、电子电器与化学相关

行业。

4.5.3 信息技术业技术资本获取渠道分析

信息技术业技术资本的获取渠道详见表4－13。自2009年以来，信息技术业的自创技术资本分别为59.7%、64.2%、65.2%、64.2%、66.7%和67.1%，明显高于外购，年度增长较为平稳，6年间自创比重提升了7.4%，表现出较强的自主创新能力，说明该行业增长主要依赖自主创新成果推动。

表4－13　2009～2014年信息技术业技术资本获取渠道　单位：%

年份	2009		2010		2011		2012		2013		2014	
	自创	外购	自创	外购	自创	外购	自创	外购	自创	外购	自创	外购
通信及相关设备制造业	64.7	35.3	73.8	26.2	74.4	25.6	72.5	27.5	75.5	24.5	75.9	24.1
计算机及相关设备制造业	52.7	47.3	50.3	49.7	66.8	33.2	55.7	44.3	60.0	40.0	67.2	32.8
通讯服务业	59.3	40.7	66.7	33.3	64.0	36.0	67.7	32.3	64.5	35.5	68.4	31.6
计算机应用服务业	56.4	43.6	61.2	38.8	66.3	55.8	62.3	37.7	63.9	36.1	67.1	32.9
总均值	59.7	40.3	64.2	35.8	65.2	34.4	64.2	35.8	66.7	33.3	67.1	32.9

横向上，各年度自创比例均明显大于外购比例。与传统制造业相比，该行业整体自创能力更强，行业间差距略小。其中，通信及相关设备制造业自创比例各年度均最高，其次为通讯服务业与计算机应用服务业，计算机及相关设备制造业最低。从纵向数据变动看，自创比例平稳增长的行业集中在通信及相关设备制造业、通讯服务业和计算机应用服务业。计算机及相关设备制造业呈W式增长。第一个低点出现在2010年的50.3%，第二个低点出现在2012年的55.7%，均大于50%。横向与纵向的综合分析显示，信息技术行业技术资本配置以自主技术为主，持续技术创新能力较强。

4.6 技术资本的配置效率分析

在充分竞争的市场条件下，资本总是流向配置效率最高的行业。配置效率是衡量一个行业竞争力的重要体现。微利时代，行业间竞争日趋白热化，如何提升效率是行业发展的客观需要。因此在了解各行业技术资本的存量、结构以及获取渠道后，还有必要了解各行业技术资本配置效率差异。

考虑到资源禀赋结构，现有的经济增长模式主要依靠大量的投资和资源消耗来维持[166]。新经济增长理论认为，各行业要实现持续发展，要素投入结构必须向技术等新兴要素倾斜。在新经济环境下分析效率问题不能忽视技术资本投入。围绕效率问题，近年来出现大量文献[157-164,167-174]，多集中于关注高科技产业、地域、省际、单一行业下微观企业的综合经营效率、创新效率、研发效率等方面，存在以下不足之处：(1) 研究对象两极分化，关注省际地域、高科技产业以及特定行业内企业经营效率的文献较多，涉及各行业效率分析的文献偏少。(2) 在投入指标选取上，多集中于反映劳动力、能源、固定资产、成本、费用类投入指标，极少涉及技术资本投入指标。尽管熊婵（2014）分析高科技创业企业经营效率时考虑了研发投入，但研发投入的产出是技术而不是收入，这样做显然不太恰当。(3) 在研究方法上，大多选用 DEA 从静态层面进行分析，较少结合 M 指数变化，结论片面，难以反映效率的动态变动趋势。(4) 从样本时间上看，所选样本多集中于 2011 年以前，且时间跨度小。进一步讲，利用 DEA－M 指数结合法，从行业视角分析技术资本的投入效率文献尚未发现。

针对以上不足，本节利用 DEA－M 相结合，对各行业技术资本投入效率进行静态与动态的分析与评价。本节的贡献在于：通过分析各行业技术资本投入效率，从微观视角验证了近年来 TFP 的增长主要是技术进步所致。

接下来内容安排如下：指标选取与研究方法介绍，分别选取能够代表技术、人力、实物的投入指标与产出指标，利用 DEA－M 指数相结合计算效率变化；样本选取与数据来源。所有行业数据均根据行业内公开披露技术资本的企业数据汇总而成；DEA 静态分析。分别从综合效率、有效性、规模收益三个方面进行比较与评价；进一步利用 M 指数变动评价产出变动效果。最后结合上述结论，有针对性地提出一些建议。

4.6.1　评价指标选取

1. 投入指标。投入指标应能够代表实际的生产投入，应选取那些对产出具有重要影响的要素形态。新兴要素资本理论认为与传统的货币、实物等相比，技术、知识、信息、人力对产出的作用能力更强。但信息、知识较难量化与获取数据，因此书中选取技术资本、人力资本、实物资本作为投入指标。实物资本由投入生产中的各种实物性资产组成，主要包括存货与固定资产。人力资本投入指标用应付职工薪酬表示。

2. 产出指标。产出指标应能够代表企业的产出能力。现有研究通常用产出总指标、产出净指标来表示，差别在于是否扣除投入成本。总指标包括总产值、主营业务收入、营业总收入等。净指标主要有营业利润、净利润、利润总额等。接下来，选取学界应用最广泛的营业总收入作为产出指标。

4.6.2 研究方法

1. DEA 数据包络分析。它是一种非参数方法，被大量用于分析相同类型单元（*DMU*）多投入、多产出下的相对效率。代表性的模型有两个：CCR 和 BCC。若令行业个数为 n，DMU_P（P 为行业编号）为分析中的第 P 个决策单元，有 m 个投入指标、s 个产出指标。$X_p=(X_{1p},X_{2p},X_{mp})$ 为第 P 个行业的投入指标集合，$Y_p=(Y_{1p},Y_{2p},Y_{sp})$ 为第 P 个行业的产出指标集合。在 CCR 模型下，效率求解过程可表示为下面的线性规划模型：

$$
\begin{aligned}
&\max z_p = \sum\nolimits_{r=1}^{s} u_{rp} y_{rp}, \\
&\text{s. t.} \sum\nolimits_{i=1}^{m} v_{ip} x_{ip} = 1, \\
&\sum\nolimits_{i=1}^{m} v_{ip} x_{ij} - \sum\nolimits_{r=1}^{s} u_{rp} y_{rj} \geqslant 0, 1 \leqslant j \leqslant n, \\
&v_{ip} \geqslant 0, u_{rp} \geqslant 0。
\end{aligned}
\quad 4.1
$$

这里的 i、r 各代表投入指标 i 和产出指标 r，j 表示行业总数（j 可等于 p）；z_p是决策单元 DMU_p的相对效率；u_{rp}代表 y_{rp}的权重，表示相对的重要程度，y_{rp}代表行业 p 的产出指标 r；v_{ip}代表 x_{ip}的权重，x_{ip}代表行业 p 的投入指标 i。将公式 4.1 的效率最优值表示为 z_p^*。第二个约束项代表行业 p 的权重用以行业 j 的前提条件。适当转化后，公式 4.1 的对偶形式表示为：

$$
\begin{aligned}
&\min \theta_p \\
&\text{s. t.} \sum\nolimits_{j=1}^{n} \lambda_j x_{ij} + s_{ip}^{-} = \theta_p x_{ip}, 1 \leqslant i \leqslant m, \\
&\sum\nolimits_{j=1}^{n} \lambda_j y_{rj} - s_{rp}^{+} = y_{rp}, 1 \leqslant r \leqslant s, \\
&\lambda_j \geqslant 0,\ 1 \leqslant j \leqslant n,\ s_{ip}^{-} \geqslant 0,\ s_{rp}^{+} \geqslant 0。
\end{aligned}
\quad 4.2
$$

θ_p 代表行业 p 的投入指标估算系数；s_{ip}^{-} 为行业 p 的投入指标 x_{ip}的松弛变量值，用以显示指标的投入冗余度；s_{rp}^{+} 为行业 p 的产出指标 y_{rp}的松弛变量，用以显示产出的不足程度；λ_j 代表行业 j 的指标综合组合系数。公式 4.2 最优值设为 θ_p^*，鉴于公式 4.1 和公式 4.2 具有对偶关系，因此应有最优解 $z_p^* = \theta_p^*$。

从求解过程可看出 CCR 模型是在规模效率不变的前提下进行，其效率解亦被看作是技术效率或综合效率。进一步，在公式 4.2 中加入规模可变的约束条件限制即 $\sum_{j=1}^{n} \lambda_j = 1$，得到 BCC 模型。该模型得到的效率值被称为纯技术效率（或记作 PTE）。根据技术效率、纯技术效率的估算结果，可以求出规模效率相对指标 SE（$SE = \frac{TE}{PTE}$）。

行业 p 的 DEA 效率值可作如下解释：行业 $\theta_p^* = 1$ 且所有指标的 $s_{ip}^- = s_{rp}^+ = 0$ 时，该行业为 DEA 有效，产出能力达到最优水平；若行业 $\theta_p^* = 1$ 但存在某些投入或产出指标的 $s_{ip}^- \neq 0$ 或 $s_{rp}^+ \neq 0$，行业为弱 DEA 有效，仅在投入指标 i 减少 s_{ip}^- 或产出指标 r 增加 s_{rp}^+ 时，DEA 产出效率达到最优；若 $\theta_p^* < 1$，该行业为 DEA 无效。设无效率行业的投入产出集为 (X_P, Y_P)，令 $(\hat{X}_p, Y_p) \rightarrow (\theta_p^* X_p, Y_p)$ 代表 (X_P, Y_P) 沿着投入路径在最优水平生产前沿上的投影。该投影反映投入指标从 X_P 降至 $\theta_p^* X_p$ 时，行业变为 DEA 有效。正因如此，公式 4.1 和公式 4.2 也被看作是投入径向的 DEA 模型。$(1 - \theta_p^*) X_p$ 表示投入径向上的移动距离。再令 S_p^- 表示径向的松弛移动，$S_p^- = \{S_{1p}^-, S_{2p}^-, \cdots, S_{mp}^-\}$。$S_p^+$ 表示产出松弛移动，$S_p^+ = \{S_{1p}^+, S_{2p}^+, \cdots, S_{mp}^+\}$。两者之和为投入冗余量。结合公式 4.2，若投入指标减小松弛移动抑或产出指标增加松弛移动时，行业的相对效率值 θ_p^* 保持不变。另外，行业的规模收益值用 K_p 表示，$K_p = \frac{\sum_{i=1}^{n} \lambda_{ip}}{\theta_p^*}$。$K_p = 1$，表示行业的规模收益不变，处于最佳规模点；$K_p < 1$，表示行业的规模收益递增，此时增加投入量，产出的提升会更大；$K_p > 1$，表示行业的规模收益递减，此时增加投入量，产出提升的比例要小一些。考虑在 BCC 模型下，规模效率可变，更符合企业发展实际，应用范围更广，本节选用 BCC 模型。

2. M 指数。M 指数是一种被广泛应用的非参数的动态效率评价方法。它是利用距离函数来表示决策单元的效率变动。距离函数测度生产投入面至生产前沿面的距离长度。在规模收益不变的前提下，令时期 t 的技术作参照，时期 t 的生产面 (X^t, Y^t) 与当前的生产前沿面距离可表示为 $D^t(X^t, Y^t) = inf\{\theta: (\theta X^t, Y^t) \in S^t\}$，时期 $(t+1)$ 的生产面 (X^{t+1}, Y^{t+1}) 与时期 t 的生产前沿面距离表示为 $D^t(X^{t+1}, Y^{t+1}) = inf\{\theta: (\theta X^{t+1}, Y^{t+1}) \in S^t\}$。若选取 $(t+1)$ 时期的技术为参照物，$(t+1)$时期的生产面(X^{t+1},Y^{t+1})与当前的生产前沿面的距离为$D^{t+1}(X^{t+1},Y^{t+1})=inf\{\theta:(\theta X^{t+1},Y^{t+1})\in S^{t+1}\}$，$t$时期的生产面$(X^t,Y^t)$与$(t+1)$时期的生产前沿面的距离为$D^t(X^t,Y^t)=inf\{\theta:(\theta X^t,Y^t)\in S^t\}$。在这里，$X^t$、$X^{t+1}$分别表示$t$期、$(t+1)$期投入量；$Y^t$、$Y^{t+1}$分别表示相应的产出量；$S^t$，$S^{t+1}$是生产可能集合。以$t$期或$(t+1)$期的技术为参考，求解出的前后两期的距离函数之比，即为M指数：

$$M_t=\frac{D^t(X^{t+1},Y^{t+1})}{D^t(X^t,Y^t)}\quad M_{t+1}=\frac{D^{t+1}(X^{t+1},Y^{t+1})}{D^{t+1}(X^t,Y^t)}。\tag{4.3}$$

技术参照物不同，估算的M指数也有别。为规避时期选择的随意性带来的影响，借鉴Fisher的理想指数构造原理，选取t期至$t+1$期M指数的几何平均值来测度效率变化，有下式成立：

$$M_{t,t+1}=\sqrt{\frac{D^t(X^{t+1},Y^{t+1})}{D^t(X^t,Y^t)}\times\frac{D^{t+1}(X^{t+1},Y^{t+1})}{D^{t+1}(X^t,Y^t)}}。\tag{4.4}$$

等价转换后，M指数能够分解为技术效率变化指数*effch*、技术进步指数*techch*。其中的*effch*进一步分解为纯技术效率指数*pech*、规模效率指数*sech*，具体如下：

$$\begin{aligned}M_{t,t+1}&=\frac{D^{t+1}(X^{t+1},Y^{t+1})}{D^t(X^t,Y^t)}\times\sqrt{\frac{D^t(X^{t+1},Y^{t+1})}{D^{t+1}(X^{t+1},Y^{t+1})}\times\frac{D^t(X^t,Y^t)}{D^{t+1}(X^t,Y^t)}}\\&=\frac{D^{t+1}(X^{t+1},Y^{t+1})_{VRS}}{D^t(X^t,Y^t)_{VRS}}\times\frac{SE^{t+1}(X^{t+1},Y^{t+1})}{SE^t(X^t,Y^t)}\\&\quad\times\sqrt{\frac{D^t(X^{t+1},Y^{t+1})}{D^{t+1}(X^{t+1},Y^{t+1})}\times\frac{D^t(X^t,Y^t)}{D^{t+1}(X^t,Y^t)}}。\end{aligned}\tag{4.5}$$

上式简写为$M=effch\times techch=pech\times sech\times techch$。$M>1$，表示$(t+1)$期的全要素生产率提升；$M=1$，表示$(t+1)$期的全要素生产率保持稳定；$M<1$，表示$(t+1)$期的全要素生产率下跌。

4.6.3 样本与数据

分析所用的样本来自技术资本存量较为集中的制造业、信息技术业和采掘业三个行业。其中，制造业30个、信息技术业4个、采掘业5个。考虑到个别行业技术资本存量与其他资本相比太小，作为独立的DMU，对生产前沿面的影响偏弱，不具代表性，因此去除年度技术资本存量趋零或排名靠后的行业样本，如造纸及纸制品业、其他制造业、橡胶制造业、印刷业、皮革毛皮羽绒制造业、石油加工炼焦业、采掘服务业、文教体育用品制造业，以剩余30个行业为分析样本。所涉及的财务数据获取方法与上节相同。数据分析前均进行了价格平减处理，描述统计结果见表4-14。结果显示：2009~2014年，样本中技术资本占总体的比重分别为70.8%、62.4%、60%、64.4%、67%、69%；人力资本为73%、74%、83%、78%、79%、81%；实物资本为76%、78%、72%、73%、68%、71%；营业总收入为82%、80%、76%、73%、67%、68%。所选样本大致可以代表行业总体水平。另外，不同行业之间各要素资本存量差异较大，致使营业总收入的行业差距也较明显。以技术资本为例，均值超过总体均值的行业占40%，最大值达到1627884.4万元，最小仅为61.7万元。

表4-14　2009~2014年大类行业样本投入产出指标及数据　单位：万元

行业	指标描述	营业总收入	技术资本	人力资本	实物资本
交通运输设备制造业	最大值	110625099.1	1230269.7	941400.7	39150763.2
	最小值	30677040.3	367758.9	265202.6	9027858.4
	均值	80479577.7	792795.7	642471.4	26170538.7
石油和天然气开采业	最大值	452556229.0	1627884.4	843345.0	156828208.5
	最小值	145210100.0	117400.0	79672.9	49852000.0
	均值	282014107.2	434168.3	389957.9	98489574.3
医药制造业	最大值	28153902.9	416196.3	198418.5	14821632.9
	最小值	10881564.0	115983.5	138633.0	6470275.1
	均值	18347810.1	240204.2	177536.9	9641080.4
通讯及相关设备制造业	最大值	21822697.9	399684.8	267706.0	4811837.9
	最小值	7531249.5	98859.5	126096.2	2560768.2
	均值	12005031.2	237552.1	190741.4	3486831.0
电器机械及器材制造业	最大值	54875051.9	323677.1	317360.7	19372378.2
	最小值	19415522.4	93591.5	162747.4	5647149.2
	均值	37061294.8	213526.3	250164.3	13455497.3
计算机应用服务业	最大值	11469300.9	346559.7	102697.0	3551962.1
	最小值	2039085.9	46678.4	28699.0	781976.5
	均值	5636745.2	184720.6	66694.9	1961025.6
化学原料化学制品制造业	最大值	50365944.6	244659.2	201272.5	29520287.6
	最小值	15212491.6	138822.9	128604.3	10712483.7
	均值	28428402.2	178716.1	160783.8	17712054.4

续表

行业	指标描述	营业总收入	技术资本	人力资本	实物资本
专用设备制造业	最大值	36089875.6	288316.4	380527.0	20642326.9
	最小值	10252117.1	61213.3	153553.0	5050506.6
	均值	24082940.2	168570.9	237650.6	12795748.9
普通机械制造业	最大值	26280986.4	234322.9	200167.3	15387827.0
	最小值	10425182.1	80348.1	148257.8	5424123.5
	均值	15748761.8	151163.2	181798.0	9169082.1
有色金属采选业	最大值	8039427.1	288465.7	40565.5	2880404.1
	最小值	483683.3	10966.7	29756.6	337586.3
	均值	3970442.7	134382.6	34299.2	1711910.1
样本总体	最大值	452556229.0	1627884.4	941400.7	156828208.5
	最小值	26735.6	61.7	406.5	25179.6
	总均值	17328802.9	92157.0	87830.2	7599271.8

注：篇幅有限，仅列出技术资本排名前十的行业。

4.6.4 DEA 静态分析

1. 综合技术效率。借助于 Deap2.1 软件，选取 BCC 模型，利用多阶算法，从投入导向，估算出各行业的 2009～2014 年的静态效率值，见表 4－15。

利用行业综合效率值，进一步归类得到表 4－16。其中，综合效率达到 1 的行业仅有 5 个，约占总体的 17%。达到 0.8 的行业有 11 个，约占 37%。4 个行业的效率偏差。信息技术、采选业的综合效率略高于制造业。综合效率未达 0.8 的行业占据 3/5，分别为食品、饮料、服装纤维、化学、仪器仪表、塑料等，多集中在制造行业。

表 4－15　行业效率分析评价结果

行业类型	综合效率	纯技术效率	规模效率	规模收益
食品加工业	1	1	1	—
食品制造业	0.75	0.89	0.85	irs
饮料制造业	0.50	0.52	0.97	irs
纺织业	0.26	0.56	0.47	irs
服装纤维制造业	0.64	1	0.64	irs
木材加工木竹藤制造业	1	1	1	—

续表

行业类型	综合效率	纯技术效率	规模效率	规模收益
化学原料化学制品制造业	0.63	1	0.63	drs
化学化纤制造业	0.35	0.45	0.78	irs
塑料制造业	0.69	0.83	0.83	irs
电子元器件制造业	0.39	0.40	0.98	irs
日用电子器具制造业	0.84	0.87	0.97	drs
其他电子设备制造业	0.55	0.68	0.81	irs
非金属矿物制品业	0.68	0.68	0.99	drs
黑色金属冶炼压延加工业	0.89	0.91	0.97	irs
有色金属冶炼压延加工业	0.68	0.8	0.85	irs
金属制品业	0.67	0.67	0.99	drs
普通机械制造业	0.62	0.62	0.99	drs
专用设备制造业	0.64	0.65	0.99	drs
交通运输设备制造业	0.91	1	0.91	drs
电器机械及器材制造业	1	1	1	—
仪器仪表办公机械制造业	0.61	1	0.61	irs
医药制造业	0.65	1	0.65	drs
生物制品业	0.29	0.38	0.77	irs
通信及相关设备制造业	0.82	0.82	0.99	drs
计算机及相关设备制造业	0.87	0.89	0.98	irs
通讯服务业	0.45	1	0.45	irs
计算机应用服务业	0.88	0.93	0.95	irs
煤炭采选业	1	1	1	—
石油和天然气开采业	1	1	1	—
有色金属采选业	0.43	0.60	0.71	drs
平均值	0.69	0.80	0.86	

表4-16　行业综合效率分类结果

综合效率	1	0.8~1	0.4~0.8	0.2~0.4	0.2以下
评价	好	较好	一般	较差	差
行业数量（个）	5	6	15	4	0
累计	5	11	24	30	30
比重（%）	16.7	20	50	13.3	0
累计	16.7	36.7	86.7	100	100

再结合 DEA 有效性的识别标准（见图 4－16），发现达到 DEA 有效的行业只有 5 个，约占 17%。6 个行业实现了部分技术有效或者规模有效，占总体的 20%，全部体现出技术有效但规模无效，表明后者是影响 DEA 有效性的主要诱因。19 个行业的静态效率处于非 DEA 有效，约占 63%。整体上，4/5 以上的行业都有一定的优化空间。其中，饮料制造、化学化纤、电子元器件、塑料制造、非金属矿物、金属制品、普通及专用设备制造等行业主要关注技术效率，具体从两个方面改进：合理配置和高效率转化。技术配置的合理性取决于专利、非专利技术等自创技术的占比与质量等级、以及技术、人力与实物的相对关系。以专用设备制造行业为例，此行业年度平均专利、非专利之和占技术资本总量的 50% 之多，开发支出占比超过 20%，自主技术实力较强，但综合效率并不高，侧面可能反映出技术效率低下是人力资本、实物资本的技术含量较低所致造，通过积极引导专利、非专利技术、软件等技术资本对人力、实物资本的正向驱动效应，提升资本间的互补性，使整体配置效率得到改善。

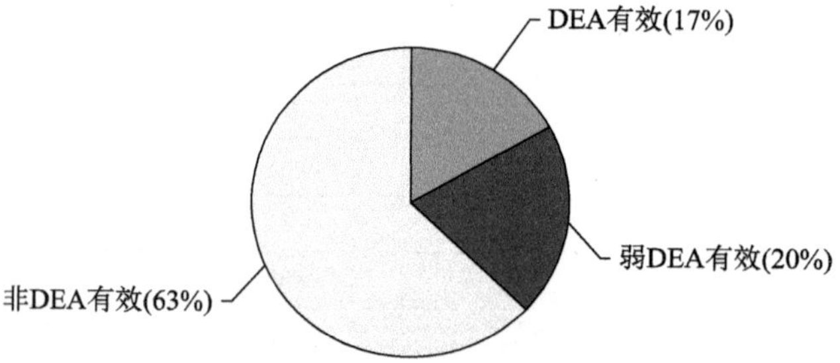

图 4－16　DEA 有效性分布图

规模效率上，服装纤维、化学原料与制品、食品制造、医药、通讯服务、交通运输仓储等行业偏低。规模效率的改进要区分行业规模状态分别进行。若行业规模收益递增，加大资本投入会促进产出的高幅增长与规模效率；若行业规模收益递减，加大投入所致的产出提升幅度会小一些，且规模效率也会下降；若行业的规模收益不变，资本投入变动时，产出及规模效率基本不变，具体见图 4－17。5 个行业规模收益不变，约占 16.7%，表明规模收益已达到最佳。15 个行业的规模收益递增，约占 50%，仍需加大资本投入，这会带来更高比例的产出。突出体现在食品、纺织业、服装纤维、化学化纤、仪器仪表办公机械、生物制品、通讯服务等行业。其中，2013 年通讯服务业样本只有 3 个，而其他 3 个通讯行业计算机应用服务、通讯及相关设备制造、计算机及相关设备制造行业的样本数量分别为 82 个、44 个、13 个，通讯服务业的技术实力明显偏弱，这也是规模效率偏低的主要诱因。加大技术资本投入，提高行业技术实力，可以改善规模效率。相比之下，规模收益递减的行业占 33.3%，这部分行业需要调减资本投入量，转而重点改善要素资本的内部结构，突出体现在化学原料化学制品、金属制品、医药、通信及相关设备等行业。这几年通讯及相关设备制造行业传统资本投入太多，技术投入相对偏少，致使中低端手机产品供大于求，而高端技术手机严重缺乏，核心竞争力不突出。要根本改变此种状况，必须要准确把握最佳的规模收益点，在加大技术投入量的同时，弱化传统资本配置，以提高要素资本的整体质量。进一步，对于达到最佳收益点的石油和天然气开采、电器机械及器材、食品加工等行业，只需尽量保持目前的投入结构、规模即可。

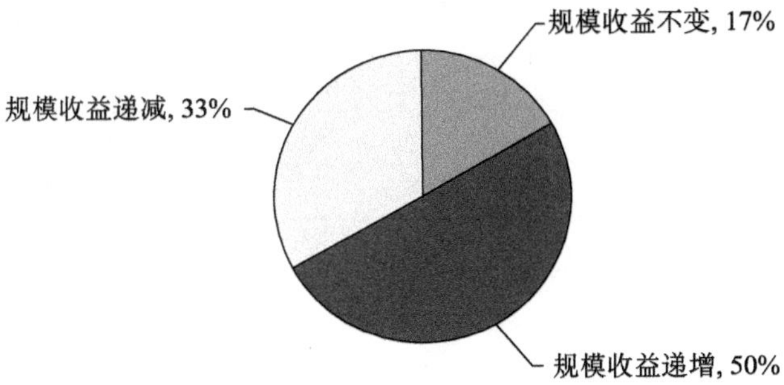

图 4－17　规模收益情况分布

2. 投影分析。投影分析有助于进一步挖掘非 DEA 有效行业的投入冗余和产出不足，找出导致行业非 DEA 有效和效率偏低的根本原因，提出效率改进的目标与方案，投影结果见表 4－17。由于未出现产出不足，仅列投入冗余状况。

表 4－17　非 DEA 有效行业的要素投入冗余情况　单位：万元

行业类型	技术资本	人力资本	实物资本
食品加工业			
食品制造业	568.4（7）↓	17747.6（24）↓	134769.5（4.3）↓
饮料制造业	6216.9（13.1）↓	19789.6（33.9）↓	1186751.9（20.6）↓
纺织业	2155.9（39.6）↓	10055.2（40.5）↓	232444.9（15）↓
服装纤维制造业			
木材加工木竹藤制造业			

续表

行业类型	技术资本	人力资本	实物资本
化学原料化学制品制造业			
化学化纤制造业	3936.2（27.5）↓	7383.3（57.8）↓	500801.6（15.4）↓
塑料制造业	780.3（7）↓	1277.6（12.8）↓	142092.9（9.2）↓
电子元器件制造业	35742.4（13.2）↓	35392.6（32.7）↓	1741349.6（17.4）↓
日用电子器具制造业	3652.7（3.0）↓	11182.3（10.7）↓	250942.2（4.0）↓
其他电子设备制造业	7132.2（9.2）↓	2184.4（9.3）↓	110180.6（5.9）↓
非金属矿物制品业	4157.7（10.5）↓	5381.6（8.5）↓	1376458.4（10.6）↓
黑色金属冶炼压延加工	2413.9（10.7）↓	30614.4（41.5）↓	2953056.9（7.1）↓
有色金属冶炼压延加工	1719.3（3.5）↓	9210.9（19.6）↓	622242.9（5.5）↓
金属制品业	7268.1（10.7）↓	33928.6（35.2）↓	839623.9（17.4）↓
普通机械制造业	38227.1（16.3）↓	79503.1（42）↓	2073705（13.5）↓
专用设备制造业	21730.7（7.5）↓	58666.1（24.6）↓	1792927.7（8.7）↓
交通运输设备制造业			
电器机械及器材制造业			
仪器仪表办公机械制造业			
医药制造业			
生物制品业	12078.7（16.5）↓	5894.8（40.2）↓	336321.5（28）↓
通信及相关设备制造业	75948.3（19.0）↓	112294.4（74.3）↓	486138.4（10.1）↓
计算机及相关设备制造业	46010.8（36.7）↓	3782.2（7）↓	123259.5（4.2）↓
通讯服务业			
计算机应用服务业	42376.3（12.2）↓	6810.3（6.6）↓	58697.9（1.7）↓
煤炭采选业			
石油和天然气开采业			
有色金属采选业	7406.7（44.1）↓	28714.6（96.5）↓	134556.8（4.7）↓

注：（）里是以2014年末资本存量为基数改进百分比，↓代表下调，↑代表上调。

表4－17显示，各行业均未出现产出不足。接下来，主要分析各行业的投入冗余情况。19个非DEA有效行业中，均存在不同程度的技术资本、人力资本、物质资本投入冗余。从冗余额度看，冗余量最大的是物质资本，其次为人力资本，技术资本最小。这说明物质与人力冗余是导致行业要素冗余的主要原因。

细分行业来看，食品制造业、饮料制造业、纺织业、化学化纤制造业、塑料制造业、日用电子器具制造业、非金属矿物制品业、黑色金属冶炼压延加工业、有色金属冶炼压延加工业、金属制品业、普通机械制造业、专用设备制造业、通信及相关设备制造业和有色金属采选业的投入冗余主要为物质资本和人力资本；而电子元器件制造业、其他电子设备制造业、生物制品业、计算机及相关设备制造业、计算机应用服务业的投入冗余主要为人力资本和技术资本。需要指明的是，这里的各要素冗余是在行业现有投入规模下的相对冗余，而非绝对冗余。相对冗余量过多意味着其余要素配置量过少，导致各要素配置比例不合理，进而影响到规模与技术效率。因此，人力与技术资本相对冗余过多的行业意味着物质资本偏少。物质与人力冗余过多的行业意味着技术资本配置偏少。基于此，结合技术效率、规模效率与规模收益情况，需对各行业资本的投入情况做出改进。

对于规模收益递增、效率有待改进行业，相应调增相对冗余最少的要素存量，对于规模收益递减且规模效率有待改进行业，相应调减相对冗余最大的要素存量。对于下列非 DEA 有效行业，食品制造业、饮料制造业、纺织业、化学化纤制造业、塑料制造业、日用电子器具制造业、黑色金属冶炼压延加工业、有色金属冶炼压延加工业，需调增技术资本投入量，重点调增专利、非专利技术；对于电子元器件制造业、其他电子设备制造业、生物制品业、计算机及相关设备制造业、计算机应用服务业需调增物质资本存量，如及时进行更新改造，引进高技术水平机器；对于金属制品业、非金属矿物制品业、普通机械制造业、专用设备制造业、通信及相关设备制造业、有色金属采选业需降低人力存量。此外，对于各投入指标相对冗余为零、但达到弱 DEA 有效的行业如医药制造业、交通运输设备制造业、化学原料化学制品制造业，规模效率不高且规模收益递减，说明技术效率已达最优，但规模已超过最佳规模点，需适量同比例降低各要素投入量至最佳规模点；同样，对于仪器仪表办公机械制造业、通讯服务业适量同比调增要素投入量至最佳规模点。

4.6.5 M 指数动态分析

为弥补静态分析的不足，挖掘各行业综合效率的动态变动态势及原因，接下来再利用 M 指数来评价各行业生产率的动态变化，见表 4－18。

1. 平均 M 指数分析。2009～2014 年，行业样本的生产率平均增长率为 5%。其中，技术进步率提高了 6%，综合技术效率下降了 1%，表明推动生

表 4－18　　2009～2014 年行业平均 M 指数与分解

行业	综合技术效率	技术进步	纯技术效率	规模效率	M 指数
制造业					
食品加工业	0.84	0.99	0.84	0.99	0.83
食品制造业	1.06	0.99	1.03	1.03	1.05
饮料制造业	1.15	1.05	1.14	1.01	1.21
纺织业	1.31	1.04	1.12	1.16	1.36
服装纤维制造业	0.93	0.94	0.86	1.09	0.87
木材加工木竹藤制造业	0.73	1.06	0.91	0.81	0.77
化学原料化学制品制造业	0.97	1.10	0.88	1.10	1.06
化学化纤制造业	0.90	1.10	1.02	0.88	0.98
塑料制造业	0.98	1.08	0.98	0.99	1.06
电子元器件制造业	0.94	1.10	0.94	1.00	1.03
日用电子器具制造业	0.96	1.05	0.95	1.01	1.01
其他电子设备制造业	0.88	1.08	0.89	0.98	0.95
非金属矿物制品业	0.90	1.17	0.91	0.99	1.06
黑色金属冶炼压延加工业	0.93	1.20	0.94	0.99	1.12
有色金属冶炼压延加工业	0.95	1.09	0.92	1.03	1.04
金属制品业	1.08	1.04	1.08	1.00	1.13
普通机械制造业	0.96	1.04	0.97	0.99	1.00
专用设备制造业	0.95	1.03	0.96	0.99	0.98
交通运输设备制造业	0.95	1.04	0.99	0.96	0.99
电器机械及器材制造业	0.97	1.04	1.00	0.97	1.01
仪器仪表办公机械制造业	1.10	0.99	1.00	1.10	1.09
医药制造业	1.00	1.03	0.94	1.06	1.03
生物制品业	1.14	1.02	1.12	1.01	1.17
信息技术业					
通信及相关设备制造业	1.02	1.10	1.04	0.98	1.12
计算机及相关设备制造业	1.03	1.13	1.02	1.01	1.16
通讯服务业	1.11	1.00	1.00	1.11	1.11
计算机应用服务业	1.00	1.03	1.00	1.00	1.03
采选业					
煤炭采选业	1.00	1.09	1.00	1.00	1.09
石油和天然气开采业	1.00	1.26	1.00	1.00	1.26
有色金属采选业	1.11	1.06	1.04	1.06	1.18
均值	0.99	1.06	0.98	1.01	1.05

产率提高的主要因子来源于技术进步。再看综合技术效率的两个因子——纯技术效率与规模效率，前者降低2%，后者提高1%，说明纯技术效率是导致综合技术效率下降的重要原因，这与前面的静态估算结果一致。

细分来看，各行业变动差异也较明显。制造类行业的生产率变动整体趋好。其中，16个行业的M指数超过1，约占70%。分解M指数后发现，19个行业实现了技术进步，约占83%。仅有7个行业的综合效率有所提升，约占30%。8个行业的纯技术效率提升，约占35%。12个行业的规模效率提升，约占52%。纯技术效率下降是制约制造行业生产率增长的主要因素，各行业的变动有一定差异，具体体现在：饮料、纺织业、生物制品、黑色金属冶炼等行业的生产率提升明显，其中除了黑色金属冶炼，另几个行业的技术进步、综合效率、纯技术效率、规模效率都实现了不同程度增幅；与之相比，食品加工、专用设备、交通运输设备制造等行业的相对生产率明显下滑，这几个行业的技术资本存量都不高，生产率低下主要是纯技术效率所致；还有一些行业的技术资本存量较突出，如化学原料化学制品、医药制造、普通机械制造、电子元器件、日用电子器具等，但受纯技术效率的制约，生产率增长也不明显。整体来看，生产率增长明显的行业要素资本结构、技术资本结构都更为合理，实物资本的技术含量、人力资本的技术能力都要强于其他制造行业。

另外，4个信息技术行业的生产率均实现了不同程度增长，最高增幅达到16%。除通讯及相关设备制造行业的规模效率降低了2%，其他3个行业M指数、综合效率、技术进步、纯技术效率、规模效率均大于1。但各个行业的生产率变动诱因存在差异。其中，通信及相关设备制造与计算机及相关设备制造业的生产率提升主要来自技术进步，规模效率的影响有限。而通讯服务业的生产率增长主要来自规模效率，技术进步、纯技术效率的作用很小。计算机应用服务业的生产率变动来自技术进步的推动。

采选业的生产率变动与信息技术行业类似。整体上，各采选行业的M指数、技术进步率、综合技术效率、规模效率、纯技术效率均有所提升，最高增至26%。其中，煤炭采选、石油和天然气开采业的生产率提升完全受技术进步推动；在有色金属采选行业，综合技术效率的贡献更大一些。

2. M指数的纵向变动趋势。各行业样本相邻年度的M指数变动情况见表4-19。2009~2014年间，能够实现M指数超过1、持续增长的行业数量为零。M指数呈现出先缓慢上升、后下降，又转而回升的曲线变动态势。其中，2009~2010年，行业整体平均生产率增幅很小，仅为2%，可能由于上年度金融危机的负影响还未完全消退，但技术进步指数的增幅较快，尽管受纯技术效率和规模效率双重下降的影响，综合技术效率下降明显，但技术进步的正效应超过了综合技术效率的负效应，生产率仍有小幅上扬，表明此时的生产率增长动力主要来自技术进步，一定程度抵消了综合效率的负面影响。2011~2012年是重要的分水岭。行业整体平均生产率上升了约27%，主要诱因可能来自政府部门的4万亿投资资金拉动的后续效应。之后，生产率又开始下滑，主要诱因是技术进步指数下跌，尽管综合效率有所改善，仍抵不住技术进步指数下滑对M指数的强力下拉。当技术进步指数开始回升后，尽管综合技术效率出现下滑，M指数转而回升。这说明，纵向上，M指数的变动受技术进步指数的影响更大一些，综合技术效率影响力较小，技术的利用效率有待提升。

表4-19　　2009~2014年各行业动态M指数

行业＼年度	2009~2010	2010~2011	2011~2012	2012~2013	2013~2014
食品加工业	0.90	0.95	1.18	1.09	0.95
食品制造业	1.14	1.01	1.04	0.95	1.01
饮料制造业	1.26	0.78	2.85	1.26	0.78
纺织业	0.95	1.67	1.34	1.08	1.67
服装纤维制造业	1.82	1.16	1.13	0.48	1.16
木材加工木竹藤制造业	0.85	0.64	1.12	0.89	0.64
化学原料化学制品制造业	0.85	1.22	1.18	1.06	1.22
化学化纤制造业	1.26	1.78	1.19	1.14	1.78
塑料制造业	0.9	1.08	1.26	1.03	1.08
电子元器件制造业	0.86	1.12	8.80	0.14	1.12
日用电子器具制造业	0.8	1.23	0.73	1.25	1.23
其他电子设备制造业	0.89	1.54	0.30	2.04	1.54
非金属矿物制品业	1.20	1.35	3.82	0.16	1.35
黑色金属冶炼压延加工业	1.02	0.96	2.29	0.96	0.96
有色金属冶炼压延加工业	0.50	1.29	1.19	1.35	1.29
金属制品业	0.59	1.54	1.03	0.92	1.54
普通机械制造业	0.83	1.29	0.89	0.94	1.29
专用设备制造业	1.17	1.08	1.06	0.76	1.08

续表

行业＼年度	2009～2010	2010～2011	2011～2012	2012～2013	2013～2014
交通运输设备制造业	1.01	1.12	0.93	0.95	1.12
电器机械及器材制造业	0.78	1.10	1.18	0.94	1.10
仪器仪表办公机械制造业	0.9	1.09	0.86	1.34	1.09
医药制造业	1.2	1.06	1.05	0.93	1.06
生物制品业	4.02	1.04	0.99	0.84	1.04
通信及相关设备制造业	1.21	1.03	0.95	0.90	1.03
计算机及相关设备制造业	1.04	1.04	1.67	0.89	1.04
通讯服务业	1.03	1.69	1.43	0.42	1.69
计算机应用服务业	0.95	1.34	1.04	0.91	1.34
煤炭采选业	1.05	0.88	1.16	0.57	0.88
石油和天然气开采业	0.76	0.90	2.50	1.90	0.90
有色金属采选业	1.48	0.99	1.06	1.78	0.99
均值	1.02	1.14	1.27	0.88	1.14
M＞1	16	24	24	12	24
比重（%）	53	80	80	40	80

具体来看，制造行业的增长更突出一些。其中，M 指数超过 1 的制造行业主要有纺织业、化学原料化学制品、电子元器件、其他电子设备、有色金属冶炼加工、普通机械、电器机械及器材等，与上年度相比多了 8 个，而生物制品、服装、木材加工等制造行业表现欠佳，下将明显。另外，信息技术行业各年度生产率有不同增幅，但采掘行业生产率下降明显。将三大类行业变动横向对比，会发现一个较明显的变动趋势，即近几年伴随制造业的生产率增长，采掘行业的生产率下跌明显，而信息技术业的生产率却稳幅上升，通讯服务业的生产率甚至增长了 66%，这从侧面可能反映出，在过去制造业发展主要依靠采掘业的实物资源开采作支撑，此种状况近年来开始转变，信息技术业成为推动现代制造业发展的重要支撑，初步显现出产业结构正逐步调整、转型。

再进一步观察表 4－19 的数据，发现有 7 个 M 指数大于 2，其中电子元器件行业 2011～2012 年达到 8.8，有必要单独分析。我们根据这 6 个 M 指数的分解情况整理成表 4－20。

表 4-20 M 大于 2 的行业 TFP 的分解结果

年时间	行业	技术效率	纯技术效率	规模效率	技术进步	M 指数
2009~2010	生物制品业	3.403	2.624	1.297	1.18	4.016
2011~2012	饮料制造业	1.233	2.311	1.408	0.876	2.85
	电子元器件制造业	2.724	3.23	2.623	1.038	8.796
	非金属矿物制品业	1.071	3.566	1.069	1.002	3.818
	黑色金属冶炼压延加工业	1.034	2.218	1.009	1.025	2.293
2012~2013	其他电子设备制造业	4.34	0.47	6.356	0.683	2.039

表 4-20 显示，2009~2012 年间，生物制品、饮料制造等行业全要素生产率超常上涨的主要原因是纯技术效率的推动。这进一步验证了制约其他行业 M 值的主要因素是纯技术效率。以上行业技术资本存量较低，多生产技术附加值较低的产品，如电子元器件制造业很多企业未有独立品牌，主营国外产品的来料加工、组装与生产。但与技术资本存量与技术含量较高的行业相比，技术资本更易于吸收与利用，效率更易于提高，但后劲不足，难以实现可持续发展，在相应的下年度均出现 M 指数的大幅下降，电子元器件制造业下跌高达 95% 以上。存在类似情况的还有其他一些行业。此外，2012~2013 年其他电子设备制造业生产率指数也超过 2，增长较突出。一方面，可能受到上年度生产率较低的影响；另一方面，最主要的还是行业 2012 年大幅扩张资本规模所致。与生物、饮料等行业类似，该行业技术资本存量低，且以外购的系统与软件为主，高新技术缺乏，但与 2011 年相比，仅对外公开披露技术资本的企业就由 13 家增加到 21 家，高达 62%，这也恰恰迎合了行业规模收益递增的发展趋势，规模效率大增，这是推动 M 指数的首要动力。综合分析，致使以上行业 M 指数超常上扬的主要因素是纯技术效率或规模效率。但从根本上讲，能够推动全要素生产率实现可持续增长的首要动力应是技术进步。

4.7 本章总结

本章在技术资本相关理论文献的基础上，搜集 2009~2014 年沪深上市公司数据，从存量、内部结构、获取渠道与配置效率四个方面全面深入地分析了各行业（尤其是制造业和信息技术业）技术资本的配置状况。

存量分析显示，2009～2014年中国13个行业门类技术资本总量约为252993亿元。技术资本较为集中的行业主要有制造业、信息技术业、采掘业、房地产业。其中尤以制造业与信息技术业最为突出。制造业技术资本总存量达到1447.03亿元，占总体比重达到57.2%，主要集中在电器机械及器材制造业、专用设备制造业、交通运输设备制造业、生物制品业、仪器仪表办公机械制造业。信息技术业技术资本总量为307.04亿元，占总体比重为12.14%，通信及相关设备制造业和计算机应用服务业较突出。计算机及相关设备制造业、通讯服务业的技术资本存量略弱一些。这在一定程度上可能受到政府相关创新政策引导的影响，出于资源保护、技术创新与转型升级的需要，各行业的要素资本结构正在逐步优化，制造业、信息技术业已经显现，其他行业还有待加强。

结构分析显示：整体上各行业企业技术资本配置以专利、非专利技术、系统与软件、开发支出为主，约占总体的95%以上，研发中心与其他技术权利偏少。各行业结构差异较大，且年度波动性较强。其中制造业、信息技术业技术资本内部结构较为合理，专利、非专利技术、开发支出在总体中的比重一直较高，且增长态势较好，表现出较高的持续增长潜力。

获取渠道分析显示：各个行业的自创技术资本均在60%以上，外购比例在40%以下，技术资本主要来自企业内部积累，但自创比例在行业间的差距仍比较明显。自创比例明显较高的行业集中在制造业、信息技术业、采掘业、农林牧渔业、房地产业、建筑业，自创比例偏低的行业有电煤水生产与供应业、交通运输仓储业、批发零售业、社会服务业，反映出行业之间技术实力差距明显。

配置效率分析显示：静态上行业整体综合效率偏低。DEA有效性上，超过80%的行业存在不同程度的改进空间。规模收益上，处于最佳规模点的仅占17%。动态上，推动TFP增长的主要动力是技术进步。而影响综合技术效率下降的主要因素是纯技术效率。这说明多数行业技术资本运作效率不高。

第5章 技术资本配置对企业价值的贡献研究

伴随着微观企业技术投入的持续增加，有关技术资本的贡献机理、贡献程度等问题引起国内外学者的广泛关注，关注技术与生产率、盈利、价值等主题的文献也日渐增多。多数结论已证实了技术对宏观经济、微观企业发展的贡献，但主要围绕 R&D、技术创新、知识与智力、信息技术等问题进行。其中，R&D 是技术资本生成的重要渠道，技术创新反映的是技术的商业化过程，知识、智力与技术是相对独立的概念体系。信息技术是技术资本的重要部分。

另外，从第 4 章可以看出，这些年国内企业的技术资本积累明显增多，其种类也越加丰富，结构更为合理，获取渠道也更为灵活。但与之形成鲜明对比的是，企业的整体业绩提升并不明显，甚至部分技术企业的市值下跌幅度较大。基于此，在第 4 章分析的基础上，本章进一步探讨各行业企业技术资本配置对企业价值的贡献程度、贡献机理以及与其他要素资本的关系。目前虽有个别国内学者关注此类问题，但结论还不一致，有待寻求进一步的证据支持。

5.1 技术资本配置对企业价值的贡献程度分析

对于技术资本对企业价值的影响程度，国内方面的有关文献尚存有争议。其中，李治堂（2008，2009）的研究显示信息技术资本对不同业绩指标的影响能力差异明显，其能够提升主营业务收入、净利润水平，但对净资产收益率、资产收益率的作用不明显，进一步挖掘技术与人力资本的相互作用，也未得到两者互补的有力证据[123,175]。罗福凯（2013）以高端装备制造业为对象挖掘技术资本的贡献能力，结果显示技术的贡献系数不显著，且小于实物与人力资本[125]。科学技术是第一生产力的理论论断，为何在实证中出现相左结论？技术资本驱动价值增长的内在路径如何进行？

仔细挖掘相关文献，发现存在不足之处在于：（1）都仅注重技术资本如何影响当期盈利，忽略了技术对持续价值带来的滞后性，且对各要素资本之间的相互内生关系考虑不够周密。（2）现有文献大多忽视了人力因子。技术资本的外溢能力很强、易于被人为泄露、复制、再吸收与二次创新，企业之间的技术应用可能存在很强的相互渗透性，这意味着决定企业发展的另一重要驱动要素——人力资本很可能对技术的贡献产生一定的调节能力，研究技术的作用不能忽视人力要素。在产出不变的前提下，技术要素与人力要素具有一定的互动关系——替代或互补。资本的独特性越明显，互补效应越突出，反之，可能更易于替代。

此外，由第3章可知，行业的技术特征也会影响到企业技术资本的贡献。据Wind数据库，近两年资本市场增长趋势良好的行业集中于技术资本存量较高的新兴高新行业，传统行业的业绩下跌较明显，如农林牧渔、煤炭、钢铁等，技术资本存量相对较低。这说明低技术行业的利润正下滑，高技术行业的增值表现强劲。

本节试图利用动态面板模型，基于各行业上市公司大数据，考虑人力资本、行业技术特征带来的调节来分析技术资本对企业价值的贡献程度。考虑到中国现实国情与制度背景，企业所在地域发展状况、性质等方面的差异都有可能引致结论有别。为挖掘更为详实的结论，本节将分别针对全样本、地区样本以及国有、非国有样本对比分析。相对于现有文献，本节的样本更广泛，考察角度更全面；选取动态面板模型，更有利于规避内生性，结论更具说服力；发现了技术与人力的替代关系以及企业价值的显著滞后性。

5.1.1 理论分析与研究假设

1. 技术资本对企业价值的影响。现实中的经济增长是由劳动、资本、技术等要素集聚一起所产生的外部效应、收益递增效应的全面综合作用（藤田昌久等，2004）[176]。不同时代的经济学、管理学学者都关注过技术对企业的贡献。较具代表性的有：技术进步理论的集大成者索洛主张任一经济环境下的生产要素都应由劳动、土地、资本、技术、管理经验等共同组成，企业发展就是技术不断变革、改进与改善，以及与其他要素相互作用与权衡的过程。技术进步能够提高生产技能、节省原料投入、改进生产工艺。实质上，索洛模型的核心是将技术与实物、货币、劳动力要素相区别，作为一个独立的经济要素。索洛认为，国民收入的增长变动与经济资源的投入变动并不一致，两者的差额为“余值增长率”。若余值增长率大于零，反映出国民收入的增长率超过资源的投入增长率，索洛将其归功于技术要素在起作用。人力资本理论的重要奠基人美国经济学家舒尔茨将技术资本的贡献归因于技术要素的“边际报酬递增性”。他认为，边际报酬递减规律成立需满足以下条件：在分析某一生产要素的边际报酬状况时，其他要素（包括技术要素）边际报酬保持稳定。很显然，此条件在现实经济环境中不可能成立。基于此，舒尔茨提出边际报酬递增的概念，认为技术资本能够产生多倍于传统资本的贡献，根源于技术摆脱了要素报酬递减效应的束缚，体现出明显的规模报酬递增性，不仅显示出强大的持续产出能力，还在一定程度上抑制其他要素资源的报酬递减。进一步，罗默、卢卡斯等人在新经济增长理论模型中将企业的生产函数视为产出与实物资本、劳动、人力以及技术要素之间的定量关系。此外，技术资本贡献还得到了其他一些理论学派的支持。其中，资源基础理论认为，决定企业竞争优势与价值获取的主要是一些难以模仿、替代、稀缺、独特的资源形态。信号传递理论主张企业市值取决于对外公开的财务信息质量。因此，所有者倾向于对外披露利好信息。若技术信息被积极公开，即表明技术资本能够带动市值提升。可见，技术资本增值功能已得到众多理论、专业文献支持。

尽管如此，针对中国的有关定性、定量文献研究还未获得一致观点。空间经济学家克鲁格曼（1999）发现这些年中国的经济增长主要靠传统要素投入而非技术创新，技术作用还偏低，经济增长体现为粗放型，全要素生产率偏低[178]。为促进技术积累、提高其贡献，林毅夫教授（1994）主张中国的技术创新应突出自身的比较优势，以自主研发为辅，引进技术与模仿为主。但杨小凯并不赞同此观点，他认为技术模仿短期效应明显，长期增长隐患太多[179]。越来越多人开始注重自主技术积累。

有关技术资本贡献的实证文献，研究人员主要借助于 D－S 函数与扩展类型，选用能够反映技术实力的替代变量来论证与企业价值的作用关系。Maldifassi 和 Rodriguez（2005）探讨了不同制造行业技术资本的配置能力与差异，结果表明技术资本的边际生产率体现出明显的规模递增性，对企业产出的贡献也大于人力资本[105]。Pakes（1985）也证实了能够代表技术水平的变量如专利、R&D 等与企业市场价值的动态波动具有明显的正向关系[129]。国内文献关注要晚一些。张学勇（2009）证实了上市公司技术能力与当期业绩水平之间的正向作用[124]。程惠芳（2014）证实了中国大中型工业企业的技术来源渠道不同，贡献程度有明显区别，其中国内的技术开发与技术改造能够显著提升产出水平，而国外技术引进与消化吸收的贡献不明显[110]。李治堂（2008，2009）的研究表明，技术资本的贡献能力与价值测度指标的选取有关，不同指标的估算结果差别较大[123,175]。综上分析，中国情境下企业技术资本对价值提升的贡献还需进一步验证。下面提出假设 1：

H1：技术资本积累与企业价值增长明显正相关，积累越大，对价值贡献越高。

2. 人力资本的调节能力。作为推动企业发展的两股关键力量，技术与人力密切联系。舒尔茨首度构建了较为完善的人力资本理论体系，并论证了人力资本对经济增长的重要贡献。后来，罗默、尼尔森、卢卡斯、菲尔普斯等著名经济学者都相继验证过人力的贡献。他们的共同观点是技术进步是微观主体内生行为，是持续研究开发与不同人力投入等协同作用的结果。在此过程中，人力资本是基础与保证[180-182]。许多人发现两者有一定的替代或互补关系。Benhabib 和 Spiege（1994）验证了人力资本除了直接推动经济产出增长，还有助于高新技术采纳与商业化，且质量越高，贡献越显著[183]。Hyun-bae（2006）的研究表明人力资本与 IT 技术具有相互替代性，行业的 IT 积累越小，替代性越突出[143]。另外，还有人发现新技术的应用可能会更倾向于替代大龄人工，这是因为他们的剩余工作年限较短，从新技术中所获的各种正效应相对少一些。这说明技术资本投入还会反过来影响人力结构。综上分析，人力资本除了直接参与价值创造外，还对技术资本产生一定的替代或互补性，对技术资本的价值创造起到调节作用。基于此，提出以下假设：

H2（a）：人力资本能够显著促进企业价值提升。

H2（b）：在技术资本驱动企业价值的过程中，人力资本起到显著调节作用。

3. 行业技术特征的调节能力。行业技术方面的特征对企业的价值创造也会带来重要影响。战略新兴行业、技术实力强的高新行业，利润获取、股票增值、成长性明显优于低技术、服务类或传统制造行业。孙晓华（2014）构建了行业的技术研发集中度、行业技术研发投资与企业技术研发投资的多元回归模型，实证结果发现行业的技术特征变量对企业的研发贡献约达到87%，而内部其他影响因子对研发的贡献仅14%，差异相差较大[184]。Lee（2009）的实证结果进一步支持了企业层面研发投资差异主要根源于行业技术特征[185]。此外，还有人专门设计一个研发过程中的经济决策模型探讨各行业企业技术开发集中度、技术机会聚集程度以及研发专用性三者关系，验证了行业整体的研发分布情况对所在企业的研发投入有明显影响，间接支持了行业技术投入与企业技术资本积累直接相关[184]。参照现有研究，用行业整体的技术投入力度以及技术质量来反映行业的技术特征。其中，行业技术投入力度反映行业内企业平均累积的技术实力，代表行业内企业从事生产经营活动的基本技术要求。该指标越大，行业经营的技术标准越高，行业内企业的整体技术实力越强，平均技术存量也越大，相应地对企业价值的贡献也更高。通常新兴产业、高端装备、信息技术等的基本技术投入要高些，农林牧渔、纺织、木材加工、服装等行业的基本技术投入低一些。

行业技术质量是另一个重要特征变量。它是整个行业技术原创性、新颖度、利用程度及配置能力的综合反映[186]。行业整体的技术质量越高，说明行业内现存企业的技术质量也较强，此时新企业的行业技术壁垒也越大，行业内的竞争程度越低，这将有助于业内企业专注于从事前瞻性研究，引领行业未来动向。反之，若行业技术质量很低，新企业的进入壁垒很小，业内企业竞争程度高，盈利动力主要靠打价格战与低成本，增值空间有限。因此，提升行业技术质量有助于业内企业的研究开发、技术生成与资本积累。通常，若行业技术结构中专利、非专利技术、开发支出等自创技术比例较大，行业技术质量较高；反之，若系统与软件、其他技术权利的相对比重较小，该行业的技术质量较低。基于此，提出以下假设：

H3（a）：行业的技术投入力度对企业价值的直接作用以及对技术资本的调节作用均较显著。

H3（b）：行业的技术质量对企业价值的直接作用以及对技术资本的调节作用均较显著。

5.1.2 研究设计

1. 变量测度。企业价值是首先要测度的变量，这是现行财务理论关注的焦点之一，但对于如何度量意见并不一致。最初的研究多倾向于选用会计业绩指标，但这种做法引起了不少争议。有些人认为会计指标很难反映出企业对市场系统风险的应对水平、体现出一定的非平衡性与短视效应，而且会计、税法计算出的收益指标差别太大，这给指标选取过程带来一定的主观调节空间，影响估算精度。为克服会计收益指标的不足，越来越多人寻求市场测度指标，以托宾Q值最常见。它是企业股票市值与账面值的相对比值[187]。与会计指标相比，很难被个人操控，能够反映出投资者对企业的价值预期，与企业长期价值增长潜力的相关度更强。接下来，选取托宾Q值测度企业价值。国泰安数据库共给出4个托宾Q值，即QA（市值A/账面值A）、QB（市值A/账面值B）、QC（市值B/账面值A）与QD（市值B/账面值B）。这里选取QC。

技术资本。技术对价值的影响持续时间较长，选用历年累积的技术存量比较合适，它等于企业财务报告中的专利、非专利技术、系统与软件、研发中心、其他技术权利、开发支出的账面价值总和，这里记作 tc。基于规避不同量纲、异方差等带来的消极影响，取技术资本的对数形式 $\ln tc$，这样一来，与价值指标托宾Q值可比性更强，也更能够体现出技术存量的相对变动程度。

人力资本。纵观大量的人力资本相关实证文献，人力资本变量的测量主要有三类指标：数量、价值与质量。数量指标集中在高管人数、普通员工人数、员工总人数或高中以上员工人数；价值指标、质量指标分别为应付职工薪酬与员工的平均受教育水平。由于人力资本是企业投入生产中的要素资本，选取的指标也应能够体现出企业承担的人力投入量。考虑到配比原则、相关性原则以及与技术资本的可比性，人力资本用应付职工薪酬对数化形式即 $\ln hc$。

行业技术特征变量。现有文献对行业技术特征的测度集中在两种：添加行业虚拟变量、基于行业特点构建新变量。这里参照后种做法，构建两个行业技术特征变量：$tecw$ 和 $tech$。$tecw$ 测度行业的技术质量，计算公式为：每个行业的专利、非专利技术账面价值汇总与同行业技术资本存量的相对值，其估算值越大，行业的专利、非专利在技术资本中的相对比重就越高，技术资本的原创性、内在技术实力也越强，技术质量越高。$tech$ 测度各行业的技术资本投入力度。由于在产出一定的前提下，账面技术资本存量越高，投入力度也越大，用各行业的技术资本账面值/总销售收入作为该指标的计算公式，它反映行业每获取一元收入所对应的相对技术投入份额。$tech$ 越大，行业的技术投入力度越大，技术配置水平越高，行业的持续发展潜能越突出。

控制变量。首先考虑实物资本。尽管这些年各行业企业的要素结构调整力度比过去明显提高，实物资本在大多数企业的资本配置中仍居重要地位，包括固定资产与存货。参照上述变量处理，选用历年累积的对数形式 ln*pc*。参照相关研究，还考虑控制了以下可能对市值产生影响的诸多变量：规模与年龄、经营风险与资本结构。详细定义见表 5－1。

表 5－1　　变量测度公式说明

变量类型	变量名称	变量符号	计算公式
被解释变量	企业价值	*Q*	QC
解释变量	技术资本	ln*tc*	专利、非专利技术等技术明细项目的账面净值汇总取对数
	人力资本	ln*hc*	年度应付职工薪酬的对数化形式
	行业技术资本投入	*tech*	行业内企业的技术资本账面值汇总/行业内企业营业收入汇总
	行业技术资本质量	*tecw*	行业内企业的专利、非专利技术账面净值汇总/行业内企业的技术资本账面净值
控制变量	实物资本	ln*pc*	存货、固定资产账面值汇总后取对数
	企业规模	ln*size*	员工总人数
	企业年龄	*age*	报告年度－初始成立年度＋1
	经营风险	*dol*	经营杠杆
	资本结构	*lev*	年度平均负债/年度平均总资产

2. 样本与数据获取。实证数据均来自沪深上市公司对外公开的会计报表与相关附注说明。需特别指出的是，行业技术质量 *tecw* 变量的数据获取过程是先对样本按照 2001 年的标准进行分类处理、再汇总计算各行业专利、非专利技术的账面加总值以及技术资本存量，两者相除即得。员工人数、企业年龄数据从财务数据说明书中逐个查询。QC、*lev* 与 *dol* 摘自上市公司财务指标库。行业总收入依据企业收入汇总。以上数据均从国泰安下载。之后，参照现有的样本数据剔除方法进行优化处理，去掉有关金融行业、成立年限小于样本年限、数据不全、曾被 ST 或 PT 的企业样本，在 0.01 和 0.99 水平上进行各变量的 Winsorize 处理，最后获取到 6 年 167 个企业的 1002 个面板样本。最后，在百度中查询到各样本的企业性质、注册地等信息，分类整理出国有、非国有、东中西部企业样本，为进一步类比分析打下基础。表 5－2

是相关的描述统计结果。

表 5-2 主要变量描述分析

样本类型	变量名称	最大值	最小值	平均数	标准差	变异系数
全样本（N=1002）	Q	18.72	0.63	2.31	1.61	0.700
	lntc	19.71	14.20	17.02	1.50	0.091
	lnhc	19.10	13.72	16.23	1.50	0.091
	$tech$	0.033	0.005	0.014	0.008	0.620
	$tecw$	0.83	0.24	0.41	0.21	0.500
国有（N=720）	Q	19.01	1.03	2.41	1.61	0.670
	lntc	19.71	14.2	17.00	1.40	0.080
	lnhc	19.16	13.71	16.20	1.60	0.101
	$tech$	0.033	0.005	0.013	0.008	0.621
	$tecw$	0.81	0.22	0.41	0.21	0.501
非国有企业（N=282）	Q	12.02	1.00	2.30	1.60	0.702
	lntc	19.73	14.20	16.91	1.51	0.092
	lnhc	19.11	13.70	15.91	1.40	0.092
	$tech$	0.49	0.005	0.016	0.01	0.800
	$tecw$	0.63	0.21	0.50	0.35	0.700
东部（N=600）	Q	18.70	0.60	2.36	1.67	0.711
	lntc	19.72	14.21	17.03	1.45	0.090
	lnhc	19.14	13.72	16.24	1.54	0.092
	$tech$	0.033	0.005	0.014	0.008	0.572
	$tecw$	0.81	0.20	0.55	0.17	0.311
中部（N=240）	Q	9.24	0.70	2.22	1.30	0.591
	lntc	19.71	14.21	16.13	1.47	0.092
	lnhc	19.10	13.70	15.30	1.59	0.100
	$tech$	0.033	0.005	0.012	0.007	0.580
	$tecw$	0.81	0.22	0.45	0.17	0.401
西部（N=162）	Q	11.92	0.71	2.40	1.65	0.692
	lntc	19.71	14.20	15.81	1.43	0.091
	lnhc	19.12	13.71	15.01	1.40	0.090
	$tech$	0.033	0.005	0.013	0.007	0.541
	$tecw$	0.81	0.20	0.42	0.18	0.402

统计结果显示，托宾Q值的极大值18.72，极小值0.63，表明企业之间的相对价值增值差异较大，这同样体现在分样本的统计结果中，但各样本的变异系数都不大于1，变化幅度可以接受。均值分布显示，国有样本略大于非国有样本，东部区域样本略大于中、西部区域样本，与实际状况较为接近；细分变量来看，ln*tc*、ln*hc* 均值分别达到了17.02与16.23，但变异系数只有0.091，说明企业间的技术存量相差不大。考虑到数据搜集中排除了数据缺失企业，入选样本的整体技术水平都较高，又经过了对数处理，这样的描述结果能够接受。

分样本描述变量结果显示，国有与非国有样本之间的变量差异不明显，但东、中、西部样本间变量取值差异较突出。另从行业的技术特征来看，全样本中的行业技术投入的均值偏小，只占到总营业收入的0.014，说明行业的技术门槛整体不太高，且国有样本略微低于非国有样本，东部样本略微高于中西部样本，但变异系数的结果表明非国有样本的变化要大于国有样本，表明非国有样本行业技术的投入变化程度更突出。从行业的技术质量看，国有样本、东部样本的技术质量明显优于非国有样本与中西部样本。再观察变量的相关系数，ln*tc* 与 ln*hc*、*tech*、*tecw* 与 ln*tc*、ln*hc*、ln*tc* 与托宾Q值的内在相关性比较明显，初步证实假设存在的合理性（此部分数据未列示）。

3. 模型设定、估算方法与平稳性。参照相关文献的处理，生产要素的投入与绩效问题大多建立在生产函数模型基础上，依据研究目的有所侧重。基于第3章技术资本与企业价值的关系论证，借鉴罗福凯（2013）利用扩展D－S验证装备制造企业技术资本收益率的经验[125]，这里考虑技术资本的作用，构建一个扩展后的多要素D－S模型，并进行对数化处理，得到下面两个式子：

$$R_i = atc_i^a hc_i^b pc_i^c zi; \quad 5.1$$

$$\ln R_i = \ln a + a \times \ln tc_i + b \times \ln hc_i + c \times \ln pc_i + e^i。 \quad 5.2$$

上述公式中，R_i 表示产出水平，tc_i、hc_i、pc_i 分别代表技术、人力和实物资本。投入水平。e_i 是随机的估算误差。进一步看，由于企业价值变量托宾Q值是一个相对数，反映的是市场价值与账面价值的关系及价值的相对变动情况，而 $\ln R_i$ 也代表各时期的价值产出，假定其他要素不变，$\ln R_i$ 与企业价值变量托宾Q值的变动方向一致。基于此，用托宾Q值代替公式5.2中的左项，得到公式5.3：

$$Q_{it} = \beta_0 + \beta_1 \times \ln tc_i + \beta_2 \times \ln hc_i + \beta_3 \times \ln pc_i + e_{it}。 \quad 5.3$$

公式5.3中的变量之间内生性不容忽视，要给予特别考虑。其中，实物资本多由机器设备组成，一定范围内的存量规模较为稳定，且企业的员工数量、人力通常结合人力资源市场状况、经济环境变化、企业发展方向有规律调整，因此将 pc、hc 视为外生。但技术资本应用过程中会受多方因素的影响，技术研发投入、研发效率、利润实现情况、员工受教育层次、员工对新技术的接受与应用能力、管理制度的执行情况等都有可能影响价值产出，应将其看作内生变量。另外，企业价值变量托宾Q值除了与当前的技术、人力等要素有关外，还受到滞后期间资本存量的影响，即 Q_{it} 很可能显示出纵向层面动态的内生性，模型也应相应地调整为动态面板。它能够同时权衡不可测因子、解释变量以及纵向动态的多种内生性带来的综合影响。在公式5.3中加入 Q_{it} 的一阶滞后项，得到公式：

$$Q_{it}=\beta_0+\beta_1\times\ln tc_i+\beta_2\times\ln hc_i+\beta_3\times\ln pc_i+\beta_4\times Q_{i(t-1)}+e_{it}。\quad 5.4$$

基于论证H1和H2(a)、H2(b)的需要，公式5.4中引进交互项 $\ln tc\times\ln hc$，再考虑其他控制因子影响后，得到公式：

$$Q_{it}=\beta_0+\beta_1\times\ln tc_i+\beta_2\times\ln hc_i+\beta_3\times\ln pc_i+\beta_4\times Q_{i(t-1)}+\beta_5\times\ln tc_{it}\times\ln hc_{it}+\beta_6\times OtherControls+e_{it}。\quad 5.5$$

其中，β_1、β_2 系数的显著性用于验证H1和H2(a)。$\ln tc_{it}\times\ln hc_{it}$ 的估算系数 β_5 用于验证H2(b)，若显著大于零，互补性明显，若估算系数小于零，替代性明显。进一步，基于论证H3(a)与H3(b)的存在，即行业技术特征的调节效应，在公式5.5中分别引入 $tech$、$tecw$ 及 $tech\times\ln tc$、$tecw\times\ln tc$，得到公式：

$$Q_{it}=\beta_0+\beta_1\times\ln tc_i+\beta_2\times\ln hc_i+\beta_3\times\ln pc_i+\beta_4\times Q_{i(t-1)}+\beta_5\times\ln tc_{it}\times\ln hc_{it}+\beta_6\times tech_{jt}+\beta_7\times tecw_{jt}+\beta_8\times tech_{jt}\times\ln tc_{it}+\beta_9\times tecw_{jt}\times\ln tc_{it}+\beta_{10}\times OtherControls+e_{it}。\quad 5.6$$

上面各个公式中的 i、j、t 分别代表企业、行业与年度编码。接下来，将5.5式作为模型一、5.6式作为模型二，依次验证各假设的合理性。

4. 估算方法选择。模型一和模型二都属于动态面板，若选用OLS、FGLS或2OLS等传统估计方法，极易导致估计有偏，影响精度。Blundell和Bond（1998）提出了处理动态面板的有效方法——GMM估计[188]。它的估算原理如下（以5.6式为例）：首先进行一阶差分化处理：

$$\Delta Q_{it}=\beta_1\times\Delta\ln tc_i+\beta_2\times\Delta\ln hc_i+\beta_3\times\Delta\ln pc_i+\beta_4\times\Delta Q_{i(t-1)}+\beta_5\times\Delta\ln tc_{it}\times\ln hc_{it}+\beta_6\times\Delta tech_{jt}+\beta_7\times\Delta tecw_{jt}+\beta_8\times\Delta tech_{jt}\times\ln tc_{it}+\beta_9$$

$$\times \Delta tecw_{jt} \times \ln tc_{it} + \beta_{10} \times \Delta OtherControls + \Delta e_{it}。\quad 5.7$$

经处理后，消除了模型中的个体效应，增强了变量的平稳度。但内生性还未完全去掉，主要体现在 $\Delta Q_{i(t-1)}$ 和 Δe_{it} 仍可能存在一定的联系。考虑到无自相关的前提下，$\Delta Q_{i(t-1)}$ 与 $Q_{i(t-2)}$ 关系密切，但 $\Delta Q_{i(t-1)}$ 的滞后项 $Q_{i(t-3)}$ 与 Δe_{it} 不相关，可考虑用 $Q_{i(t-2)}$ 作为 $\Delta Q_{i(t-1)}$ 的工具变量，实际上，其他的高阶变量如 $Q_{i(t-3)}$、$Q_{i(t-4)}$ 等都可视为工具变量。将 $\Delta Q_{i(t-1)}$ 的所有可能滞后变量作为工具变量进行 GMM 估计的差分处理过程也带来两个问题：样本可能会损失部分信息、有些工具变量的弱化。为了克服差分估计的不足，Blundell 和 Bond（1998，2000）另提出 GMM 的系统估计思想，将因变量的各级滞后项作为差分方程工具变量、其滞后项的差分项作为水平方程工具变量，对水平与差分方程同时估计，多次检验结果表明，系统 GMM 能够有效改善差分 GMM 的不足，提高估算精度[188-189]。系统 GMM 又分为两种：一步与两步，后者利用的样本信息更多，尤其适用于大样本估计，下面选用两步 GMM。

模型估计结果的有效性用以下几个统计量来验证：（1）选用 AB（1）、AB（2）统计量来验证模型的随机扰动项 e_{it} 的一阶、二阶是否存在明显的自相关；（2）考虑到若存在自相关、异方差等问题，Sargan 统计量精度不高，用 Hansen 统计量验证工具变量的过度识别问题；（3）Bond（2001）曾经提出，若样本量不足，GMM 的两步法的估算结果可能会出现下倾误差，避免方法是将 GMM 下的滞后项系数与传统的 OLS、FLS 系数作对比，若两步 GMM 的估计值能够大于固定效应而小于混合 OLS，结果会更可靠[190]。基于此，接下来分析将同时列示三种方法的估算结果。混合与固定模型回归仅是为了对比 GMM 的误差精度，对各假设的验证主要依赖 GMM 模型。

为了规避伪回归，还需进行数据平稳测试。考虑到截面数据漂移项和趋势项的双重作用，稳健起见，同时利用 LLC、ADF – Fisher 和 PP – Fisher 方法验证平稳性，参见表 5 – 3。绝大部分变量零阶单整，仅 *age* 一阶单整，表现出较好的平稳性，均不存在单位根。

表 5 – 3　　单位根结果（仅保留整数）

方法	Q	ln*tc*	ln*hc*	ln*pc*	*tech*	*tecw*	d1. *age*	ln*size*	*dol*	*lev*
LLC	-80 ***	-54 ***	-49 ***	-47 ***	-23 **	-30 ***	-114 ***	-40 ***	-77 ***	46 ***
ADF	68 ***	270 ***	177 **	145 ***	135 ***	-4 ***	57 **	142 ***	63 ***	-88 **
PP	146 **	145 ***	85 ***	186 ***	64 ***	173 **	68& ***	300 ***	155 ***	124 ***

注：***、**、*分别表示在 1%、5%、10% 水平下显著，以下同。

5.1.3　全样本的分析与检验

全样本的估算结果见表 5－4。整体上，模型一、模型二 GMM 估计的托宾 Q 值滞后项的系数介于固定效应与混合回归之间，说明 GMM 估计中的标准误差不具有明显的偏误行为。另外，其他统计量 Hansen、AR（1）、AR（2）的结果表明，工具变量的适用性均较强，无过度识别行为。且两模型中的托宾 Q 值滞后项估算系数均达到 1% 的显著水平，表明选用的动态面板比较恰当。

表 5－4　　全样本的分析结果

解释变量	模型一			模型二		
	混合回归	固定效应	两步系统 GMM	混合回归	固定效应	两步系统 GMM
L1. Q	0.160*** (4.271)	－0.230*** (－5.392)	0.060*** (2.831)	0.150*** (4.001)	－0.20*** (－5.012)	0.070** (2.503)
ln*tc*	0.640 (1.481)	0.600 (1.381)	4.580*** (3.922)	0.810* (1.821)	0.710 (1.571)	4.880*** (2.994)
ln*hc*	0.720 (1.582)	0.540 (1.162)	5.240*** (4.241)	0.770* (1.702)	0.560 (1.210)	4.570*** (2.462)
ln*pc*	－0.070 (－0.851)	0.010 (0.091)	－0.300 (－1.593)	－0.060 (－0.810)	0.010 (0.172)	－0.300 (－1.211)
ln*hc* × ln*tc*	－0.040 (－1.483)	－0.030 (－1.232)	－0.280*** (－3.941)	－0.040 (－1.591)	－0.030 (－1.282)	－0.200** (－2.261)
tech				－12.900 (－0.161)	－19.400 (－0.241)	18.300 (0.512)
tech × ln*tc*				－0.490 (－0.102)	0.680 (0.142)	－12.100 (－0.581)
tecw				4.780 (1.242)	4.150 (1.093)	34.100* (1.873)
tecw × ln*tc*				－0.250 (－1.123)	－0.210 (－0.961)	－2.000* (－1.852)
dol	－0.020 (－1.12)	－0.020 (－1.18)	－0.020 (－0.42)	－0.020 (－1.092)	－0.020 (－1.201)	－0.040 (－0.591)
lev	－0.260 (－1.34)	－2.600*** (－5.35)	－0.080 (－0.21)	－0.250 (－1.271)	－2.500*** (－5.021)	－0.100 (－0.112)

续表

解释变量	模型一			模型二		
	混合回归	固定效应	两步系统 GMM	混合回归	固定效应	两步系统 GMM
age	0.220 (0.31)	0.310 (0.43)	0.830 (1.50)	0.150 (0.203)	0.240 (0.342)	0.390 (0.571)
ln*size*	0.010 (0.61)	0.020* (1.79)	0.020** (2.24)	0.010 (0.441)	0.020* (1.681)	0.010 (1.353)
constant	-7.860 (-1.01)	-0.760 (-0.10)	-76.400*** (-3.6)	-10.700 (-1.344)	-3.160 (-0.392)	-82.000** (-2.822)
Hausman		0.000			0.000	
AR (1)			0.000			0.000
AR (2)			0.300			0.450
Hansen			0.110			0.170
GMM - IVs			0.440			0.110

注：括号内为估算 T 值，以下同。

模型一的估算结果显示：ln*tc* 与 ln*hc* 的系数值分别为 4.58、5.24，均达到 1% 的显著性，H1 和 H2（a）得到支持，表明技术资本、人力资本与企业价值均具有明显的正相关关系，且人力的贡献程度更突出一些。相比之下，实物资本对价值的作用不明显。这可能是因为托宾 Q 值更多地代表企业预期盈利、长期价值增值能力，而实物资本的作用更多地突出在短期效应。ln*hc* × ln*tc* 的系数为 -0.28，达到 1% 的显著水平，支持了 H2（b），表明上市企业的技术与人力的互动性明显，具有一定的相互替代性，这对企业价值产生明显的抑制性。这可能是由于目前企业过分注重要素量的投入，尤其是实物、人力，这使得人力存量大普遍高于技术存量，但人力、技术的内在质量重视不够，经营中更多地基于降低成本需要，用廉价人力替代技术，忽视了差异化竞争优势培育，这种发展方式对短期业绩作用明显，并不有助于持续价值增长。

考虑行业技术特征后，模型二的估算结果能够保持模型一中的主要结论，另有一些新发现，主要体现在：（1）尽管技术、人力的显著性都较高，再次论证 H1 和 H2（a），但技术对企业价值的贡献最大，明显大于人力，这一点与模型一相反，表明行业技术特征交互项的加入有助于技术更好地发挥作用。（2）技术与人力的交互项系数仍然为负，但显著性下降，说明两者仍有明显的替代性，但行业技术状况在一定程度上能够抑制技术与人力的替代效应。其中，*tecw* 与 *Q* 明显正相关，说明行业技术质量提高有助于企业价值的实现。*tecw* 与 ln*tc* 的交互项显著为负，支撑了 H3（b）的存在，说明行业的技术质量与企业技术存量具有明显的相互替代性，这对企业价值会产生明显的抑制性。究其原因，可能由于大多数企业的自创技术质量不高，专利也多以实用新型、外观设计为主，原创性强的发明专利占比较低，这使得企业的技术易于被同行企业取代。除此之外，其他系数如 *tech*、*tech* × ln*tc* 的显著性都不高，行业的技术投入与企业价值的相关性以及与技术资本的互动性未得到支持。这可能因为大多数行业的技术投入力度相对不足，与行业总收入的比值平均仅为0.013，致使影响力偏弱。综合以上各估算结果，发现技术资本是目前推动上市企业市值提升的首要要素，人力资本、行业的技术质量居次。且人力、行业技术质量与技术的内在替代性及对价值的抑制性较为明显。

5.1.4 地域样本的差异分析

企业注册地域的自然环境、经济资源禀赋、市场发展状况、资源配置流向差异较大，这对微观企业的技术研发、技术资本配置及价值创造带来一定影响。李柏洲（2014）的研究表明中国东部、中部、西部区域的技术进步效应差异较大，东部地区明显强于中西部[191]。曹裕（2014）的研究也显示技术创新、技术吸收能够显著促进东部区域的经济发展，但对西部的影响力较弱[192]。为了深层挖掘各地域技术资本贡献机理的差异程度，下面参照国家“七五”计划的分类标准，将北京、上海、天津等地作为东部区域，将安徽、河南、山西等地作为中部区域，将四川、重庆、云南等地作为西部地域，再次估计的结果见表5-5（仅给出两步 GMM 的结果）。其中，东部样本中模型一和二的变量 ln*tc*、ln*hc*、交叉变量 ln*tc* × ln*hc* 的估算系数的显著水平均较高，支持了 H1、2（a）、H2（b）的存在。考虑行业特征的影响后，模型二除了保持模型一的主要结论，还发现技术、人力对价值的贡献差距正逐步缩小，表明行业特征的影响比较明显，具体体现在：*tech* 与 *tecw* 的系数都为正，显著性1%，*tecw* × ln*tc*、*tech* × ln*tc* 都为负，显著性1%，充分显示出两个行业技术特征变量不仅与企业价值明显正相关，与企业技术的互动性也很明显。这可能是由于东部地区各行业的技术特征更为突出，尤其是新兴行业、高薪行业的技术实力更强的缘故。

表 5－5　　　　不同地域的分析结果

解释变量	东部地域		中部地域		西部地域	
	模型一	模型二	模型一	模型二	模型一	模型二
L1. Q	0.090*** (3.101)	0.070** (2.511)	0.110*** (2.901)	0.140*** (4.510)	0.180*** (2.902)	0.220*** (3.601)
ln*tc*	4.810*** (4.903)	2.730*** (3.610)	0.920** (2.001)	1.510*** (3.106)	2.701 (1.504)	2.402 (1.021)
ln*hc*	5.642 (5.612)	3.160*** (4.313)	1.000* (1.922)	0.551 (1.231)	2.741 (1.412)	1.242 (0.423)
ln*pc*	0.041 (0.301)	－0.260** (－2.112)	－0.104 (－0.810)	0.123 (0.801)	－0.290*** (－3.103)	0.111 (0.410)
ln*hc* × ln*tc*	－0.300*** (－5.021)	－0.160*** (－3.801)	－0.050* (－1.911)	－0.042 (－1.402)	－0.161 (－1.501)	－0.082 (－0.410)
tech		64.380*** (3.822)		131.641 (0.300)		20.232 (1.403)
tech × ln*t*		－33.290*** (－3.811)		－7.161 (－0.301)		0.192 (0.402)
tecw		18.840*** (2.810)		44.390** (2.512)		－2.732 (－0.300)
tecw × ln*t*		－1.030*** (－2.613)		－2.480** (－2.522)		－13.620* (－1.701)
age	－0.091 (－0.101)	－0.432 (－0.702)	0.221 (0.310)	－0.000 (0.000)	0.060*** (3.841)	0.060** (2.521)
ln*size*	0.030*** (4.103)	0.030*** (5.104)	－0.030*** (－2.602)	－0.050*** (－3.010)	－0.002 (－0.052)	－0.021 (－1.203)
dol	0.031 (1.001)	0.012 (0.402)	－0.110*** (－5.003)	－0.140*** (－5.010)	－0.050** (－1.904)	－0.052 (－0.810)
lev	0.011 (0.061)	0.152 (0.530)	－0.900** (－2.302)	－1.580*** (－3.410)	－0.790** (－2.103)	－1.610** (－2.304)
constant	－88.300*** (－5.002)	－47.012 (－3.501)	－9.813 (－1.110)	－19.520*** (－2.802)	－37.021 (－1.203)	－36.861 (－0.904)
AR (1)	0.000	0.000	0.000	0.000	0.011	0.011
AR (2)	0.391	0.472	0.141	0.221	0.531	0.732
Hansen	0.121	0.362	1.021	0.793	1.200	1.000
GMM－IVs	0.431	0.272	1.000	0.942	0.999	0.673

注：各地域样本的 AR（1）、AR（2）、Hansen 统计量 P 值均显示工具变量较强、且不存在过度识别。Q 滞后项系数也处于 ols、fls 之间，这里仅给出系统 GMM 的结果，以下同。

在中部区域，模型一、模型二的估算结果都能够验证 H1 的存在，表明技术资本与企业价值显著正相关，但人力资本与价值的相关性、与技术资本的互动性仅在模型一中得到支持，控制了行业技术特征后，模型二中的结果均不明显。另外，行业的技术质量 *tecw* 及交互项 *tecw* × ln*tc* 的估算系数较为显著，支持了 H3（b）的存在，但行业的技术投入变量 *tech* 及交互项 *tech* × ln*tc* 系数未达显著水平，H3（a）不予支持。但个别控制变量如 *dol*、*lev* 却有较高的显著水平，这也反映出相对于技术、人力，中部企业的价值增长与负债、风险等因子的关系比东部企业更强一些。

在西部区域，模型一和模型二的估算结果表明，各主要变量 ln*tc*、ln*hc* 及交互项 ln*tc* × ln*hc*、*tech* 及交互项 *tech* × ln*tc*、*tecw* 的估算系数都未得到支持，但 *tecw* × ln*tc* 的系数为负，并达到 10% 的显著水平，支持了 H3（b），其他各假设均未验证。形成鲜明对比的是，对价值贡献显著的变量主要体现在控制变量 *age* 和 *lev*，前者与 Q 显著正相关，后者与 Q 显著负相关。这可能是由于西部企业的技术、人力存量较低且质量较弱，还未能成为市场主体重要的价值投资依据，企业价值增值更多依靠政策扶持、自然资源优势、实物资源投入及金融支持。

对比三大地域样本的模型估算结果，所得主要结论能够清楚展现企业所在地的区域特点。相对而言，东部企业的技术与人力资本存量较丰富，内部质量也较高，与企业市值的正相关性最为明显，且人力、行业技术特征与企业技术互动性也较突出；中部企业的作用能力略弱一些，虽技术的贡献较明显，但人力的贡献以及其他互动关系都不突出，这侧面也反映出技术可能更多地来源于对外获取；西部企业的技术、人力的存量、质量最低，贡献能力也最弱。

5.1.5　不同性质样本的差异分析

另外受制度环境影响，大多数的上市企业具有国有背景，尤其是有关重大基础设施、极具战略重要性行业企业，多由国有资本控股。现有的经济管理文献在探讨价值增值时多会考虑企业性质带来的重要影响，大量的实证文献发现了国有性质与企业价值的显著相关性[193]。国有企业存在严重的所有者缺位、在职消费、寻租、高官腐败等问题，且规模大、内控不力，经营效率低下，资源浪费严重，这些都制约着价值增长。刘小玄（2008）的研究显示企业的国有股比例越高，产出价值越低[193]。本节所用的上市样本中，国有控股企业约占67%，根据描述性统计的估算结果，国有样本的托宾Q值、技术存量略大于非国有样本，但非国有样本的行业技术投入与技术质量的均值、变异系数都略高于国有样本。解释变量的差异性是否会影响到分析结论？下面给出按照企业性质分类的样本估算结果，见表5-6。估算统计量显示，AR（1）各p值都小于0.1，达到显著水平，AR（2）、Hansen统计量的p值都超过0.1，未达到显著标准，表明两模型估算过程中均未出现过度识别及较弱的工具变量，估计系数较可靠。

表5-6　　　　国有企业、非国有企业的估算结果

解释变量	国有企业		非国有企业	
	模型一	模型二	模型一	模型二
L1. Q	0.07* (-1.7)	0.15*** (-3.64)	0.28*** (-12.37)	0.33*** (-13.11)
ln*tc*	2.02* (-1.66)	3.52*** (-2.68)	0.77* (-1.78)	1.65** (-2.12)
ln*hc*	2.39* (-1.85)	5.07*** (-3.77)	0.96** (-2.17)	1.27** (-2)
ln*pc*	-0.02 (-0.11)	0.02 -0.07	-0.15*** (-2.94)	-0.23** (-2.43)
ln*hc* × ln*tc*	-0.12* (-1.66)	-0.27*** (-3.44)	-0.04* (-1.67)	-0.07* (-1.87)
tech		-8.07 (-1.51)		18.99 (-0.61)
tech × ln*t*		31.94 (-1.42)		-5.93 (-0.57)
tecw		-17.07 (-1.15)		13.02** (-2.17)
tecw × ln*tc*		0.97 -1.16		-0.77** (-2.22)
age	0.56 (-0.77)	0.003** (-2.32)	2.90*** (-2.89)	2.51*** (-3.08)
ln*size*	0.02 (-1.29)	0.03 (-1.52)	0.03*** (-6.15)	-0.001 (-0.17)

续表

解释变量	国有企业		非国有企业	
	模型一	模型二	模型一	模型二
dol	0.06 (−1.59)	−0.04 (−0.66)	−0.009 (−0.55)	0.03*** (−3.53)
lev	16.15*** (−2.69)	−0.01 (−0.06)	−0.32 (−2.39)	−1.57*** (−5.01)
constant	−38.1* (−1.68)	−66.3*** (−2.67)	−12.27* (−1.65)	−20.35* (−1.6)
AR (1)	0	0	0.02	0.03
AR (2)	0.73	0.14	0.45	0.79
Hansen	0.55	0.13	0.76	0.91
GMM−IVs	0.15	0.14	0.65	0.57
IV−IVs	0.92	0.85	0.11	0.67

对于国有企业，模型一与二中的 ln*tc*、ln*hc* 估计系数均为正，ln*tc*×ln*hc* 的系数为负，都达到最低显著性要求，表明国有企业技术、人力与价值具有明显正相关性，且技术、人力有明显的负向互动，支持了 H1、H2（a）和 H2（b）的存在。相对于全样本，最明显的变化在于：两个模型中人力资本估算系数明显超过了技术资本，表明在国有企业，人力的影响能力更大，这主要是由于其人力存量较丰富，人力质量也更高。另外，行业技术特征变量 *tech* 及其交互项 *tech*×ln*tc*、*tecw* 及其交互项 *tecw*×ln*tc* 的估计结果都未达到显著水平的最低要求，H3（a）和 H3（b）都不成立。这可能是由于国有企业的垄断能力、政治关联性较强，企业价值波动更多地受内部资源、能力、制度、关系等方面影响，受行业所在经济环境波动的影响要小，行业技术特征调整能力相应地偏弱。

在非国有样本中，主要的分析结论与全样本比较吻合。具体来看，在模型一中，ln*tc* 与 ln*hc* 的估算系数都为正，达到最低显著要求，ln*hc* 的系数略高一些，支持了 H1 与 H2（a），交互变量 ln*tc*×ln*hc* 为负，且都 10% 显著，支持了 H2（b）。模型二在考虑了行业技术特征的影响后，ln*tc* 的估算系数超过了 ln*hc*，表明行业技术特征的加入作用明显，主要是行业的技术质量在起作用。*tecw* 的系数为正，*tecw*×ln*tc* 的系数为负，均达到 5% 的显著性，支持了 H3（b）。*tech* 及 *tech*×ln*tc* 的系数虽为负但不够显著，H3（a）不予支持。

对比分析后发现，国有样本的技术、人力的作用强于非国有企业，但行业技术特征的作用程度低于非国有样本。这可能是由国有样本的技术、人力存量、质量都强于非国有企业，但行业技术特征弱于非国有样本所致。在中国情境下，高层次人才多更青睐大型国有企业，这使得国有企业人力、尤其是高层次人力尤为丰富，技术研发、创新能力相应地都更突出，但其制度体制并不利于推动业内其他企业及行业整体的协同发展。

5.1.6 稳健性检验

为进一步论证上述主要分析结论的可靠性，谨慎起见，特从以下几个方面再次验证假设：(1) 考虑到很多文献在考虑行业影响时，都加入了多个行业虚拟变量，为增强有关行业技术特征结论的可靠性，对所有样本基于行业类别分类、模型估计，结果显示信息技术类行业、高端装备制造行业、医药行业所属企业技术对价值的贡献明显高于电器器材、化学化纤等传统行业，再次表明行业的技术实力对企业价值有明显影响。(2) 考虑到若工具变量偏弱，动态系统 GMM 估计结果可能会出现较大偏误。解决方法是将其估计值分别与 OLS、FLS 回归估计值相比较，观察被解释变量的滞后项系数是否介于 OLS 和 FLS 估计之间。通常情况下，OLS 回归系数会上偏，FLS 回归系数会下偏，良好的 GMM 估计系数应介于两者之间。因此，再分别选用混合回归与固定效应，对前述模型一至模型四进行再次验证，发现 GMM 滞后项的系数介于混合回归与固定效应之间，增强了前述结果的可信度。(3) 根据托宾等人的观点，应用托宾 Q 值的一个重要前提是市场达到半强势有效。中国资本市场起步较晚，仍处于探索发展阶段，市场机制不够成熟，信息不对称问题严重，这对资本市场的价格发现与资源配置功能的发挥产生较大阻碍。谨慎起见，另选用能够反映企业业绩的总资产报酬率（ROA）指标、QB、QD 替代 QC 后再次对模型回归。(4) 考虑人力资本测度指标的多样性，另外选用员工平均受教育水平取代应付职工薪酬的对数形式重新回归，未改变结论的显著水平。(5) 考虑到数据搜集中去掉了大量仅少量数据缺失的企业，这可能会损失掉很多对模型估计有用的样本信息，影响结论精度，选用均值填补法，填补仅缺失个别控制变量的企业样本后再次回归，所得结论未有明显变化。

5.1.7 结论与建议

该节选用动态面板模型、运用GMM估计，验证了技术资本对企业价值的贡献程度以及技术、人力、行业技术特征之间的关系，以及企业性质、地域差异的进一步影响。主要发现如下：（1）企业价值变量托宾Q值具有明显的动态滞后性；（2）技术资本、人力资本与企业价值具有明显的促进作用，且两者的内在替代性明显；（3）行业技术质量与企业价值明显正相关，与技术资本的内在替代性明显，但行业技术投入的影响不大；（4）国有企业，技术、人力的作用强于非国有企业，但行业技术特征的作用低于非国有企业；（5）东部企业的技术、人力对价值的提升能力、人力及行业技术特征的调整能力都最大，中部企业偏弱，技术的贡献较明显，但人力、行业技术特征的作用在下降，西部地区最弱。

基于对各假设的验证，结合中国的技术资本配置现状，建议政府相关部门、企业在实践中注重以下几个方面的技术管理：

1. 建议借鉴西方国家成功经验，强化完善外部技术市场环境，以疏通技术资本生成过程中的外部障碍。技术市场是技术资本生成、交易、流转与运作的外在环境。这些年，中国的技术市场虽有明显发展，但仍面临诸多不足，突出体现在高新原创技术生成数量少，产权界定不明晰或不合理，还未形成科学合理的技术定价机制，且技术中介多而杂、服务质量低、服务理念与方式有待提升，技术相关法律法规很不完善，很大程度制约了技术转化与技术资本积累。与货币、人力等市场相比，技术市场的配置效率明显较弱。建议通过税收、法律、财政补贴或财务整合手段促进技术市场有序发展：通过征收高比例遗产税、提高技术研发企业或个人所得税抵扣额度、政府出面担保等方式大力引导民间资金积极流入技术研发、技术众筹、技术投资基金等，以缓解技术研发或转化过程中的资金瓶颈，亦可通过制定分技术等级税收减免、财政补贴政策来引导企业更注重专利质量，加大原创发明专利积累；法律层面上，与技术研发、转化、交易有关的法律法规制定过程要真正遵循公开透明，法律法规的制定者中高新企业研发、高级管理人才或其他组织的高级科研人员必须占有较高数量比例，给予其充分话语权，内容上重点解决技术产权如何明晰、合理划分、如何降低技术交易中的成本与风险。例如，借鉴西方经验，对于依托工作单位开发的技术，应允许发明人享有大部分产权，从根本上降低企业的物质资本地位，这样才能最大程度调动研发人员的潜力与工作动力；此外，并购、整合与重组中小技术中介企业，促进技术服务公司的规模化发展，培育具有一定竞争力、与国际相接轨的大型专业技术运作公司，担当起整合业内技术资源，培育高技术专利池的重任，为不同企业搭建技术交流、合作、交易与咨询平台，促进各种新兴技术运营方式的开展，如技术交叉许可、技术抵押、技术信托、技术证券化等方式，多方提升技术资本运作效率。

2. 企业要加深对技术、技术资本的区别性认识，从内部疏通技术资本的生成路径，厘清技术的权属关系，并在会计报告中确认技术的资本地位。技术只有被赋予所有权，有了明确的“主人”与权属关系，才能转化为活跃的资本形态并投入生产。在技术确权方面，本着按贡献分享原则、技术发明人激励力度最大化原则来确定权属比例。另据信号传递理论，企业具有披露有利于市场价值提升信息的内在动力。H1 的验证也表明健全技术资本的信息披露内容与方式能够更好地促进价值提升，因此还要完善技术资本的信息披露制度。现实中不少企业虽拥有相当数量核心技术，但囿于现行会计制度规定，无法通过主体报表披露给投资者。建议现行会计法规作出一定程度改进，增加对技术资本会计处理的有关规定，要求企业厘清技术与技术资本的区别，明确技术的产权特征和资本特性，确认技术资本所有人对企业产权的分享比例，账务处理上将专利、非专利技术、系统与软件、技术使用权、开发支出与研发中心支出分别计入“技术资产”和“技术资本”账户，并伴随技术更新计提相应折旧或进行摊销，技术运营过程中确认相应的收益并结转成本，最后在资产负债表、利润表、现金流量表中披露有关技术资本存量与变动信息，以上改进将有助于增强投资者的价值判断精度。

3. 企业还要进一步提高人力资本异质性能，降低同质人力比例，积极促进同质人力向异质人力转化，以搭建更为合理的人力结构，提升人力与技术的互补性，弱化替代性。异质性的提高能够带来双重效应：直接价值增值及对技术资本的互补性调节，在战略上举足轻重。提高人力异质性的途径主要有直接招聘、内部培训、外部培训与干中学。建议企业结合自身人力配置状况进行差别化选择。异质人力包括极高端人才、一般管理型、技术操作型、技术研发型人才。极高端人才交由专业猎头公司挖掘或选派现有管理型人力到发达国家或国内一流学校进行高层次在职培训；一般管理型与技术研发型主要来自高校与科研院所的本科及以上高素质人才。技术操作型异质人力主要通过招聘职业学校优秀毕业生或对同质性人力的内部培训、技术应用的干中学中自发提升获得。可见，要提升异质人力比重，除了直接招聘，内部、外部培训与自我学习也很重要。与外部相比，内部提升成本更低、协调性好、凝聚力强。企业应积极通过定期技术指导、新老员工搭配、技术比赛、专家讲座等形式促进同质人力转化。对于先天基础太差，接受能力弱、不具备技术学习潜质的同质人力，再考虑调岗、解聘或引导向中低端服务性行业流转。

4. 要结合行业的成熟度、技术投入状况、整体的技术质量与企业的战略需要、资源基础，优化技术来源、技术的内部结构，调整专利、非专利技术、系统与软件等之间的相对占比，尤其是提升发明专利、开发支出、研发中心等的相对位置，适当控制研发投入规模，更注重内部技术的生成质量、技术的差异化、原创性以及商业应用价值，只有这样，技术的应用才能够提高人力质量，两者的互动性才能够更好地促进价值增长。

5. 吸收发达国家优秀企业对技术、人力的财务管理经验，建议构建融入技术、人力的新型财务管理体系。基于新兴要素资本理论，企业的资本结构应为物质、货币、人力、技术等资本之间的内部安排，且应以边际报酬递增的技术、异质人力为主体，物质与货币次之。日常财务管理内容相应地也要重点围绕技术、人力等要素获取、投资、经营与获利进行。考虑到技术与人力的互动性，技术配置要考虑人力承受度，人力配置也要兼顾技术战略需要。建议企业在安排要素结构时，优先根据技术战略目标确定技术资本在要素总额的比重，然后再核定人力需求并制定差别化获取方式，其他资本起战略支撑作用。

6. 基于行业技术特征的影响，企业应站在远期战略高度去识别现阶段各个行业的技术门槛、行业的盈利模式，更多地是受技术驱动、知识驱动还是人力驱动，借助 SWOT 分析法，全面权衡自身的技术能力、技术潜力、所在行业的技术机会，并瞅准关键时机进入适合自身特点和未来战略方向的高增长行业。

7. 营造公平的竞争环境，尽可能减少国有企业的保护性政策，最大程度地突出市场在技术、人力资源配置中的决定性作用。另外，基于区域发展现状，建议搭建有利于东中西部企业协同创新的技术交流、合作平台，并通过定期培训、学习、技术服务等形式，逐步提高中西部企业的技术水平。

5.2 技术资本的替代弹性与产出弹性估算

已有文献表明，在特定的技术条件下，要素投入对产出的贡献除与自身投入数量、质量有关外，还与其他协同要素的投入状况有关，各要素具有一定的互动性，体现出替代或者互补关系。通过上一节的分析，发现技术与人力的替代性对技术资本与企业价值的相关性有显著影响，验证了技术资本的贡献很大程度上取决于与其他要素之间的相互关系。这意味着：技术若与人力或实物互补，那么当人力、实物的市场价格上升时，企业的技术存量会降低；反之，若体现出的是替代关系，技术需求会增加，这种内在关系直接决定了要素结构、技术配置状况及企业贡献。

自20世纪80年代以来，围绕各要素之间的替代关系及生产贡献，相继出现很多文献，重点集中在信息技术、劳动与实物资本之间的替代性及产出贡献。替代性、产出贡献的衡量，目前主要通过估算替代弹性与产出弹性来完成，大多证实了信息技术对实物、劳动的显著替代性以及对产出的贡献能力。在替代能力上，基于不同国别、时代的数据，所得的结论并不一致。例如，Dewan 和 Min（1997）的研究表明信息技术、劳动与设备存在两两替代关系[106]。但李治堂（2009）、张之光等（2012）的研究却发现三者互补性明显[111,123,175]。而且他们仅考虑了信息技术，忽略了其他技术形态。探讨技术的替代性应拓展至一般意义上的技术资本概念。针对目前研究中的诸多不足，接下来，本节重点讨论下面几个问题：技术资本对产出的贡献程度多高？技术对人力、实物要素的替代性多大？随着企业技术存量的变动，技术资本的替代性、对产出的贡献是否随之动态变动？解决以上诸问题将有助于企业加深对各要素特征、相互关系的认识，在生产中有针对性地调整要素存量与结构，提高资本的利用效率、应用效果，以促进价值增长。

5.2.1 相关概念理解

要素之间之所以存在替代性，主要基于两个原因：成本因子与市场供求因子的双重作用。生产要素的数量越充裕，其供给量越大，价格相对越低，在生产投入中越具有比较优势，追求成本最小化的企业管理者在资源配置过程中，越倾向于提高充裕要素密集使用，替代、节约相对稀缺的要素投入。要素替代性的衡量主要借助于要素替代弹性。新古典经济理论认为，要素的替代弹性指在技术水平、投入价格稳定的前提下，要素投入比例的相对变化与其边际技术替代率的相对变化的比值，在0至∞的范围内呈动态波动。若替代弹性等于0，说明替代性不成立，当一种要素的价格波动时，无法用另一要素取代。若替代弹性趋于∞，说明要素间具有最强的替代能力，当其中一种要素价格波动时，可用另一要素直接取代。若替代弹性为1，说明要素间的价格变化与数量变量幅度相同。

这些年，伴随着应用成本的不断降低，技术资本对传统资本如实物、劳动等的替代性成为促进技术积累的重要渠道[194-195]。最初对此问题的研究，多集中于信息技术资本。Dewan 和 Chung（1997）借助于超越对数生产函数模型以及 AES 方法分别求解了信息技术对劳动、实物资本的替代弹性，证实了三者替代性的存在[106]。与之类似，Chen 和 Lin（2009）分别利用 CES 函数与 MES 计算方法，论证了三种资本之间的微观替代性[196]。进一步，Hyunbae 和 Sung（2006）选用 AES、MES 方法在估算信息技术弹性对劳动、实物弹性的基础上，挖掘了替代性对信息技术积累的贡献程度，结果表明1985~1999年间的信息技术替代性确实存在，其中，制造行业的替代程度明显超过服务行业，且对积累的贡献程度达到近60%[143]。个别人结论不一致。Lin 和 Shao（2006）对 CES 函数的实证结果显示企业层面信息技术的替代不明显[197]。也有些人针对中国的现实情境研究。李治堂（2009）利用微观上市企业数据论证信息技术与人力的互补性，未发现有力证据[175]。在此基础上，张之光和蔡建峰（2012）的研究证实了信息技术、劳动与实物的互补性，这与 Dewan 和 Chung 两两替代的结论正好相反[111]。罗福凯（2014）从新古典经济理论出发，提出各要素资本之间具有一定替代性的设想，且技术对人力的替代明显高于机器设备等实物对人力的替代、技术数量与人力数量之间呈负向变动[47]。

另外，对于要素的产出贡献程度，新古典经济学的生产理论主张借助于特定的生产函数形式，如 D-S 函数、CES 函数、超越对数生产函数等测算要素的产出弹性[198-200]。新古典经济理论认为，要素的产出弹性指在技术水平、投入价格稳定的前提下，保持其他要素的投入量不变，仅变动其中一种投入要素所带来的产出水平的相对变动程度。有关产出弹性的文献目前有很多，多围绕能源、实物、劳动展开，与技术有关的产出弹性文献相对较少，且多注重信息技术、研发、专利的产出弹性。吴延兵（2008）搜集 1993 ~ 2002 年国内大中型工业企业的相关财务数据，利用 D – S 扩展函数模型，估算了 R&D 的产出弹性，结果显示目前大中型企业 R&D 的产出弹性区间集中在 0.1 至 0.3，企业的技术机会、投入规模、资本结构等内在因子对弹性值的约束程度较大，技术水平越高、企业规模越大、国有股比例越集中，越有助于提升 R&D 的产出弹性[201]。李左峰（2013）也发现企业内部的 R&D 投入与劳动数量的产出弹性系数较为显著，但外部研发、人力结构的产出弹性取决于产出的类别与技术水平，若以专利数量衡量产出，要素投入的产出呈规模递减趋势[202]。潘维军（2013）搜集了 2001 ~ 2010 年的工业行业数据，构建 D – S 模型，将固定、随机、混合估计方法相结合，求解了研发的产出弹性[203]。结果发现，技术成果的产出弹性最大，技术研发人员的产出弹性高于 R&D 的产出弹性，且引进国外技术、扩大对外开放及国有股权比例与研发产出显著负相关，企业的规模无明显影响。

文献梳理后发现，现有研究体现出下面几个特点：一是用替代弹性、产出弹性来衡量要素的替代性、产出能力，弹性估算值主要受生产函数的形式与估算方法的影响；二是弹性值的时期特征差异明显，不同年份的分析结论明显不同；三是弹性估计的层面差异明显，宏观层面的时序估计同行业、企业层面的时序估计有别，国外文献的估计多高于国内，制造企业的估计值大于服务企业；四是仅个别人的估计对象关注到技术资本的某一部分——专利或者信息，直接针对技术资本的产出弹性的估计文献尚未发现。

结合现有文献的不足，基于研究需要，接下来拟选用 2009 ~ 2014 年所有行业上市公司财务数据，构建灵活度较强的超越对数生产函模型，运用岭回归方法来估算技术资本对传统的实物、人力的替代弹性、产出弹性，以此进一步深层解读技术资本与其他资本间的互动关系、对产出价值的贡献程度，在此基础上，通过区分样本，探讨了技术资本的配置差异对弹性估算的影响。

5.2.2 研究变量

1. 技术资本。该节中的技术资本变量测度方法参照上一节中的处理，用各年度累积的专利、非专利数技术、系统与软件、开发支出、研发中心与其他技术权利的账面净值汇总额表示，记作 T。

2. 人力资本。由于应付职工薪酬与企业当期产出业绩的内生性较为明显，产出能力越大，员工薪酬往往越高。因此，在用生产函数分析要素投入产出能力时不宜选用员工薪酬。Asteriou（2001）的观点表明人力资本的测度用受教育水平变量更适宜，因为人的知识、技能积累主要来源于正规教育[204]。借鉴其处理，下面用职工的累计受教育年限来测度人力资本，记作 H。

3. 实物资本。参照上一节的测度方法，用存货、固定资产的账面净值总额表示，记作 M。

4. 产出指标。稳健起见，产出指标选用会计业绩的绝对指标营业总收入，记作 R。该指标能够客观地反映出短期已实现的产出业绩水平，真实性、可验证性较强，受会计人员主观估计、判断的影响相对较小，也便于不同企业之间对比。控制变量方面，考虑了以下几个可能给产出带来影响的变量，即规模、年龄、风险、性质等。相关变量测定见表5-8。

表5-8 变量定义

类型	名称	符号	计量
被解释变量	营业总收入	R	营业总收入
解释变量	技术资本	T	专利、非专利技术、系统与软件、开发支出、研发中心、其他技术权利的账面净值总额
	人力资本	H	（博士×22+硕士×19+大学×16+高中×12）/员工总数
控制变量	实物资本	M	存货与固定资产的账面净值总额
	企业年龄	*age*	观测年度-注册年度+1
	风险	*dol*	经营杠杆
	企业性质	*state*	国有为1，其他为0
	企业规模	ln*size*	职工总人数的对数值

5.2.3 理论分析

1. 产出弹性。产出弹性衡量的是其他要素不变的前提下，某一要素投入的变动所引致的产出水平的变动幅度，通常用产出变化百分比除以要素投入变化百分比来表示。为分析方便，先假设企业仅拥有资本①与劳动②两个生产要素，此时的生产函数可表示为 $Y=AF(K,L)$。两边对 t 求导，得到：

$$\overline{Y}=\frac{\partial F}{\partial K}\overline{K}+\frac{\partial F}{\partial L}\overline{L}+\frac{\partial F}{\partial A}\overline{A}。\qquad 5.8$$

上式两边若再除以 Y，即有：

$$\frac{\overline{Y}}{Y}=\frac{\partial F}{\partial K}\frac{K}{Y}\frac{\overline{K}}{K}+\frac{\partial F}{\partial L}\frac{L}{Y}\frac{\overline{L}}{L}+\frac{\partial F}{\partial A}\frac{A}{Y}\frac{\overline{A}}{A}。\qquad 5.9$$

$\alpha=\frac{\partial Y}{\partial K}\frac{K}{Y}=\frac{\partial Y/Y}{\partial K/K}=\frac{d\ \ln Y}{d\ \ln K}$，代表资本的产出弹性。$\beta=\frac{\partial Y}{\partial L}\frac{L}{Y}=\frac{\partial Y/Y}{\partial L/L}=\frac{d\ \ln Y}{d\ \ln L}$，代表劳动的产出弹性。$\frac{\partial F}{\partial A}\frac{A}{Y}\frac{\overline{A}}{A}$代表全要素生产率。进一步，只要设定企业适用的具体函数形式，利用上面的函数求导公式就可估算要素的产出弹性。

2. 替代弹性。要素的替代性与其价格波动息息相关。例如，当工人的工资率上升时，适当减少劳动者投入数量，增加其他较具价格优势的资本投入量更有利于降低成本，在产出不变的前提下，提高利润水平。Hicks（1932）在其经典著作《工资理论》中开创性给出了资本与劳动要素的替代弹性概念，即工资率与利润率相对比值每变动1%所能引起的资本与劳动之比的变动百分率，也表示成资本—劳动投入比的变化率与这两种要素相对价格变化率的比值，有助于分析经济环境中资本、劳动要素的相对收入份额的变动程度[205]。若企业生产函数为 $Y=AF(K,L)$，要素 K 和 L 的替代弹性即为 $\sigma=\frac{d\ \ln(K/L)}{d\ \ln(p_L/p_K)}$。利用此公式计算的结果，若比值超过1，要素呈替代性，若比值低于1，要素呈互补性。在市场完全自由竞争条件下，要素的价格之比还可表示为边际替代率之比 $\sigma=\frac{d\ \ln(K/L)}{d\ \ln MTRS_{kl}}$。若扩展到多种投入要素，$K$、$L$ 的价格变化不仅会影响自身的相对投入量，还可能会对其他要素带来替代的"多米诺骨牌效应"。基于此，有些人还提出其他一些替代弹性测算方法。Allen（1938）[206]提出了一种AES局部的替代弹性法，将 i 与 j 要素的替代弹

---

① 传统的资本概念主要是以机器设备为主的实物资本投入，相当于文中的实物资本，并不包括技术资本与人力资本。

② 传统的劳动，相当于这里人力资本里的普通人力。人力资本包括普通人力与高级人力。

性公式表示为 $\sigma_{ij}^{A}=\frac{\varepsilon^{ij}}{S_j}$。其中，$\varepsilon_{ij}$指企业对要素 i 的需求量相对于要素 j 价格变化的相对弹性，S_j 是要素 j 的成本分担额。另外，Blackorby 和 Russell (1989)[207]也提出一种 MES 弹性计算法，将其定义为如下所示公式：$\sigma_{ij}{}^{M}=\frac{p_j\times c_{ij}}{c_i}-\frac{p_j\times c_{jj}}{c_j}$。相对于希克斯弹性公式，后面两种方法对要素价格数据要求较详实。而技术资本所含明细较多，且每一部分的价格数据难以搜寻，接下来的分析参照希克斯的处理方法。

5.2.4 模型设定

要估算技术资本的产出弹性与替代弹性，首先要选取恰当的函数形式。传统的 D－S 生产函数应用的前提是设定资本与劳动的替代弹性等于 1，来分析要素的产出弹性，因此不适用于真实的弹性估算。CES 生产函数更与实际不符，它假定要素之间的替代弹性保持稳定，明显也不适用。相比之下，超越对数生产函数是一种变弹性的生产函数，函数结构采用平方形式，对动态经济环境的包容性较强、且易于估计[208]。易估计是因为它易于转化为简单的线性回归模型估计。包容性指给出一定条件，它几乎可以转化为其他任一函数形式。且函数中的要素系数平方项更有助于研究要素之间的相互作用。利用超越对数生产函数、考虑控制变量的影响后，最终的估算模型为：

$$\begin{aligned}\ln R_{it}=&\beta_0+\beta_t\times\ln T_{it}+\beta_1\times\ln H_{it}+\beta_m\times\ln M_{it}+\beta_{tt}\times(\ln T_{it})^2+\beta_{hh}\times(\ln H_{it})^2\\&+\beta_{mm}\times(\ln M_{it})^2+\beta_{tl}\times\ln T_{it}\times\ln H_{it}+\beta_{tm}\times\ln T_{it}\times\ln M_{it}+\beta_{ml}\\&\times\ln M_{it}\times\ln L_{it}+\ln asset_{it}+state_{it}+dol_{it}+age_{it}+\mu_{it}。\end{aligned}\quad 5.10$$

接下来，利用上面的模型进一步给出技术资本替代弹性、产出弹性的计算公式，为便于比较，另求出人力、实物的弹性公式。令技术、人力、实物的产出弹性分别为 E_T、E_L、E_M，有下式成立：

$$E_T=\frac{\partial\ln R_{it}}{\partial\ln T_{it}}=\beta_t+2\times\beta_{tt}\times\ln T_{it}+\beta_{tl}\times\ln L_{it}+\beta_{tm}\times\ln M_{it}。\quad 5.11$$

$$E_L=\frac{\partial\ln R_{it}}{\partial\ln L_{it}}=\beta_1+2\times\beta_{ll}\times\ln L_{it}+\beta_{tl}\times\ln T_{it}+\beta_{ml}\times\ln M_{it}。\quad 5.12$$

$$E_M=\frac{\partial\ln R_{it}}{\partial\ln M_{it}}=\beta_m+2\times\beta_{mm}\times\ln M_{it}+\beta_{ml}\times\ln L_{it}+\beta_{tm}\times\ln T_{it}。\quad 5.13$$

进一步，要求解替代弹性，需先给出边际产量 MP。它表示在其他经济条件一定的前提下，增加 1 单位的某投入要素时所带来的产出变动量。例如，L 要素的边际产量 $MP_L = F(L) = \frac{\Delta TP_L}{\Delta L}$。假设总产量函数连续可导，边际产量可表示为 ΔL 接近 0 时$\frac{\Delta TP_L}{\Delta L}$的极限值，用公式表示为 $MP_L = \lim_{\Delta L \to \infty} \frac{\Delta TP_L}{\Delta L}$。技术、人力、实物的边际产出 MP_T、MP_L、MP_M 的具体计算公式相应地，表示为：

$$MP_T = \frac{\partial R_{it}}{\partial T_{it}} = \frac{\partial R/R_{it}}{\partial T/T_{it}} \times \frac{R_{iT}}{T_{it}} = \frac{\partial \ln R_{it}}{\partial \ln T_{it}} \times \frac{R_{it}}{T_{it}} = E_T \times \frac{R_{it}}{T_{it}}; \quad 5.14$$

$$MP_L = \frac{\partial R_{it}}{\partial L_{it}} = \frac{\partial R/R_{it}}{\partial L/L_{it}} \times \frac{R_{it}}{L_{it}} = \frac{\partial \ln R_{it}}{\partial \ln L_{it}} \times \frac{R_{it}}{L_{it}} = E_L \times \frac{R_{it}}{L_{it}}; \quad 5.15$$

$$MP_M = \frac{\partial R_{it}}{\partial M_{it}} = \frac{\partial R/R_{it}}{\partial M/M_{it}} \times \frac{R_{it}}{M_{it}} = \frac{\partial \ln R_{it}}{\partial \ln M_{it}} \times \frac{R_{it}}{M_{it}} = E_M \times \frac{R_{it}}{M_{it}}。 \quad 5.16$$

借鉴 Hicks（1932）的处理，技术资本对实物资本替代弹性公式如下：

$$\sigma_{tm} = \frac{d\ln(T/M)}{-d\ln(p_M/p_T)} = -\frac{d\ln(T/M)}{d\ln(MTRS_{MT})}。 \quad 5.17$$

$MTRS_{MT}$代表了产出一定前提下，技术资本每增加一个单位替代的实物资本数量，公式为 $MTRS_{x_1x_2} = \frac{\Delta x_2}{\Delta x_1}$。若 $\Delta x_1 \to 0$，两要素的边际替代率进一步表示为：

$$MTRS_{x_1x_2} = \lim_{\Delta x_1 \to 0} \frac{\Delta x_2}{\Delta x_1} = \frac{dx_2}{dx_1} = \frac{MP_{x_1}}{MP_{x_2}}。 \quad 5.18$$

将公式 5.18 带入公式 5.17，得到：

$$\sigma_{tm} = -\frac{d\ln(T/M)}{d\ln(MTRS_{MT})} = \frac{d\ln(T/M)}{d\ln(MP_m/MP_t)} \times \frac{MP_m/MP_t}{T/M}; \quad 5.19$$

同理可以求出技术资本对人力资本的替代弹性：

$$\sigma_{tl} = -\frac{d\ln(T/L)}{d\ln(MTRS_{LT})} = \frac{d\ln(T/L)}{d\ln(MP_L/MP_t)} \times \frac{MP_l/MP_t}{T/L}。 \quad 5.20$$

将 MP_t、MP_l、MP_m 带入公式 5.20，整理后最终得到：

$$\sigma_{tl} = \left[1 + \frac{-\theta_{tl} + \theta_{ll} \times \frac{E_t}{E_1}}{-E_t + E_1}\right]^{-1} = \frac{{E_1}^2 - E_t \times E_L}{{E_L}^2 - E_t \times E_L - \theta_{tl} \times E_1 + \theta_{ll} \times E_t}; \quad 5.21$$

$$\sigma_{tm} = \left[1 + \frac{-\theta_{tm} + \theta_{mm} \times \frac{E_t}{E_m}}{-E_t + E_m}\right]^{-1} = \frac{{E_m}^2 - E_t \times E_M}{{E_M}^2 - E_t \times E_M - \theta_{tm} \times E_M + \theta_{mm} \times E_t}。 \quad 5.22$$

5.2.5 样本、数据与方法

样本范围同上一节，除了营业总收入取自上市公司利润表，员工平均受教育年限根据财务报告附注披露的员工教育信息、员工数量计算得到之外，其他相关数据的获取渠道、获取方法、样本剔除细节及价值变量的价格平滑性调节均与上一节保持一致。初步对各要素进行一般的线性回归分析，结果发现技术、人力、实物变量的方差膨胀因子（VIF）远远超过 10，它们之间的多重共线过于严重，一般的最小二乘回归可能不太适用。为尽量消除共线性的负面影响，提高估计精度，下面尝试采用岭回归方法。这是一种能够兼容有偏状态的估算方法，突出特点是以部分信息损失为代价求解回归系数，这使得其对非常规数据的耐受效果优于最小二乘，也被广泛应用于多重共线性数据的相关性检验。首先观察岭迹图 5－1。当岭迹达到 0.10 时，各主要解释变量的系数趋于稳定，而且此时模型方差的膨胀因子 VIF 均通过显著检验。因此，下面选取 $K=0.1$ 对模型进行岭估计。

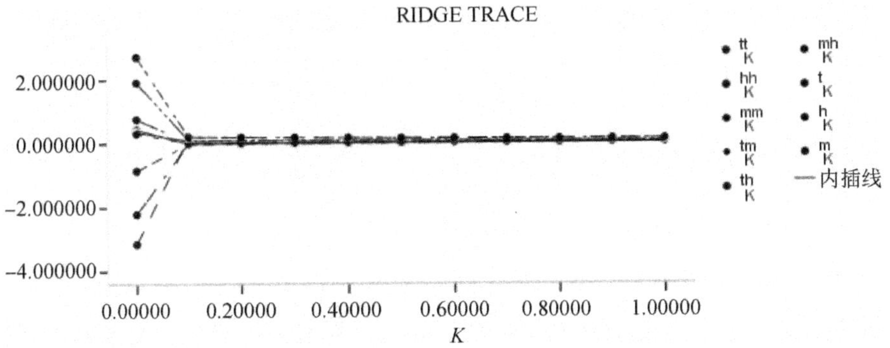

图 5－1 岭迹图

5.2.6 实证结果分析

选用 SPSS 软件包，分别对模型一进行岭回归与普通的最小二乘回归，后者仅是为了对照凸显岭回归的合理性，详细结果见表 5－9。其中，岭回归估计下的 F 值、R^2 分别为 62.78 和 0.95，显示出较好的整体拟合性，且各个解释变量的 VIF 值都在 2.5 以下，共线性程度较低。与之形成鲜明对比的是，普通最小二乘估计的 F 值与 R^2 分别为 59.38 和 0.42，模型的整体拟合效果明显下降，各主要解释变量的 VIF 值都超过了 50，共线性远超正常水平。对比结果有力支持了岭回归的估计系数更适宜计算弹性系数。

表 5-9　　模型回归结果

	岭回归估计结果			最小二乘回归结果	
	回归系数	标准回归系数	VIF 值	系数	VIF
tt	0.001*	0.001	1.453	0.011	66.83
hh	0.001***	0.035	0.978	0.017**	80.52
mm	0.006***	0.204	2.532	-0.084**	245.15
tm	0.003***	0.088	1.621	0.010*	201.32
th	0.001**	0.021	1.202	0.010	74.80
mh	0.003***	0.104	0.882	0.052*	2534
t	0.001*	0.001	1.034	0.718*	66.33
h	0.008***	0.011	1.921	-1.703***	62.32
m	0.242*	0.211	1.203	3.050***	1320.6
ln*asset*	0.18***	0.241	2.021	1.66***	65.32
state	0.081*	0.030	0.745	0.0762	3.43
age	0.073*	0.020	0.523	0.0609*	1.46
dol	-0.052*	-0.034	0.922	-0.0185	1.71
截距项	11.53***	0	0.456	2.2220	
F	62.78***			59.38	
R^2	0.95			0.42	

具体来看表 5-9 中的第二列，解释变量 *tt*、*t* 对产出的影响达到 10% 的显著性，*th* 对产出的影响达到 5% 的显著性，其他主要解释变量的影响均达到 1% 的显著性，说明技术、人力与实物都能够明显提升当期营业总收入。其中，与实物资本 *M* 相关的解释因子系数估值较高，人力资本 *H* 相关因子次之，技术资本 *T* 相关因子的系数最小，说明目前对上市企业营业总收入贡献最大的是实物资本、其次是人力资本，技术资本仍较小，主要原因在于大部分企业的资本投入仍以实物资本为重，其他依次是人力资本与技术资本，带来明显产出差异。至于差异程度到底有多大，需要根据各自的产出弹性来判断。

5.2.7 技术资本的产出弹性

根据前面的产出弹性公式 5.10 至 5.12 以及表 5-9 的岭估计结果，计算出技术资本、人力资本、实物资本的产出弹性，见表5-10。就整体均值而言，技术资本的平均产出弹性为0.05，表明生产中的技术资本投入每增加1%，营业总收入相应提升0.05%，产出提升比例远小于技术的投入比例。相比之下，人力与实物资本的产出弹性约为0.11和0.56，表明其要素投入若增加1%，营业总收入能够分别提升10.55%与56.12%，产出的提升比例与投入比例大体相当。对比后发现，目前技术资本对产出的平均贡献明显低于实物与人力资本[209]。

值得肯定的是技术资本的增幅变动。与2009年相比，2014年技术资本的产出弹性共提升了2.2%。同一时期内，人力与实物资本的产出弹性分别提升了1.34%与1.2%，明显小于技术资本的增幅。据此反映出，尽管目前上市公司技术资本的平均产出弹性的绝对值低于人力与实物，但其纵向增加幅度最大，对营业产出的持续贡献的潜能更突出。

表5-10　全样本的产出弹性

年度	E_T	E_L	E_M
2009	0.0517	0.1051	0.5574
2010	0.0520	0.1054	0.5587
2011	0.0522	0.1059	0.5606
2012	0.0523	0.1059	0.5613
2013	0.0524	0.1058	0.5619
2014	0.0528	0.1065	0.5641
均值	0.05	0.1055	0.5612
增幅（%）	2.20	1.34	1.20

为便于细致分析各相邻年度产出弹性的纵向趋势，图5-2给出E_T、E_L、E_M的动态折线图。整体上，技术、人力与实物资本的产出弹性曲线变动都比较平缓，增幅不大，且各个年度的技术资本弹性曲线最低，人力资本弹性曲线居中，实物资本具最高，侧面反映出短期内弹性曲线很难有大的改观，各资本对产出的影响能力具有一定的持续性。尽管增长缓慢，各资本相邻年度的资本变动仍体现出细微区别，技术资本的产出弹性在各个年度均有微幅上升，而人力、实物资本的产出弹性个别年度有下滑倾向，尽管波动较小，仍能够看出技术资本影响产出的持续能力略强于人力与实物。

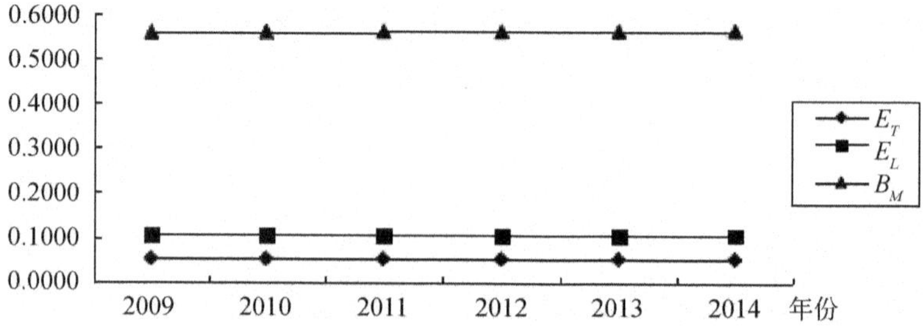

图 5－2　产出弹性变动趋势

5.2.8　技术资本的替代弹性

参照公式 5.20 和公式 5.21 的替代弹性计算公式以及表 5.10 的估计结果，分别求解出技术对人力、技术对实物的替代弹性 σ_{tl} 和 σ_{tm}，为便于比较，也给出实物对人力的替代弹性 σ_{ml}，见表 5－11。从估计均值来看，技术对人力的弹性 σ_{tl}、技术对实物的弹性 σ_{tm} 各为 1.0043 和 1.0039，尽管差别很小，一定程度上也反映出了技术对人力的替代能力略高于技术对实物的替代能力，支持了罗福凯（2014）[47] 的理论设想。此外，实物对人力的弹性 σ_{ml} 为 1.0039，与技术对实物的替代弹性 σ_{tm} 基本持平，侧面反映出各资本的独特性与异质性能目前还较弱。另从纵向增幅看，五年间各弹性系数 σ_{tl}、σ_{ml}、σ_{tm} 增幅均约 －0.01%，呈现微幅下降趋势，表明近年来技术对人力、技术对实物、实物对人力的替代性有所减弱。

表 5－11　替代弹性估计结果

	σ_{tl}	σ_{ml}	σ_{tm}
2009	1.0044	1.0040	1.0040
2010	1.0043	1.00340	1.0040
2011	1.0043	1.0039	1.0039
2012	1.0043	1.0039	1.0039
2013	1.0043	1.0040	1.0039
2014	1.0043	1.0039	1.0039
均值	1.0043	1.0039	1.0039
增幅	－0.01%	－0.01%	－0.01%

为详实了解相邻年度各弹性系数的持续动态变动状况，给出图 5－3。此图较清晰地表明，技术对人力的替代弹性 σ_{tl} 明显高于技术对实物的替代弹

性 σ_{tm}及实物对人力的替代弹性 σ_{m}。且 σ_{tl}、σ_{ml}、σ_{tm}都表现出较平缓的下降态势，σ_{ml}与 σ_{tm}的曲线基本上重合。具体到年度，技术对人力的替代弹性 σ_{tl}在 2009～2010 年、2013～2014 年略有下降，技术对实物的替代弹性 σ_{tm}在 2010～2011 年、2013～2014 年也略有下降。与之相比，实物对人力的替代弹性 σ_{ml}的变动曲线略复杂一些，依次呈现出降、增、降的曲线轨迹，2009～2012 年度缓慢下滑，2013 年略有反弹，2014 年又略有下降，侧面反映出实物对人力的替代长期看缓慢下降。

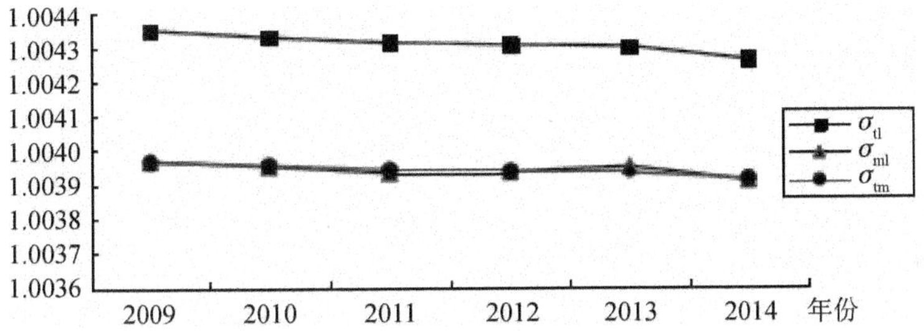

图 5－3　替代弹性变动趋势

对比权衡资本间的相互替代性，发现 2009 年至今，企业在配置要素资本结构时更多地基于降低成本、提高利润的需要，在产出一定前提下，若某要素价格下跌明显，相应调增生产投入，反之适当降低投入。短期看，这种要素调整能够刺激利润增加，但却不利于企业持续发展，这主要是由于以成本降低为目的的要素结构调整直接导致各资本的质量下降，尤其是技术与人力，高技术、人力的获取成本较高，其配置自然就少，最终企业的要素资本以低质量、同质性普通人力、一般设备、低等技术为主，无力成为推动企业长期发展的内在源泉，也会影响产出的持续增长。基于此，技术资本的替代性很可能是其产出弹性较弱的重要因子，而加大技术投入量、提高技术内部结构质量是提升产出弹性、改善替代关系的有力途径。

5.2.9　不同技术水平样本企业的差异分析

接下来，进一步了解随着企业技术存量的增加，其产出弹性、对其他资本的替代弹性是否会呈现出一定的规律性改善？首先将 2009～2014 年间样本企业按照技术资本的存量排序，以 1/2 中位为标准进行分类，将技术存量在上中位企业看作高技术企业，将技术存量在下中位的企业看作低技术企业，分样本分析在不同的技术配置水平下相应的产出弹性及替代弹性，结果见图 5-4 至图 5-6。整体上看，伴随企业技术存量的波动，高、低技术企业的技术产出弹性系数、替代弹性系数变动呈现出一定的规律性，主要体现在：高技术企业的技术产出弹性 E_t、技术对人力的替代弹性 σ_{tl}、技术对实物的替代弹性 σ_{tm} 值都超过了低技术企业，表明企业的技术存量越大，对应的产出弹性、替代弹性也较突出。细分来看，各相邻年度，随着技术存量变动，高、低技术企业的弹性系数波动态势略有不同。在 2009 年与 2010 年间，高技术企业的技术产出弹性 E_t、技术对人力的替代弹性 σ_{tl}、技术对实物的替代弹性 σ_{tm} 略大于低技术企业。2011 年度略有不同，低技术企业的技术产出弹性 E_t、技术对人力的替代弹性 σ_{tl}、技术对实物的替代弹性 σ_{tm} 都超过了高技术企业。结合各年度高、低技术企业技术的配置情况，发现这可能与当年度样本的技术存量波动方向有关，受少量样本技术存量的反常波动，高技术企业 2011 年的技术存量出现明显的降幅。2012 年，高技术企业的各项弹性指标开始回弹并超过了低技术企业。

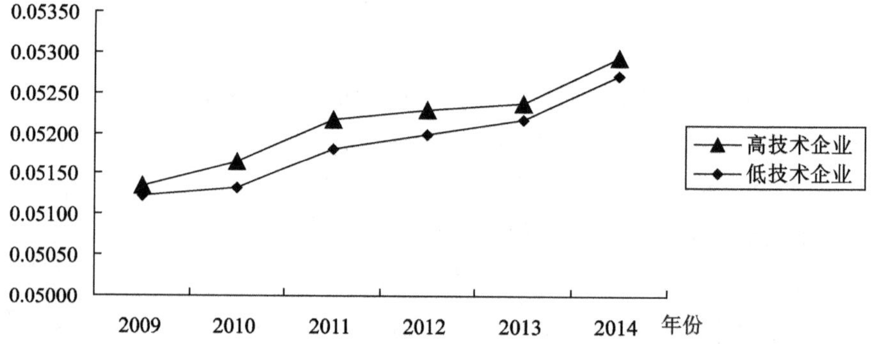

图 5-4　高、低技术企业 E_t 变动趋势

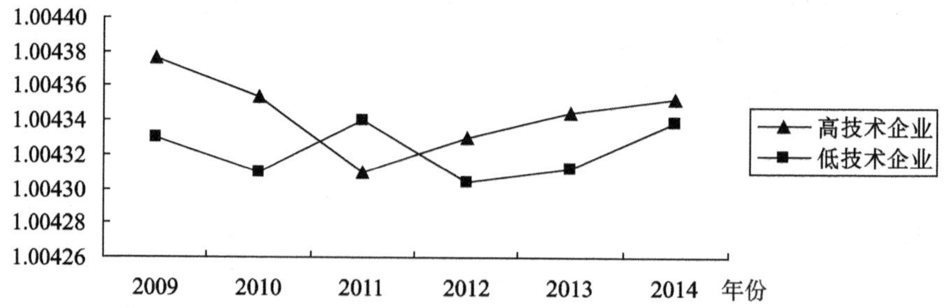

图 5-5　高、低技术企业 σ_{tl} 变动趋势

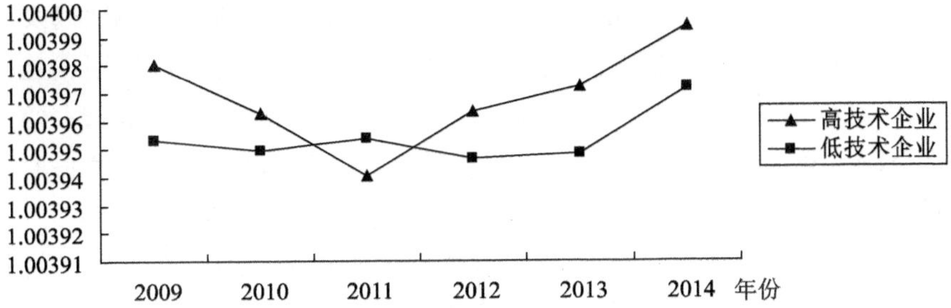

图 5-6 高、低技术企业 σ_{tm} 变动趋势

应指出的是，2012 年之后，高、低样本中的弹性系数 E_t、σ_{tl}、σ_{tm} 都有明显上升，且样本间的差距在逐渐趋小，系数 E_t 与 σ_{tl} 更明显一些。出现此种状况的原因可能较为复杂，各企业的资本质量改善、异质性能开始增强、资本存量增加等都可能带来一定影响。新兴要素资本理论主张资本的内在异质性越突出资本间的互补性及产出贡献也越强。高、低样本的结果差异可能一定程度上反映了伴随各行业企业转型升级力度的逐步加大，要素投入结构普遍得到改善，在实物资本投入降低的同时，加大技术资本、高层次人力的绝对投入，但这种内部要素结构的改善短期内还未形成很好的资本互补，替代性略强一些，这再次验证了上一节的结论，且对长期产出价值的增值也具有一定的抑制性。

5.2.10 主要结论

该节得到的主要结论如下：（1）整体来看，2009～2014 年，上市企业的技术资本产出弹性仅为 0.05，明显低于人力与实物资本，但值得肯定的是，其增长幅度大于后者，达到 2.2%，增长势头良好；（2）2009～2014 年，上市企业技术对人力的替代弹性为 1.0043，实物对人力的替代弹性 1.0039，前者略大一些；（3）伴随着企业技术水平的变化，技术资本的替代与产出弹性有明显不同，整体呈现出高技术企业大于低技术企业的态势。

5.3 本章总结

本章利用生产函数、超越对数生产函数模型，实证分析了技术资本对企业价值的内在影响机理与程度，进一步测算了技术资本的产出弹性以及对其他资本的替代弹性。研究发现技术资本对企业价值有明显促进作用，且受到来自人力资本与行业特征的调节影响，具有明显替代效应；技术资本的产出弹性虽弱于人力资本与实物资本，但增长幅度更高一些，体现出的长期增长趋势更好，对人力的替代能力略高于实物资本。

基于中国情境，以上结论对企业利用技术资本推动持续产出增长具有一定指导意义：一方面，需要加大技术资本配置，以提高其产出弹性；另一方面，还要注重改善技术、人力的内在异质性能，改善替代性带来的短期效应，逐步改善要素资本结构。本章充实了技术创新理论、企业价值理论、要素资本理论、要素替代性理论等成果。

第6章

技术价值链：驱动模型与运作模式

本章拟立足于实际应用，重点阐述企业应如何制定、实施基于技术价值的提升策略。纵观价值得以持续增长的世界500强企业，排名靠前的多为技术驱动型高新企业，其共有的特点除了技术研发能力强、技术成果丰富外，更为重要的是技术转化与利用程度高，技术资本积累丰富且运营方式较灵活。在这方面，目前国内企业稍逊一筹。

技术增值受阻，归纳起来主要有两个方面原因：一是技术增值的前提是先转化为技术资本。个别企业增值不力很可能是由于管理者还未真正领悟资本秘密，致使技术资本的生成路径不畅通。二是技术转化为资本后采取的后期运营方式不恰当、不灵活或效率低，例如，技术多应用到商品开发、商品制造，对于商品销售与服务、技术销售、技术许可或交叉许可、技术投资、技术抵押、技术信托等方式应用较少。在验证了技术资本的作用后，下面从价值链视角探讨技术驱动价值的内在流程，对此问题的分析将有助于企业厘清自身技术增值流程，更有针对性地挖掘出影响增值效果的主要环节。

企业价值创造问题历来是国内外学者关注的焦点之一，但都未涉及技术要素的价值创造链条。经济新常态下，传统的价值链理论在解释现代企业价值驱动流程时已显得捉襟见肘。基于技术要素重新构建企业价值链显得尤为必要。基于此，本章拟构建一个技术价值链理论模型，并探讨运作模式，意在探讨在创造价值的过程中各项技术活动内在链接关系及运作机理，为促进企业技术转化、提升技术资本存量与运作效果及持续价值管理提供一定借鉴。

6.1 理论分析

6.1.1 价值链理论

迈克尔·波特教授是价值链理论的先驱者[211]。他将企业的价值创造过程形象地描述为按照内在机理、逻辑规律、有序化运作的价值链条，其间涉及的价值活动有两大类：基本活动和辅助活动。前者集中于基本的生产运营环节，其他统称为辅助活动，依据功能、重要性等分布于经营中的不同环节，共同形成企业的价值链[212]。波特教授还指出，企业的经营活动有很多，涉及环节也错综复杂，但不是每个环节都能增值。企业价值实际上主要由价值链条上的少数经营活动贡献，它们也被视为价值链上的“重要战略环节”。重视战略环节的资源配置对维持竞争优势、可持续发展意义重大。在波特模型的基础上，Kaplinsky（2006）把企业间的联系考虑进去，内外部相结合，建立了产业间价值链、同一产业内部价值链模型[213]，并指出由于不同产业的核心优势源泉有别，相应的价值链与内在增值环节也各具特点：高档服装业的核心能力多来自服装设计，大众消费品行业的核心能力多来自广告宣传和公共关系维护、专用设备制造业的核心能力多来自设计和工艺技术、餐饮业或零售业的核心能力可能主要依靠地理位置。可见，价值链管理除了考虑特定企业内部经济活动间的联系，还能够体现出资源与能力、特点与优势。对于技术驱动企业而言，价值管理应围绕技术资本配置与运作进行。

6.1.2 技术活动对价值链的影响

波特的价值链理论主要用来分析企业内部的综合性价值管理活动，尽管其间技术的作用也较突出，内含于每一个价值流程中，影响竞争形式内涵，但未予以深究技术增值的环节与过程。伴随经济环境演化，越来越多人对传统价值链理论进行多角度拓展，主要体现在：一是延伸业务流程、主体类型、空间组合形式，形成了供应链、商品链、生产链、营销链、客户价值链、行业价值链、产业价值链、区域价值链、全球价值链等相关理论学说；二是开始关注生产要素的价值链构建问题[214-223]。

价值链中的各环节的技术选择、技术含量或实力对整个价值链的结构会产生重要影响，技术活动是价值链体系中的必要组成部分。有关技术的价值增值链条的文献主要围绕两个视角开展探讨：一些人将技术要素看作知识、创新的有机部分，关注知识产权价值链、知识价值链与科技创新价值链的构建与应用。知识产权价值链意在将知识产权的增值环节依序链接，包含了知识产权的增值过程与相应的组织结构，显示了知识产权的形成过程与路径，能够代表知识产权活动的价值属性。它既可以是单个企业的价值链体系，也可以与其他组织合作。借助于传统价值链理论的分类方法，胡允银（2009）特别指出知识产权价值链可区分为基本技术活动与辅助技术活动，前者涉及技术设想、检验论证、风险投资与商业化开发，后者涉及人力资源、信息技术、知识产权文化与组织架构，进一步，探讨了各活动间的内在作用方式、价值创造的规律与运作模式[215]。另外，黄刚（2006）提出了科技价值链的概念模型，构建了从科技创新源到科技成果产业化经历的价值链接流程，重点强调了组织节点的结合方式与链接模式、六种基本的链接单元、三种类型的技术创新环以及七种价值链的链接方式[216]。还有人尝试改进传统的价值链，使其更好地体现出技术要素的增值过程，更符合企业的价值管理实际需要。例如，纪延光（2009）从技术运营的角度挖掘了技术要素在企业综合价值链上的价值实现方式[217]。梁莱歆（2008）、杨慧（2004）强调高新企业的价值链构建与管理应将技术的研发活动视作核心活动，新产品的开发视作基本活动[218-219]。

6.1.3　技术转化为现实生产力问题

现代学者对于技术如何转化为生产力的关注重点在于技术创新、全要素生产率（TFP）的贡献程度、R&D等领域。最初，此问题兴起于20世纪30年代经济学家熊彼特的技术创新理论。熊彼特认为技术创新不同于单纯的科学技术研发，它代表新产品、新流程、新系统在商业领域里的首次转化。创新的途径有很多种，开辟新市场、引进新产品提高质量、探求新的组织方式、获得新资源、采纳新的生产方式与流程。占主导地位的高科技企业应以生产有价值的科技产品作为终极目标。对于全要素生产率即TFP的贡献研究，主要围绕索洛的“增长余值”，期初体现在D-S生产函数、丁伯根改进，以及1956年肯德里克的国民账户等。后来，丹尼森拓展了索洛余值的测算原理，将投入要素重新分类，构建新权重指数，合成一个总投入指数。

还有人提出了随机前沿生产函数模型，其中 TFP 的变化被区分为生产可能性边界的移动与技术效率变化两部分。利用该方法，许多人对技术效率、TFP 产出问题进行大量探讨，使之日趋完善。但应指出的是，大量 TFP 文献并未能够让技术成为技术资本，技术资源与技术资本之间如何转化、后续的增值运作如何进行以上研究还未提到。

梳理后发现，现代学者多注重拓展价值链的时间、主体、空间、结构范围或建立知识产权、科技创新价值体系或技术创新与转化等，至今未思考如何形成一套科学完善的技术价值链理论体系，且技术与知识等要素也未予以合理区分，研究的视角还停留在技术的转化阶段。实际上，这只是技术增值的前提条件，商业应用中的运营活动设计才是价值增值的重心所在。本章参照了系统工程理论中的链式科学原理，将技术资本的生成过程、技术资本的后续运营有机结合，尝试构建一个技术价值链理论模型，进一步提出运作模式，依次分析技术的增值流程。

6.2 技术价值链模型构建

技术价值链是在企业价值最大化目标的指引下，由相对独立的技术活动依据内在联系有序链接而构成的技术增值流程（简称 TVC）。新兴要素资本理论认为，技术增值以技术转化为技术资本为前提，然后才能够启动资本运作。此外，TVC 的有序运转也离不开一些重要辅助活动的支持，如技术人力、技术创新文化等。因此，一个完整的 TVC 模型应由技术资本生成、技术资本运营及技术辅助活动组成，而前两类活动是 TVC 管理的重心所在。

基于以上分析，参照波特的价值链理论模型，下面将技术资本生成活动、技术资本运营活动、技术辅助活动相结合，设计一个 TVC 理论模型，见图 6－1。基于对战略重要程度、增值贡献能力有别，TVC 中的技术活动分两类：关键性技术活动和支撑性技术活动。关键性技术活动集中反映技术成果的价值流转路径，包括技术生成、技术确权、技术交易（统称为技术资本的生成活动）、技术商品运营、技术资产运营和技术资本运营。支撑性技术活动主要包括技术组织、技术创新文化、技术人力与其他辅助活动，为关键性技术活动的正常运转提供必要的人力、制度、文化、设施等支持。TVC 流转的起点是技术生产，接下来依次为技术确权、技术交易，之后生成技术资本，启动技术的“商品运营”、“资产运营”、“资本运营”活动实现价值增值。其中，关键性技术活动的有序链接关系形成TVC的基本运作流程，支撑性技术活动为每一个关键性技术活动提供丰富的优质资源与能力保证。TVC的流转效率、增值效果也主要相应地，取决于各项技术活动的综合技术实力、内在技术运作方式、综合技术协调能力以及依序链接合理程度。下面逐个分析TVC中各个技术活动的内涵特点。

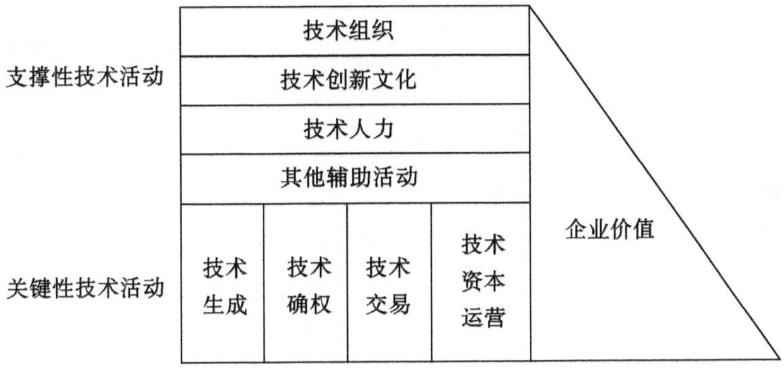

图6－1　TVC的理论模型

6.3　关键性技术活动

6.3.1　技术生成

加大研发力度、提高研发效率，培育丰富的原创性高新技术，是国家长期实施创新发展战略的根本所在。要提高技术产出，首先需找到技术生成的较佳途径。从漫长的技术革命历程来看，技术本质上来源于人类改造自然、社会的各种生产实践，主要体现在：一是人类以获取实物为目的的生产性劳动。为了节约劳动费用、提高生产用具性能、改善物品的质量与耐用性、扩大劳动产出、提高劳动效率，人们很自然地会努力思考出一些新的劳动技巧、劳动工具与劳动方法。二是以改善全人类生产、生存状况为目的的各个领域科学研究。它是生产性实践活动的衍生范围，是社会分工扩大化后的必然结果。在科学研究过程中，人类既可更新改造旧技术，又会研发出大量的新技术。能够推动人类生产力大幅前进的高新技术多来自于专门的科学研究。三是来自于人类的技术研发或应用实践中的技术工程。人类寻求技术的终极目的就是为了利用改造自然界。技术应用过程是人与自然、社会关系的和谐统一，其具有内在的演化规律，许多新技术的产生都是根源于旧技术的自然繁殖。基于发展需要，企业或其他组织都会成立专门的技术研发部门，指定专人从事应用技术开发。无论是生产实践中技术、科学研发中的技术，还是应用技术，最终源自科学研究与生产劳动。

据此分析，技术的生成主体主要有三个：企业、科研组织与个体。个体普遍缺乏投入大量配套发明、应用检验等设施的资金实力，致使技术成果的应用性、缜密性受限，甚至与市场需求相脱节，优点是个体形成的技术成果产权比较清晰；与之相比，科研组织更易于获取来自政府、企业或其他组织的资金支持，有一定的能力为技术研发提供较好的辅助配套、先进信息系统、高层次研发团队等支持，为高质量技术成果产出提供有力保证，这使得科研组织的技术成果数量质量都强于个体，但由于前者参与技术研发的个体较多，贡献度有时难以划分，给产权的清晰界定带来一定困难，也给技术的及时应用带来一定困难，而且科研组织并不是最终的技术应用者，若前期市场调查不充分，技术成果难以被市场接纳的不在少数；权衡起见，若仅从应用效率、效果考虑，企业开发的新技术可能最能够适应市场需要，但目前很多企业缺乏高层次研发团队，而且短期内快速培育一支全面领会企业战略发展、技术发展及经营需求的高层次研发团队也绝非易事。可见，不同技术生成主体的技术成果各有优劣，为了技术得到高效应用，创新性、顾客需求、产权关系清晰都需要兼顾。基于此，企业、研发组织、个人的开放式合作创新是技术生成的最佳方式。但这也带来另一个技术难题——技术确权。

6.3.2 技术确权

资本内在价值，只有被正规的所有权制度所保护，才能在市场中自由流通。产权的明晰性对技术的增值有直接影响。不同资本的产权性质存有一定差异。其中，货币的产权特征最突出，而人力的产权特征相对较隐秘，且不可分割。员工一旦签订了卖身契，就无法在人力资源市场流通。类似于人力、货币，技术也具有较强的产权特征。若产权界定不清，只能服务于公共领域，难以通过市场调节来优化配置。技术确权是技术转化、技术资本生成的一个必要条件。技术被赋予明确权利人后，便拥有了清晰的权利归属关系。索洛在其名著《资本的秘密》中详细分析了西方国家资本的产生原理，指明了西方国家的资本制度之所以得以成功，除了资源丰富，更为重要的是建立了资源向资本转化的有效体制。任何一种物品、要素资源要想转化为资本，都需要先登记所有权。一定意义上，企业生产的产品之所以能够被出售，根源在于这些产品的权属明确。经济落后的地区、国家穷困的主要原因不是缺乏人力、技术等要素资源，而是未形成有效的资本创造机制。领先的资本生成体制、将要素资源转变为资本的手续形式实为国家赖以生存的创造资本。技术的产权形态是技术潜在价值的外在特征体现，也使得技术在不同主体之间的运作成为可能，如技术抵押融资、直接对外销售、许可协议等[226]。能够体现技术权利的外在载体形式有很多，多采用文字描述、产权证、转让协议、赠与、继承合同等，既可公开以法律的形式申请，也可以内部秘密权利登记，这主要考虑确权主体的多方需求。若一致认为公开法律保护更重要，建议及时申请专利。若更看重内部技术的隐秘性及垄断性，也可推迟外部申请，先签订内部权利协议。

6.3.3 技术交易

确权后的技术成果，才可以在市场中交易流通、然后被企业配置到不同的生产领域。市场主体之间的技术产权交易方式比较灵活。站在技术获取方角度，主要有吸收技术入股、并购其他技术企业、技术购买、技术反向许可或交叉许可、技术反向抵押。前面三种技术交易方式取得成本较高，但能够拥有技术的产权。与之相比，许可方式成本小、比较灵活，较好地满足企业对技术的临时性需求，当技术的动态更新较快时，为避免沉没成本与淘汰风险，企业往往也更倾向于获取许可。除了借助于外部市场进行技术交易，技术交易也有可能在企业内部不同主体之间进行，即内部市场交易。这是因为有些内部的技术成果权利分属于不同主体分享，应用之前，需就技术运作的方式、风险承担、收益分享等问题达成一致，或将各内部主体的技术权利购买过来或签订内部转让、投资协议，让企业实体获得技术的完全所有权[227-229]。

技术生成、技术确权与技术交易是TVC流转的基础与关键。技术成果的内在质量（新颖性、独特性、市场迎合度等）决定了TVC的后续运作能力与价值驱动效果；清晰合理的技术确权决定了技术能否被清晰投放、技术的风险如何承担、技术收益如何分配；以前两项活动为基础，技术交易成为技术投放到生产领域的最后一道关键流程。微软公司在这方面的重视值得称道。该企业最初成立时长期注重聘用技术、管理复合型人才，成立专门的交叉职能专家团，以组织形式及时强化技术的商业化能力，持续开发出能够迎合每个家庭与个人的软件技术产品，很好地推动了技术的市场转化，使得微软在激烈的市场竞争中进退自如，保持持续的技术领先优势，成为长期盈利的核心动力。而英国的EMI公司虽然是CT扫描技术的最早发明者，且在1979年荣获诺贝尔医学奖的殊荣，但此核心技术并未明显推动企业发展，主要原因是资本转化。目前，国内企业的技术闲置、被淘汰或技术增值甚弱的突出原因也在于技术资本的生成渠道尚未打通。西方发达国家的要素市场较发达，货币资本市场、产品市场、人力市场、技术市场等交易活动都很活跃，而国内市场以货币、实物、人力为主，技术交易市场很不健全，很大程度制约了技术商品的自由交易与资本转化，也严重妨碍到企业长远发展。根本的解决途径是在掌握技术资本生成规律的基础上，实践中培育资本的创造机制，疏通技术资本的障碍性环节。

6.3.4 技术资本运营

伴随中国企业影响力的逐步提升与全球化，除了有响当当的品牌和产品以外，技术的运作水平也应该上一个新台阶，逐步与发达国家的优秀企业比肩（海泽，2015）。技术的增值效果除了与技术先进程度有关外，很大程度还取决于技术运营方式。为此，需要先了解一下资本的运营方式。

现有财务学者认为，随着经济环境的变化，资本的运营方式也在动态发展。常见的资本运作方式有三类：商品运营、资产运营、资本运营[224]。商品运营是一种将资本投入到研究、开发与生产各种品种繁多、质量突出、适应市场需求的商品中去的资本运作方式，增值主要通过主营业务利润体现，也是现阶段绝大多数企业的首选。其运营内容具体涉及：如何确定商品的种类、型号、规格、功能，以确保销售收入的稳幅增长与应收账款的及时回收；如何确定每一种商品的质量等级、成本水平，以最大化商品的单位利润；如何确定产品的生产量，在满足需求的前提下，最大程度地降低库存成本；如何设计先进的营销、服务系统等。由此可见，商品经营以企业生产的商品及相应服务为对象，围绕扩大商品产量、提高商品质量、增加商品品种进行，目标是商品利润最大化。它比较适用于专注于商品生产与运作的企业或某些大型企业集团所属的中下层、基层公司的商品运作。资产运营是将资本直接用于增加资产规模、优化现有资产的数量与内部结构，动态调整会计报表中的资产内部结构、配置方向，以更好地适应外部经营环境需要。广义上，资产运营是对企业所有资产的优化调整，包括对商品运营过程的资本投入配置。为便于比较，这里仅指狭义的资产运营，即将资本投入到除商品运营以外的企业其他活动的运营方式。主要形式有资产销售、资产抵押、资产许可、资产信托、资产交叉许可等，最大限度地发挥资产的整体优势，谋求市场中的潜在机会获取收益。所获增值主要在利润表中的其他业务利润来体现。资产运营的主体多为法人实体，运营对象是法人企业的整体资产，适用于生产经营状况较好、资本较为丰富、内部管理制度较为完善、步入成长轨道的企业。资本运营是以企业资本的保值增值为终极目标的运营方式，有广义、狭义之分。狭义的资本运营是指独立于商品运营、资产运营而存在的以证券化、价值化的资本或者可按证券化、价值化操作的实物资本为基础，运营主体为多个资本的所有者或代理人，运营对象是分割的资本，通过收购、兼并、联盟、股份回购、分立、资产剥离、资产重组、破产后重组、债转股、租赁式经营、托管式经营、参股、控股等进行优化调整，目的是实现企业之间的以少控多，资本增值，在利润表中主要体现在投资收益变化[225]。广义的资本运营不仅包括对外的资本运作，还包括对内的资本资产配置与运作，即资产运营与商品运营。文中的资本运营仅指对外的不同企业之间的资本运作。资本运营是在商品运营、资产运营的基础上拓展而成的一种更为灵活高级的形式，由于涉及不同企业之间的产权渗透，风险较大，主要适用于具备一定发展规模、综合实力的大中型企业或集团。

上述三种运营方式相互联系、相互支撑，共同组成从资本投入到收益实现的全过程。其中，商品运营专注于如何将资本更好地配置到企业内部的商品运作，通过研发、制造、生产与销售商品实现价值；资产运营专注于资产的对内或对外运作，通过提高资产的利用效率实现价值；资本运营专注于如何借助于不同主体之间的技术产权渗透力来实现增值。实践中，企业应结合自身需要灵活选取。与其相对应，作为企业重要的要素资本形态之一，“技术资本”运营也体现出三种类型：技术的“商品运营”、技术的“资产运营”、技术的“资本运营”。

1. 技术的“商品运营”。商品运营反映商品研发、商品生产、商品销售与商品服务的全过程。技术的商品运营意指将技术资本分别配置到商品研发、商品生产、商品销售与售后服务各活动中去，形成研发技术、制造技术、销售技术、服务技术以实现增值的过程，见图 6-2。

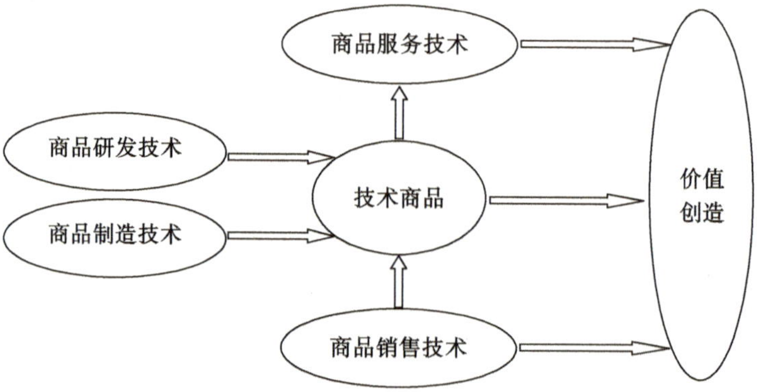

图 6-2 技术的“商品运营”

新经济形势下，动态频繁的技术更新加快了竞争对手间的互动节奏，突出体现在产品的生命周期缩减，客户的需求多样化、个性化，这使得商品研发成为获取、维持核心竞争优势的重要来源[230]，也是商品价值流程中最具增值潜能的环节。终极消费者最关注的商品的多种功能与属性是由研发过程中的要素共同作用的结果，主要是靠技术要素。在此意义上，商品是由多个技术、其他要素共同开发出的有机体。研发过程投入的技术资本主要有专利、非专利技术等。近年来，各类新兴技术如云计算、移动智能、大数据等也已被全面投入到商品研发中去。商品的研发过程，除了合理预算资金、人力投入量，更重要的是确定每一种商品研发适用的技术类别、技术标准、技术等级、技术获取渠道，技术被淘汰的可能性、先进程度的持续时间以及各个技术之间的相互契合度、新颖度及客户迎合度等，以此分析各种技术组合的预期使用成本与潜在收益、风险。尤其是技术投入的风险不容忽视。有人研究显示，将现成技术投放到现有商品研发的运作成功概率达到 75%；若技术、商品两者中仅有一个全新，运作成功的概率降至 25% ~45%；若技术与商品都全新，运作成功的概率仅为 5% ~15%[231-232]。

商品制造反映了技术商品的生产过程，该环节投入的技术资本以生产工艺、生产方法、生产秘方等为主，通过提高商品制造流程中的生产效率、降低生产成本、次品残品率，目的是在较短的时间内生产出高技术含量的商品。在 20 世纪 70 年代末至 80 年代中期，伴随着微电子技术、现代数字制造技术、高端电子装备技术的空前发展与普及应用，制造环节的生产效率得到了很大提高，有力地推动了传统的商品制造步入一个全新时代，主要标志是制造效率由主要依靠劳动力转向依托技术更新与进步。制造环节大量新技术的投入使得劳动生产率数倍增长[233]。近几年，迎合市场消费者的动态需求变化，商品制造环节的技术投入开始倾向于追求“低碳”、“节能”、环保，且物联网技术的应用也拓展了制造技术的应用空间。

销售与服务环节意在解决技术商品的交易问题，投入到此环节的技术资本以信息技术、系统与软件为主。传统的销售与服务主要由人力完成，企业多依靠营销员、售后服务人员、专卖店等人力、实物投入来运作。而互联网、大数据、移动智能等其他新兴IT技术的全面应用，根本上改变了企业的销售与服务环境。在互联网环境下，企业的销售与服务渠道可以以最低的成本瞬时无限空间拓展，而且种类繁多的信息技术交流平台成为现代企业销售与服务的重要渠道，如淘宝、天猫、聚划算、唯品会、微博、微信、QQ等。与传统的销售与服务方式相比，基于互联网信息平台的新兴销售与服务具有明显优势：成本低、效率高、时间短、客户源无限拓展、销货渠道广阔，较好地满足了企业、客户的多重需求。其缺陷主要在于网络交易中的潜在风险加大。基于此，如何做大程度地规避技术应用风险是该环节技术资本运作中的重要内容。

综上所述，研发环节的技术投入直接形成商品实体价值。制造环节的技术投入主要通过降低成本、提高生产效率促进产出实现商品增值，销售与服务环节的技术投入通过扩大客户源、增加销售量、提升服务水平来创造价值。各商品经营环节的技术资本投入联系密切。制造、销售、服务环节的技术投入状况直接影响到研发技术的最终价值实现。企业应全面权衡各个经营环节的资源积累状况，选取合适的技术类别投入到恰当的商品运作环节，最大程度提高技术的利用效率。

成功的技术商品运营企业不在少数，个别企业也遭受技术运营失败的重创[234]。日本索尼公司一直将微型化产品技术开发能力视为核心优势，此技术支撑着企业不断推出新商品，与竞争模仿者保持较大差距。通用电器公司虽然不专注于CT技术研发，但拥有与CT相关的完善的产品营销网络，先进完备的人员培训与售后服务系统，竞争中赢得相对较大的市场占有率与利润空间。丰田汽车公司在低油耗汽车技术、低成本生产技术方面一直具有明显优势，在注重节能与环保的当今时代，此类技术成为该公司重要的增值源泉[235]。曾在20世纪80年代保持技术领先的IBM公司，1992年累积净损失约49.7亿美元，大批员工被裁减，经营一度危在旦夕，甚至陷入破产边缘。

而曾被 IBM 技术管理人员瞧不起的微软公司却发展成为当今软件业的巨头，成功的关键在于高效灵活的技术资本商品运营体系。苹果公司的 TVC 以商品研发为主，极少介入其他环节，TVC 链条短而精。华为公司的技术运营较为灵活，能够结合资源优势，拓展价值来源，技术资本被广泛分布于研发、制造、销售与服务等环节。

2. 技术的“资产运营”。技术的资产运营活动以技术的优化配置为目标，运营流程无需依托商品为媒介，主要的运营方式有：技术销售、技术许可、技术抵押、技术交叉许可、技术证券化（主要指专利证券化）、技术信托等，见图 6-3。技术的价值需通过更多企业主体的广泛许可、交叉许可来实现价值。技术许可是通过技术所有人与获取技术的一方签订许可合同，赋予对方在一定期限内应用技术的权利，技术所有人在产权不变的前提下向对方收取一定的许可收益。有时候，企业之间也可以实施交叉性技术许可，相互交换应用技术权利，这样更有助于提高专利的应用价值。特别地讲，通过与西方技术相对领先企业的相互交叉许可，既可以对冲单向支付许可费，又可获得他人技术的使用权[236]。相对于未转移所有权，仅外售使用权的技术许可，技术转让行为的收益就大为可观。支付技术转让费用后，技术受让人既可在技术应用、二次研发、技术吸收等活动中提高自身技术实力，还可以许可他人获利，甚至可将其作为加入专利联盟或标准协会的筹码。对于亟待提升技术实力的企业而言，可能更倾向于技术转让。据报道，2013 年中国专利运营活动中，技术转让以 78% 的比例高居运营之首，其次是技术许可占 17%，技术质押占 5%。技术质押是指债务企业将自身技术资本抵押给债权人用于担保借款，若未来无力支付债务，债权人有权利折价、拍卖或变卖技术资本，所得价款优先用于偿还借款。由于技术的更新较快，易于外泄，用于抵押的技术多为二手成熟技术，且主要用作短期的贷款抵押。作为一种较灵活的融资方式，技术抵押行为与实物资本抵押相结合，有助于缓解企业的临时财务压力。技术证券化是指企业对具有增值潜力的技术资本中的风险、收益要素进行分离、重组、结构再设计，然后出售给外部的第三方独立机构，由该机构负责以技术资本的未来收益为支撑，发行有价证券融资的过程。由此可见，技术证券化是资产证券化行为在技术领域的延伸，是一种金融创新，它源于人们对技术价值的深入认识以及灵活融资的需求。其实质是借助于资产证券化的融资原理来处置技术的预期收入，使之转化为大量当期收益，充分利用技术的隐含价值。相比之下，技术信托的应用要少一些。技术信托是技术权利人以出让部分技术收益为代价，在一定期限内将技术委托给专门的信托投资公司，由其全权负责技术运营，信托投资公司对受托技术的内在特性、运营渠道深度发掘后灵活包装，如向社会投资人出售受托的技术风险投资期权、吸纳社会风险投资基金或建立专门的技术转化平台获取收益。

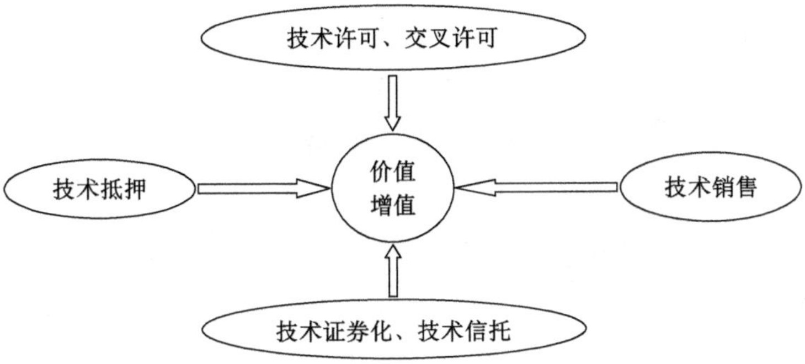

图6-3 技术的“资产运营”

在国外企业，技术的资产运营活动较为常见且运营效果可观。在20世纪90年代的初期，微软公司曾与IBM公司签订许可协议，要支付高达3000万美元的价格且公开Windows 3.1源代码以与IBM的OS/2操作系统相兼容，以此获得使用巨蓝专利的许可权利。仅此项许可协议，IBM公司每年就能获得10亿美元。另外，创立于1985年的Qualcomm公司，在发明了无线专利技术后，转而许可给其他的手机生产商，以此获取了丰厚利润。相比之下，国内企业的技术运营要滞后一些，但近年来也有明显增强。数据显示，2014年，国内企业仅专利权一项技术的抵押融资金额就达到489亿元，同比增长了92.5%。尽管取得一定成绩，技术资产运营的问题还有不少，诸如一些企业的技术运营意识较低、财务运营知识欠缺、技术闲置率偏高、运营方式单一、技术销售、技术证券化、抵押、信托等运营活动涉及还太少，极个别技术还未投入应用就惨遭淘汰。另外，对于技术专利的普通许可、排他许可、独占许可、交叉许可等的合理结合应用都有待加强。

3. 技术的“资本运营”。资本运营是在商品运营、资产运营基础上拓展而成的高级运营方式，借助于不同主体间的资本所有权流动来实现增值[14]。相对应，技术的资本运营指技术持有方将技术的使用权或所有权以股权形式投入到其他企业以获取一定比例的控制权利或收益分享权。这是一种将技术与其他企业的有形、无形资本相结合，共负盈亏、共担风险的运作方式，也是攫取技术价值潜能最大的一种运营模式，见图6－4。

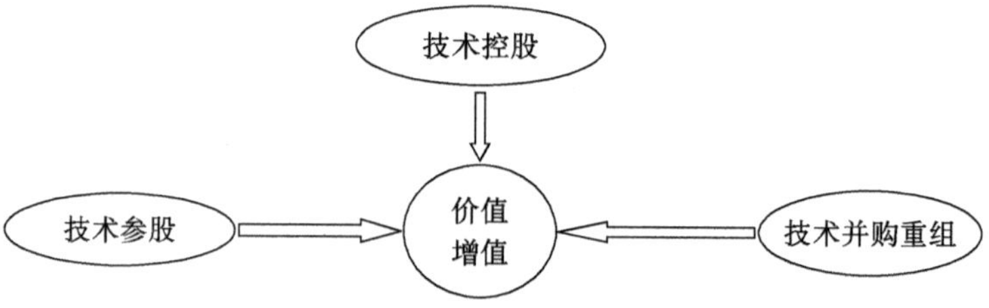

图6－4 技术的“资本运营”

基于不同视角，技术入股有多种表现形式。依据战略目的不同，技术入股分为两种：一是投资方以参与技术研究与开发作为目的向其他企业进行技术投资，共同承担研发风险，分享研发利益，此种形式属于研究开发中的技术入股；二是投资方把现成的技术成果折成股份向其他企业技术投资以获取利益，此种形式称为技术转让中的技术入股。基于不同持股目的，技术入股还可分为技术参股、技术控股、技术并购、技术重组等。在一般参股方式下，投资方的持股比例还未达到控制要求，技术投资的目的只为联合开发新技术或分享一定收益；若持股比例较高，达到了控制比例，技术投资方就有能力掌控对方企业的研发、技术资源以及其他所有重要财务事项；若投资方利用技术投资实现了对其他企业的完全并购，就获得了对方企业全部技术、资源与能力。

另外，依据技术明细差异，技术对外投资也可划分为专利、非专利技术、研发中心、其他技术资本等投资。目前常见的是专利投资、非专利技术投资。专利技术投资方面，企业大多用专利的所有权出资或以签订许可协议出资，准许被投资企业利用其专利从事商品的研发、制造与销售，以获取投资收益。现阶段，由于专利价值评估方面的相关法律法规还不完善、且“轻无形、重有形”等观念仍存在，中国企业专利技术的投资运营业务还不太频繁。在外资企业就比较常见。其出资对象以本国不再需要或面临淘汰、但在国内尚新、仍能获取丰厚利润的技术形态为主。

与前者相比，非专利技术属于权利人尚未公开的商业机密，还未取得法律保护。但若在企业内部清晰确权后，经权利人的一致同意后，非专利技术也可以许可使用权的方式对外投资。与专利不同的是，非专利技术的转让更多地以非公开形式进行，且签订严密的技术保密条款，投资方在许可协议签订后，大多仍保留继续使用该技术的权利。另外，企业也可以其拥有的研发中心、开发支出等出资。考虑到大多数企业的此类技术存量较低，利用其对外出资的企业极少。外购的系统软件通常已得到普遍应用，企业多用于日常管理，很少用于对外投资。考虑到技术具有较强的外溢性，在技术资本运营的过程中，投资技术的选择、投资风险的控制、技术产权的保密性措施非常重要。实践中，企业往往是将内部闲置下来但还未被外部市场淘汰的二手技术投资于实力相对弱一些的企业，以获取对方的控制权利，充实自身的战略或财务实力。

国外的技术资本运营更成熟一些。很多企业都拥有专门的知识产权控股公司，利用国家知识产权局专利搜索引擎检索发现，国外多家企业下属的知识产权公司都在中国申请了多项专利。此类公司聘用专业运营人才，从事专业化的专利对外投资。形成鲜明对比的是，国内企业很少成立专门的知识产权控股公司。以华为技术、中兴科技为例，两公司申请的发明专利数量连续多年位居国内领先地位，但至今仍未专门建立独立的知识产权控股公司，取而代之的是在内部成立一个知识产权部门，综合技术实力、运营效果还有一定差距。

以上三种运营方式并非孤立存在。它们各具特点，相互支撑与促进。对制造企业而言，技术的“商品运营”投入成本大，但风险小，是其他两种方式的前提与基础；技术的“资产运营”与“资本运营”成本投入较小，运作中的技术风险与财务风险都更大，但盈利空间也更高，是技术的“商品运营”的重要补充。

6.4 支撑性技术活动分析

6.4.1 技术组织

TVC中关键性技术活动的正常运转离不开体现技术特点的组织形式的支撑。传统企业的组织形式以集权为主。姜晨（2011）认为这样的技术组织决策结构会制约企业的技术活动，并不利于原创技术思想涌现以及灵活先进的技术运作方式应用，甚至会制约技术应用的效果应优先采用分权或者整合型组织。相关例子有不少。唐纳德萨尔的分析显示，20 世纪 70 年代中期，凡世通轮胎橡胶公司发现辐射轮胎技术有很大的应用潜力，而且汽车制造商们也易于接受此项新兴技术，具有广阔的市场空间与预期前景，但受制于当时的集权模式，此项技术的开发应用并未获得许可。在 20 世纪 90 年代，即在计算机行业发展的初级阶段，第一台个人计算机生产之时，IBM 公司就极为敏锐地察觉到此技术的巨大潜力，立即做出长远发展战略调整，不仅独立出专门的经营部门用于研发、生产与销售个人计算机，此部门不受公司整体管理调配政策、运作计划操控，而且还单独组建了两支竞争团队用以研发简化个人计算机。一定意义上，正是这种有助于技术研发、运营顺利开展的灵活组织形式的及时建立，促成了 IBM 的迅速崛起与壮大。与之相比，数字设备公司也曾意识到计算机业务的远期发展前景，但它未采取更灵活方式，成立推动该业务发展的组织形式，而是与现有业务同步开发运作，设计电脑的关键零部件，然后组装为整机一体化销售，这种方式仅在发展初期获得一些利润，后来即被淘汰。新的经济环境下，技术成果的多样化、多变性、技术运营的复杂性，使得 TVC 的高效运转离不开与之相适用的组织形式作依托。企业要在资源允许的条件下，不断探索有利于技术开发、运营的新型组织模式，最大程度挖掘可能利用的商业机会，迎合快速技术更新的需求[237-241]。至于哪些技术组织更有利于 TVC 的运作，有人认为为提高技术应用效率企业应积极构建开放式的技术合作组织，充分利用其他企业或部门的技术优势，这将有助于提高技术供需信息的传递效率、技术定价的合理度，降低技术交易成本，促进技术转化。鉴于技术活动的复杂性、高风险、易泄露、且价值动态易变，在今后一段时期内，如何构建灵活的开放式技术组织可能会变得越发重要[237]。

6.4.2 技术创新文化

技术创新文化是企业在长期的成长中不断积累、提炼出的有关技术特征、财务运作、价值驱动的态度、信念与认识。企业的技术水平与创新文化的引导关系密切。创新意愿越强，越有助于技术成果生成与技术实力培育。在动态多变的竞争环境中，每个企业都在努力寻求关键技术、培育核心优势与持续发展的基础[242]。营造一种有助于发挥技术潜能的创新文化氛围对积极调动技术研发、高效开展技术运作至关重要，突出体现在鼓励创造、学习能力培育、开放性技术吸收、灵活调节与应变的创新文化是技术活动顺利进行的保证[243-244]。因此，要提升 TVC 的运转效果，就必须建立有助于 TVC 运作的积极向上的创新文化。它应能够鼓励冒险、寻求技术机会、快速商业转化等。著名学者钱颖一教授在分析美国硅谷得以成功的环境、制度、文化因子后发现，硅谷的技术研发、技术转化热情极为高涨，高技术人才的地位颇高，注重技术环境塑造等，诸多因素的结合成就了硅谷。目前中国创新环境还需改进。在过去，中国的整体技术实力也曾全球领先，后来逐渐落后。一个很重要的制约因素可能在于中庸导向的价值观念以及因循守旧、厚古薄今、墨守成规等传统文化理念对现代创新思想的负面作用，这使得很多原创技术思想扼杀于摇篮之中。这种创新环境下，企业内部也很难营造出先进的技术创新文化，"有制造无创造、有技术无产权或有产权无应用"的技术配置状况仍大量存在。这凸显出技术创新文化培育的重要性。在具体运作方面，徐智华（2013）特别提出培育技术创新文化应从三个方面入手：观念文化、制度文化与行为文化。观念文化是技术创新主体全体员工所应具备的企业发展观念以及在发展观念指导下进行技术创新过程中形成的技术研发精神信念[245]。制度文化是指技术创新过程中形成并在实践中得到认可的各种内部规范体系，对创新效果起着激励或约束作用[246]。行动文化指关于如何进行技术创新的行动性引导理念与氛围。

6.4.3 技术人力

第4章的实证分析已经表明，人力与技术在应用中具有明显的互动性，两者的替代性较为明显。此外，两者还具有一定的互补性。人力积累需适应技术需求[247-250]。技术积累与运营必须依托于高层次人才。在此过程中，后者的技术水平也会不断得到提升。Benhabib 和 Spiege（1994）的研究发现，人力要素除了直接驱动企业价值，更为重要的是，促进新技术的商业转化与运作，其中高技术型人力对技术运作效果的作用最明显[250]。另外，何婷英的分析也支持了改善人力水平明显提高技术运作效率[249]。若企业缺乏完善的人力资本培育系统，将很难进行正常的技术资本化运作，最终可能会被动陷入技术购买、技术模仿等。加大技术性人力投入是 TVC 运作的前提，技术研发、技术确权、技术交易与资本运作都离不开技术型人力的紧密配合。技术人力主要涉及 R&D 开发人员、技术资产管理人才、技术服务人才、技术财务运营人才、熟练技术工人、技术法律人才等。他们分别从战略、技术、市场、法律、财务等视角为 TVC 运作全方位提供保障。

6.4.4 其他辅助活动

除了技术组织、创新文化、技术人力的支撑外，TVC 及每一项技术活动的正常运作还离不开一些实物、货币资金、固定设施配置等方面的支持，主要涉及以下活动：研发资金投入规划、研发与技术运营中的必要场所建设、辅助物料、材料采购、技术运作日常管理、技术、知识与信息网站建设、技术人力薪酬设计方案、技术运作绩效考核等。尽管此类活动不属于 TVC 的关键环节，但为各项技术活动运作提供基本保证。其中，研发资金投入规划决定了研发投入力度、技术获取量、技术运作中的成本收益水平等。薪酬设计方案决定了技术人力的研发、技术运作的积极性，进一步影响技术生成数量与运作效果。实践中企业要多方协调、权衡基础性辅助活动的配置状况，提高网络化建设水平，增强相关决策信息的真实性、透明度，降低实物资本的采购支出，提高货币资本利用效率，改进绩效评价指标体系等。

6.5 技术价值链运作模式

TVC 运作模式意指构成价值链有机系统的各项技术活动内在的互动联系及相互的链接模式。鉴于支撑性技术活动贯穿于关键性技术活动的整个过程，维持后者的正常运作，其运作模式应由关键性技术活动依序链接而成，起点是技术生成，通过技术确权、技术交易后形成技术资本，然后启动资本的财务运作，进行技术的商品运营、技术的资产运营或技术的资本运营驱动价值增值，见图 6-5 至图 6-7。由于前三个技术环节是资本生成的必要前提，各企业运作差异主要体现在后期的技术运营。与三种技术运营方式相适应，TVC 运作模式亦可划分为三种类型。

6.5.1 商品运作模式

商品运作模式是技术生成、技术确权、技术交易与技术商品运营的有机链接体，见图 6-5。其运作流程是：个人、企业、高校及科研机构或其他组织研发出的技术成果，以申请专利或内部权利注册的方式进行确权，然后企业通过技术购买、吸收技术投资、吸收技术许可或并购的交易方式获取技术成果，进而成为技术资本。依据每一项技术资本的类型、特点、原创程度、新旧程度，企业分别配置到商品经营流程的各个环节中去，具体体现在：形成产品组成部件的一揽子技术投入到商品 R&D 中；能够改进生产效率、节省生产费用的先进的生产技术、技能与方法、生产诀窍与秘方、新型生产工具等，投入到商品制造环节；能够改善销售、服务关系、整合重构营销服务渠道体系的互联网、大数据、高端智能等各种新兴 IT 技术，投入到商品的销售服务环节中，构建迎合新经济时代、拥有较高技术含量的新型销售服务体系。

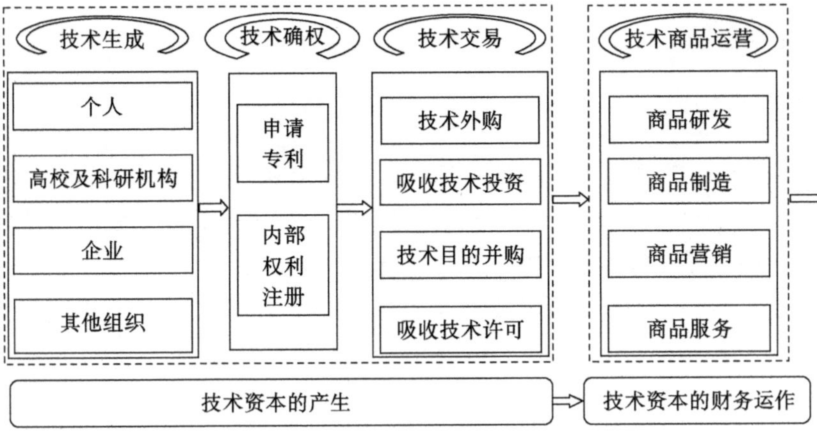

图 6－5　商品运作模式

传统意义上，致力于技术制胜的商品经营企业管理者大多更注重商品的开发环节，其次是制造环节，销售服务环节主要由营销人员完成。他们认为高技术含量的商品开发是持续保持核心竞争力的法宝。但近二十年各种新兴 IT 技术的全面应用给企业商品运作中的供产销流程带来很大冲击：在过去，商品研发内部秘密进行，现在更倾向于组建融入更多高层人力的虚拟合作组织；在过去，商品制造主要靠人工与机器，现在更倾向于应用一体式流水线或智能化制造；在过去，商品销售通过商场、实体店的营销人员进行，现在更倾向于电子商务。可见，现代企业的商品经营越来越依靠技术资本的投入。积极迎合新兴 IT 技术要素的商品开发、制造、销售等环节开始显示出强大的价值创造威力。即使产品的研发技术含量相同，采用先进的制造技术、构建灵活、便捷的营销网络也能大大提高产品的增值能力。

基于全球价值链的视角，在国外，先进技术驱动企业的商品运作模式主要集中于研发环节，而国内的技术企业可能更倾向于大而全，灵活度较高，但单个技术活动并不太突出。典型例子是，苹果技术公司的 TVC 运作突出体现在新型手机产品研发活动、销售居次，生产环节多下放到全球企业代工。与之相比，华为公司的商品运作特点体现在：商品研发环节相对偏弱一些，但其能够积极利用现有成熟技术进行性能、功能、质量等多方面的再次创新，且对于制造环节、销售、服务环节的技术投入也颇为重视，2004 年该企业投入应用的 WCDMA 分布式基站，虽然其技术不突出，但能够改进现有的生产工艺，仅此一项，生产费用降低了约 30%。另外，该企业还引进了一项 IBM 公司市场需求预测系统投入到商品营销环节，大大拓展了目标消费群及对商品的注视程度[251]。有关华为 TVC 的详细运作见第 7 章。

6.5.2 资产运作模式

资产运作模式是技术生成、技术确权、技术交易与技术资产运营活动的有机链接，见图 6－6。与图 6－5 不同的是，在此模式中，技术资本形成后，企业并不直接投入到商品经营中去，而是将其看作比货币、实物等资产项目更为重要的资产类型，围绕调整技术资产存量与内在结构、让渡技术使用价值等方式，让每一项技术都得到充分利用，最大程度地挖掘出每一项技术资源的内在使用潜能与价值产出。资产运作模式的突出特点体现在：以技术资产的综合报酬率最大化为目标，技术成果并不直接配置到商品实体，而是在产权维持不变的前提下转让技术的使用价值或直接让渡技术的所有权，以获

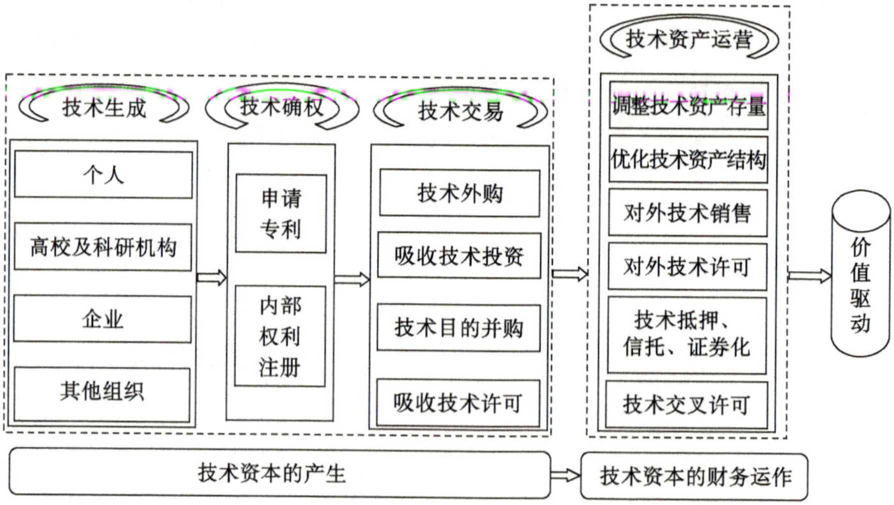

图 6－6　资产运作模式

取更高的技术资产报酬率。其运作方式涉及：调整技术资产存量、优化技术资产结构、对外技术销售、对外技术许可、技术交叉许可、技术抵押、信托、证券化。

与商品运作模式相比，资产运作模式既节约了商品经营过程中的大量货币资金投入，又降低了经营风险，更利于企业专注原创技术研制，增强技术研发核心竞争力，在一些技术能力强、高层次人力较丰富、且具备一定风险抵抗力的高科技企业比较常见。现阶段，国内企业的TVC运作以商品运作模式为主，把技术资产化运作视为重要战略内容的企业比较少，运作对象比较单一，以专利为主，其他类型技术资本较少，运作中的问题也较多。依据2013年度的中国专利运营状况研究报告记载，最近五年，中国企业的专利运作活动日趋频繁，运营总次数约达12万次，以专利转让活动为主，其他依次是专利许可和专利权抵押。尽管数量提升较快，但主要集中于集团内部的母子企业间进行，大多属于非营利性质，独立主体之间的技术资产化交易很少，这也制约了同一产业或相关产业之间的合作、协同技术创新。例如，中国某大型重工机械企业，技术成果业界领先，拥有多个国家级重点研发中心，多项世界级领先的高技术产品，每年都获得多项在研技术项目支持，专利数量居国内前列，但技术成果对企业价值的贡献能力并不突出，除了技术资本的生成渠道受阻外，另一个重要原因在于TVC的后续运作渠道较为狭窄，应用途径单一，利用率不高，技术资本的配置渠道以商品的开发环节为主，制造、销售环节弱一些，技术的资产化运作方式如技术许可、销售、抵押、证券化等更少。这导致不少技术闲置，个别技术还未得到应用就惨遭淘汰，此类状况近两年虽有所改善，但仍需不断拓展TVC运作空间。

6.5.3 资本运作模式

资本运作模式是技术生成、技术确权、技术交易、技术资本运营的有机链接，见图6-7。企业将确权、交易后的技术资本，以技术参股、技术控股、技术并购、技术重组等形式对外投资，通过少量的技术投入获取对方企业的产权或经营利益，以产权关系为纽带，以少博多，或实现财务战略协同。与前两种模式明显不同的是，该模式以转移技术产权为前提来获取对方企业产权。具体实践中，最为常见的是企业在技术发展战略的引导下，以一定数量的货币资金与技术资本相结合，投资于目标企业，搭建具有共同发展目标的企业集团。此模式主要的投资对象是技术资本，货币、实物要素所需很少，因此投资中的资金投入少，主要看技术的应用价值，因此重点关注技术的估价与投资风险评估。此模式较好地迎合了高技术企业财务困境时期的投资需求。

另外，技术的独特性使其对外投资有别于其他资本。在技术资本运作过程中，基于保密性、垄断性、原创性、核心竞争优势诸多因素，除了专门的技术对外投资公司，实体企业多不愿将最能代表原创实力的技术资本向外投资，更倾向于选择闲置、不需用或应用成熟的二次技术，这可能意味着市场估价及获得的投资份额并不太高，单靠此项技术很难维系较长时期的战略投资关系。这影响到实际运作效果。基于战略协同考虑，技术资本运营应动态、持续进行，即伴随着技术的更新，技术资本的对外投资战略也要做出调整，必要时，可以专门针对技术的更新换代制定一揽子资本运营规划。

在国内，资本运作模式主要集中于外资企业。不少外资企业在初始成立时，外方企业将本国比较成熟、甚至已面临淘汰或不再需要、但在中国仍较新颖的技术成果出资，仍获得较大评估价值及较高比例的控股权，获利也甚多。国内一些企业也有尝试。青岛啤酒公司将其独到的啤酒酿造技术与货币资金相结合，对外投资、并购、整合了国内多家啤酒企业，其中一些已面临破产，借力青啤技术后起死回生。通过技术投资，青啤企业价值也大幅提升。

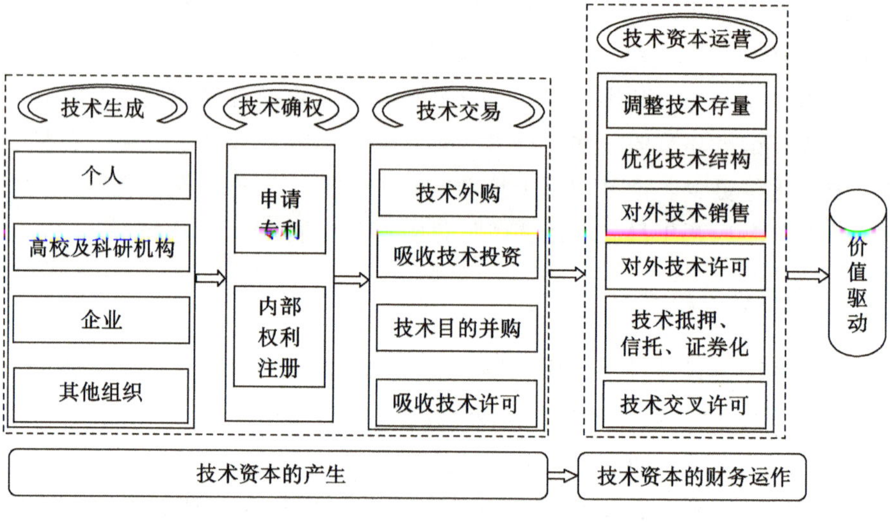

图 6-7 资本运作模式

以上三种 TVC 的运作模式虽具有一定的独立性，但互相补充、互相促进。企业应根据自身发展阶段特点灵活选择。技术驱动型制造企业应以技术的商品运营为基础，逐步向技术的资产运营或资本运营拓展，探索多样化的技术增值路径。在发展初期或技术实力一般时，专注于技术的商品运营模式以及研发、制造等重点运作环节。随着企业规模扩大、日渐成熟或技术实力不断增强，在业内具有了一定的规模、战略、技术优势，可以将三种运作模式结合使用，如原创性技术用于商品开发，闲置二手技术进行对外许可、交叉许可、抵押、股权投资等。

6.6 本章总结

围绕技术的价值创造，一部分人认为应改进传统价值链，突出新产品研发活动的战略重要性并作为核心价值驱动单元；另有人将技术看作知识的组成部分，转而关注知识价值链的构建与应用问题；还有人探索创新价值链。以上都未将技术价值创造问题独立出来单独研究。与现有学者不同的是，本章建立了一个基于技术的价值驱动模型。该模型将技术增值活动划分为两大类：关键性技术活动和支撑性技术活动。前者包括技术生产、技术确权、技术交易、技术运营（商品运营、资产运营与资本运营）。后者包括技术组织、技术创新文化、技术人力与其他辅助活动。依据技术活动的链接关系，最后提出三种运作模式。上述内容一定程度上丰富了主流价值理论、财务理论、技术创新理论的研究成果。

本章构建的TVC模型对于提升企业技术实力、优化技术配置及实现长期持续发展具有一定指导意义：首先，TVC模型给出了具有增值功能的技术活动类别及内部关系，企业可以结合未来战略成长方向、成本承受能力、必要投资回报、现有财务状况，选择最适用的技术活动及相应运作模式。其次，技术增值的关键是技术资本的形成环节。有不少企业技术实力突出，但财务绩效甚微，其中一个原因很可能是技术资本的生成路径尚未完全疏通。技术成果丰富的企业，其技术资本存量不一定高，这与技术成果的产权明晰、是否完成交易或新旧程度市场接受度等都有一定关系。最后，TVC指明了技术的资本化运作空间。尽管企业技术数量、内在质量这些年有很大提升，但其应用范围过于狭窄，未能针对不同的技术类型采取不同的运作方式。通过将技术投入到商品生产与销售、对内、对外的技术许可、抵押、以资本入股其他企业等，能够最大程度发挥出技术潜能。

第7章

技术价值链运作实践：来自华为的案例分析

任何科学理论都需要接受实践的反复验证。在上一章构建 TVC 理论模型后，本章很有必要进一步验证此模型以及其在国内企业应用的可行性，据此提炼出运作中的主要瓶颈与难题，为其进一步优化提供现实依据。

对于从实践角度探究技术的价值驱动策略，现有学者或集中于专利的产权保护、商业化与运营问题，或探讨知识产权保护与运营，有关国内企业 TVC 运作实践的文献尚未发现。TVC 是一个价值创造的过程，通过将技术进行商业化创造经济价值，具体体现在如何更好地促进技术资本的生成及选取灵活恰当的技术运作方式。

为了深入地解读中国技术主导企业的技术资本生成及增值状况，本章拟以 TVC 理论模型为基础，探讨其在国内企业的应用性。一方面，更好地了解国内企业技术资本实际运作状况与运作效果；另一方面，也有助于挖掘增值流程中较薄弱的技术环节。由于用传统的抽样统计的方法难以对 TVC 动态变化过程准确描述，而案例研究更便于详细考察与分析现象背后的深层原因，通过搜集多种资料对现实背景下的现象进行调查，为新理论生成或修正现有理论提供可行性证据。

改革开放 30 多年以来，以华为公司为代表的一大批技术企业迅速崛起，成为中国经济增长的新生主导力量。它们代表着国内最先进的技术水平，技术资本存量业界领先，但受制于技术转化为资本的速度与程度、技术运营的方式与途径，技术的价值增值潜力与效果差异较大。接下来，本章拟通过规范的探索性单一案例研究法，选取华为公司为案例，分析该企业的技术实践活动以及 TVC 的运作模式，以期为 TVC 的理论模型提供全面、充实、有力的证据。

7.1　研究说明

陈刚、徐璟娜、邓颖、王怀庭以及陈肖丹等人曾从不同角度对技术资本应用与实践提出指导性建议[252-256]。其中，陈刚重点研究如何将技术资本融入企业传统的资本结构，以丰富完善企业资本的内容与构成[252]。徐璟娜从财务学角度分析技术资本对公司战略的影响，提出一系列改善财务战略的可行策略[253]。邓颖重点关注了技术资本的配置问题，提出包含技术资本、知识资本、信息资本及传统人、财、物的合理配置结构，并对如何促进企业发展提出政策建议[254]。陈晓丹以潍柴动力股份有限公司为例，基于新兴要素资本理论对传统资产负债表中的资产项目重新分类，为管理者提供了一种新的价值管理思路[255]。

另外，也有不少人关注华为公司的技术开发、积累与价值增长。其中，中国海洋大学的永胜在其博士学位论文中专章介绍了华为公司的技术资本积累与公司治理之间的互动关系[256]。闫承国强调了建立有效知识产权战略在华为公司战略管理中的重要意义，分析了华为公司的内外经营环境并制定出相应的战略方案加以评估[257]。苗青丽对华为的技术创新管理问题进行解读，通过挖掘该公司技术创新的组织模式、战略选择和能力提升策略，总结出中国高科技企业技术创新管理的一般规律[258]。程东升、刘丽丽在其编著的《华为真相》和《华为的经营管理智慧》中分别介绍了华为的技术策略、技术产品和技术研发。李慧群在其论著《华为的管理模式》中解析了华为的技术管理模式——奉行知本主义、向西方企业看齐、创造与保护知识产权等[259-260]。许凌志的论著《华为的企业战略》将华为的研发战略归纳为：掌握第一手调研数据、加大高科技产品投入、集中力量开发核心产品、摈弃技术的拿来主义[261]。王丽娜在《深圳华为公司的创新管理研究》中探讨过华为技术研究方法的更新问题[262]。王新超从构建学习型组织角度挖掘华为的创新发展过程[263]。郑云凤（2009）借助于专利申请（专利权）人分布分析、专利趋势图分析、IPC分布图分析等专利管理地图分析方法，多角度概括了华为的专利战略情况，总结其成功经验，为国内其他通信设备商制定与实施专利战略提供一些思路借鉴[264]。

以上有关技术资本应用实践以及华为技术创新案例文献对华为技术的透视多基于公司治理、日常经营、专利管理、技术研发的视角，仅有少部分人围绕技术资本，关注其对传统资本结构、公司治理、财务战略等的影响，且以定性分析为主，基于微观企业的视角探讨技术的价值链应用与运作问题较少，更未见针对华为技术案例的深层透视。追踪中国企业技术创新实践并使其理论化是学术研究的基本使命。本章拟弥补此方面不足，在第6章的基础上，从实践角度验证理论模型及其运作的合理性、可行性、应用价值，以推进TVC在国内企业中的应用实践。

7.2 研究设计

7.2.1 研究方法

考虑到本章意在从实践中揭示TVC中各技术活动之间的关系与运作，现有理论与实证文献都较缺，构建实证模型分析各项技术活动的运作关系可能比较困难，而从案例到理论的“分析归纳”过程可能更加适用。作为经验研究中的定性方法，案例分析以企业为对象，通过观察企业的实践过程，整理出一些尚未被人关注到的新变量或现有变量间的新联系，对于构建新理论或充实现有理论体系具有重要意义[265]。进一步，根据研究主题的现象典型性与内容复杂性，本章选取单一案例研究法，具体有如下几个理由：（1）单一案例分析法在案例研究中最为常见。Eisenhardt（1989）提出随机样本不适用于案例研究[266]。Pettigrew（1990）、Yin（1994）也纷纷强调，案例分析一定要选取典型及极端情形下的案例才更有说服力[267-268]。（2）现有理论很难解释技术创造价值的内在运作机理以及运作效果，单案例研究能够深入挖掘内在机理、拓展理论、构建应用框架。（3）量化的实证研究主要用以考证已被识别的变量间的内在关系，难以解释尚未清晰界定或难以用现有理论推导的经济现象，案例分析能够弥补此不足，通过搭建起丰富质性数据与演绎式理论研究的桥梁，对现实经济中的新问题给予证据支持。（4）案例分析能够很好地解释“怎么样”和“为什么”等问题，有利于清晰展现企业技术活动相互间的链接关系以及价值创造能力[269]。（5）单一案例更有利于捕捉企业经营过程中产生的新问题，对研究框架提供更有力的质性证据支持。基于以上考虑，本章最终选取单一案例研究方法，希望通过对单一案例的深度纵向分析，透彻了解案例背景，保证案例研究深度，更好地验证上一章构建的理论研架。

本章研究遵循了案例研究的理论抽样原则，选取样本的基本标准就是看哪一个案例能够最有效地解读研究问题。经过反复性探讨、权衡及探测性调研，最终确定单一样本的抽样标准为：成立年限10年以上的高新技术企业、多年以来一直坚持技术主导战略、技术实力业界领先、财务绩效与价值创造能力业界领先、研究所需的资料完备且易于搜集、具备研究可行性与代表性。

作为国内技术企业的代表，华为公司的技术积累与应用实践复杂多变、丰富多彩，内在运作机理还未从理论上完全厘清。基于此，下面拟选取华为技术有限公司（简称华为）作为研究对象，理由如下：首先，成立至今，华为的技术实力在国内ICT行业一直处于领先地位，具备较强的行业代表性；其次，华为是全国创新型企业试点单位，典型的技术主导企业，技术资本积累突出，尤其是所获授权发明专利持续多年国内领先；最后，该企业重视技术研发，技术保护以及技术的商业化运作，奉行合作创新理念，积极尝试应用多种灵活的技术运营方式且取得明显绩效，价值创造能力在业界、国内乃至全球都享有一定知名度，能够确保资料搜集的易得性、可行性与完备性。

7.2.2　资料来源

1. 访谈。笔者的两位高中同学在华为技术部门从事技术研发工作，这为获取第一手资料提供了便利。访谈对象包括笔者的同学以及华为技术研发部门的其他2名同事。他们掌握着华为技术开发、积累与运作方面较为全面的信息。访谈过程中，为更好地凸显出案例研究的优势，笔者参照传统的质性研究策略，尽最大能力去获取各方面的技术资本资料。为提升访谈信息的相关、真实与准确度，笔者向受访者承诺，获取的所有访谈信息仅用于学术分析，严格保密、尽可能地匿名处理，以期寻求受访者最大程度的理解与支持。访谈中，笔者尽可能采用了启发式谈话方式，例如，对此问题您是否还有其他高见？另外，笔者还注重了对经济决策的有关原因的问询，例如，当初为何选取方案A而非其他方案等？不同技术活动之间如何实现有序链接？对于访谈中的所有问题，尽可能地向外拓展，以捕捉受访者所掌握的其他信息，更好地支持理论框架。

2. 公开讲话。鉴于华为尚未上市，这给获取经营信息带来一定困难。本章信息获取主要来自华为高层决策团队的公开讲话以及内部管理方面的制度性文件。首先搜集该公司任正非等人的75篇内部讲话，剔除与TVC无联系的19篇，剩余56篇。这56篇涉及的时间期限跨度为1993～2014年，能够较全面地反映出华为的技术开发、技术积累与运作历程；讲话主题涵盖了对技术研发、专利保护、技术获取、技术商业化运作等各方面的意见与看法。

3. 公开二手资料。包括华为历年对外公开的年度中文财务报表、与华为技术有关的报刊、媒体报道与书籍等参考材料、各信息网站及所属科技栏目等对华为经营状况的评价、华为内部的报刊，如《华为的世界》、《华为研发》、《华为人》，以及中国知网刊载的相关经济学、管理学领域知名专家学者对华为的探索性文献。

为提高研究的效度和信度，最后将一手调研获得的企业访谈与内部资料整理成相关表格，并与通过其他途径收集的二手资料分类整合，形成专门的案例文档，进行详细三角验证，增强进一步分析的可靠性。

7.3 案例描述

7.3.1 案例概况

深圳华为技术有限公司成立于1988年，是一家专门从事通信网络技术与产品开发、生产与销售的公司，致力于为电信运营商提供固定网、移动网、数据通信网和增值业务领域的网络解决方案。自成立至今，华为牢牢把握新时期ICT行业的历史高速发展机遇，以终极消费者为核心，以艰苦奋斗为生存之本，立足于持续技术创新的聚焦战略发展方向，坚持在电信基础网络、云计算、智能终端等领域的大量研发投入，每年将经营收入的10%用于研发，其员工构成中专门从事技术研发与创新的技术人才约占到45%，它旗下的许多技术产品与设计软件，如电信领域网络应用、ICT设备、移动智能终端以及相应解决方案，引领着行业发展前沿，销售遍布于180多个国家，为各国的电信营运厂家、企业与终极客户提供了灵活便捷的高端ICT问题方案与智能服务，弥合数字智能鸿沟，尽可能让每个人都能享受到高品质的数字联接，赢得了国内外客户的信赖与支持，从一家注册资金仅为21000元人民币的深圳民营企业，稳步发展为知名的全球500强公司之一。2013年华为超越了全球电信设备行业巨头——日本的爱立信公司，跃居成为世界规模最大的电信设备供应商。2014年度，华为依托强大的技术实力，成功闯入美国专利授权TOP 50排行榜，上榜汤森路透“2014全球百强创新机构”，入围Interbrand“TOP100”全球最具价值品牌。

2015年1月13日在北京召开的“2014华为经营业绩预发布会”上，华为首席财务官孟晚舟公布全年成绩单：2014年华为营业收入预计为2870亿~2890亿元，同比增长约19%，运营商业务增幅达15%，3倍于2013年5%增幅。除此之外，华为另外两大业务增速也夺人眼球。企业业务收入同比增长约27%；消费者业务收入2014年同比增长32%，几乎是2013年17%增幅的2倍。2014年，华为不仅在收入指标上稳居全球电信设备市场第一，在净利润方面也远远超过排名其后的爱立信、阿朗、诺基亚、中兴通讯这四家之和。这个名副其实的员工持股制民营企业，凭借其在电信设备行业不断上升的影响力，提高了中国企业在世界的知名度，让其他国家看到中国企业制造并不是廉价品的代名词。另外，该公司还非常重视经济可持续发展以及与其他企业的合力、协同发展，规避高速增长可能带来的隐患。除了追求利润增长，还对如何降低生产能源耗用，实现低碳式增长给予高度关注，与同行、相关行业合作伙伴一起开展协同技术研发，营造更加先进、高效的数字化智能系统，最大化地激发出单个主体在任一时间、地点的主观能动性、潜能与机遇，帮助本土其他企业积极加入到全球价值链条中去，促进全球化的互联与融通，推动世界进步。综上分析，在新兴互联网经济与全球变革时代，华为已发展成为一家国际知名的科技主导型通信业巨头。

7.3.2 华为的价值驱动理念

企业价值是由当期及预期未来现金流入的总现值决定。决定价值大小的重要因素除了当期的现金流入，更重要的是未来持续年度内的现金流入以及规避风险。科学、合理、高效的价值管理应更注重对长期可持续价值的获取。由于传统的实物资源边际报酬递减，迟早会面临枯竭，相比之下，技术等新兴资本积累取决于人类的发明创造，具有不可复制、异质性及一定的边际递增性，永不会枯竭，能够作为持续价值创造的根本动力。实践中互联网、云计算、大数据、互联网＋的应用促使技术全面渗入企业价值管理的各个角落。每个企业都在技术环境中生存。对现代企业而言，要实现可持续发展与价值增长，必须坚持以技术等新兴资本为重心，促进技术资本积累与运作，制定与实施一些持续性价值管理策略。

华为公司多年来始终坚持可持续发展与技术至上理念，依靠持续的技术创新，聚焦于构筑面向未来的价值增值渠道，最大化地创造持续价值。这在《华为基本法》中得到全面细致描述。其中，可持续发展主要体现在基本法的第 11、14 和 15 条：华为不仅追求规模扩张，更要注重资源的最佳配置与获利能力提升，努力使自己更强大，以吸引全球优秀人才；华为在持续成长目标的指导下，追求在一定利润率水平上成长的最大化，详细制定每个发展阶段达到的合理利润区间，避免利润短视化，力争实现能够维持或超过行业平均增幅或业内主要竞争企业的利润增幅。

华为的可持续增长根本上依靠技术创新推动。该公司基本法中第 13 条规定，公司成长的主要牵引力有四种：机会、人才、技术、产品。这四股力量之间互相作用。机会牵引着人才、人才牵引着技术、技术牵引着产品、产品牵引着更大发展机会。增强四股力量的牵引度，促进内部的健康循环，有助于企业持续发展。华为多年的成长历程已经有力地证明了正是长期坚持技术主导战略，才实现了多年持续的盈利增长。依靠技术驱动可持续价值是华为始终如一坚持的价值创造理念，它奠定了华为成长的基石，指引着华为人重视技术研发、技术人才引进、技术保护、技术转化，积极采取多种方式最大化挖掘技术潜力，尽可能让每一份技术资源发挥出最大潜能。

7.3.3 华为的技术生成活动

研究表明，企业生成技术的途径主要有自主研发与寻求技术合作。在不同的发展阶段，华为始终坚持以自主研发为主导，技术合作为辅，使得自身技术实力不断提升。

《华为基本法》明确规定，在研发方面每年坚持不少于年收入 10% 的经费及超过 10000 名工程师投入，以促进自主核心技术的生成，这充分表明了华为坚持自主研发为导向的决心。自从《华为基本法》制定之日起，华为始终如一地贯彻执行，不仅每年将不少于销售额 10% 的资金投入研发，还将 10% 的研发经费用于预研，即便在电信产业面临发展困境时也未减少研发投入、动摇技术研发策略，甚至还扩招了研发队伍，力争向高端技术迈进。长期研发的一贯高投入有力地保证了技术成果的生成。早在 1989 年，技术出身的华为总裁任正非果断选择自主技术研发战略的当年就推出第一款原创技术 BHO1。而激烈的市场竞争进一步刺激任正非致力于发展并拥有自主产权的世界领先的电子和信息技术支撑体系。1993 年，由于 JK 1000 研发失误，导致公司资金十分紧张，员工工资只能发一半。当时很多员工私下议论是否会破产。就是在这种情况下，华为依然没有削减研发投入，耗资近 1 亿元的 C&C08 交换机就在这一年研制成功。1994 年，华为因 C&C08 交换机销售积累了一定的货币资本，开始积极建设研发中心，次年成立了北京技术研究所，其主攻的技术领域是数据通信。该研究所成立之初举步维艰，数据通信领域涉及太广，细分较复杂，仅了解大的方向远远不够，还需细致分类与探索，刚开始几年未见有丝毫的技术进展，甚至连相信的研究思路都未形成轮廓，但有关的成本投入却是非常可观。尽管如此，任正非在内的华为高层一直坚持人才的累积投入。即使处于这种发展困境，任正非仍强烈要求北京技术研究所大量招人扩充研发队伍。直至 2010 年，该研究所已有 1000 多名科研人员，最终研制成功了一款通信协议软件，后来也成为多款通信数据产品的应用平台，为企业从窄带向宽带转型奠定良好基础。这些年，华为每年用于技术开发的货币投入都超过了 30 亿元，并将这些投入运用到最有效率的地方。其中，2006 年华为 3G 和网络研发（NGN）项目曾累计亏损分别超 10 亿元和 40 亿元，但 R&D 投入丝毫未减。2014 年底，华为在全球各地设立了超过 20 家研发中心。华为 48% 的员工从事研发工作，且在其他相关技术方面，也培养出不少“窄频带、高振幅”的高技术尖端人才。可见，华为在 ICT 行业能有今天的瞩目成就，主要基于在长期发展过程中始终坚持自主研发的战略方向，制定并执行正确的研发策略，高瞻远瞩从不退缩。

此外，开放式创新学派还强调技术合作的重要性，认为整合相关产业链内的众多生产要素、利用其他企业的技术成果、共享其技术平台，能够提升自身研发效率、使研发、采购与生产成本大幅降低，迅速推出新产品。因此，技术企业应将研发项目有目标、有计划地逐步向领先对手、落后企业、原料供应商、专业技术研发机构公开，促进不同主体之间的技术创意融合与碰撞，尤其是技术短板企业借助开放的其他主体力量弥补自身不足，加快技术积累速度，提高技术创新效率，最终拖动行业整体技术进步[270]。华为在重视技术自主研发投入的基础上，与别的组织积极开展技术合作，开展开放式技术创新。依照该公司副总裁宋柳平的言论，华为坚信“拿来主义”基础上的开放技术创新。总裁任正非也指出，华为会针对现有产品及营销服务体系制定一些激励措施，有目的地向创新、创业倾斜，这并非是要摒弃现有技术与管理，而是在继承基础上的进一步优化，这需要广泛吸收其他主体的现存技术资源与产品，不断改进推陈出新。《华为基本法》中在“顾客、员工和合作者之间结成利益共同体”的部分章节也有些语句表明了对技术合作的明确态度。

体现在实践运作上，早在 1994 年，华为刚涉足无线通信行业，其核心技术极为缺乏，为了加快研发速度，缩短技术开发期，遂选择与当地另一家企业合作开发；2000 年，华为与知名技术企业 IBM 达成技术合作意向，华为可以利用 IBM 先进的路由器芯片与交换机，很快华为具备了自主开发芯片的能力。后来，随着技术能力提升、业务多元化与规模扩展，华为与诺基亚、德国电信、西门子、赛门铁克等世界排名靠前的多家电信运营商成立了 30 多家技术合作中心，还与恩智浦等企业、香港科技大学等高校以及一些科研机构开展多次研发合作；2014 年，华为与四川联通合作完成了全球首个 SDN IPRAN 商用部署，重构了 IPRAN 网络，大大降低了网络管理规模。可见，华为虽靠自主研发起步，但并不局限于此；随着业务规模的不断扩展，通过技术合作手段生成的技术成果也呈上升态势。

7.3.4 华为的技术确权活动

华为副总裁宋柳平曾多次公开声明，华为要不断探索技术的资本化以及适应技术变化的灵活产权制度。华为致力于用世界的眼光和全球视角来分析技术权利保护需要何种土壤，只有给予技术发明者相应的权利，才可以真正开展技术运营，并特别强调专利运营的前提是已经建立起了良好的专利产权秩序。另外，华为邓涛也表示只有尊重和保护技术产权，才能激发全社会的创新活力。可见华为管理团队对技术确权非常重视。也正是明晰的产权制度促进华为技术的高效、快速转化。

早在 1995 年，华为就成立了知识产权部门专门负责技术的申请与保护、制订和实施公司的专利战略。考虑到技术的保密程度不同，华为技术确权的方式有公开申请专利与内部秘密确权两种。其中，申请专利已成为华为用来保护和巩固技术地位的最主要工具，具有重要的战略地位。产权清晰的专利技术能够通过市场交易促进技术发明的转化和应用。

成立至今，华为专利的申请与授权数量逐年增加。1995 年华为开始申请发明专利，1998 年首获国内发明专利授权，2000 年获美国发明专利授权。2002 年华为以 1003 件的专利数在国内企业发明专利申请量中位居第一。2006 年底华为累积获得专利授权 2742 件，居全球第五。根据 2009 年世界知识产权组织的调查数据，2008 年，华为的专利合作条约申请文件已经达到 1737 个，居全球第一；2010 年，华为拥有世界 GSM 核心专利的 5%、WCDMA 专利的 11%、LTE 专利的 10%。另外，中国国家知识产权局的统计显示，2013～2014 年华为在专利授权、PCT 申请量、有效专利拥有量上都居于国内第一位，华为累计共获得专利授权 38825 件，其中 90% 以上为发明专利，专利拥有量稳居国内领先地位。除此之外，华为还有很多不愿公开、以非专利技术形式存在的原创性技术机密，也是企业价值的重要来源与发展基石。内部技术确权是在企业内部或合作组织的技术研发团队之间秘密进行，按照不同发明主体的贡献程度确定享有的权利比例。无论采用哪种技术确权方式，华为的知识产权部门都会定期进行产权审计，及时发现技术产权管理中存在的潜在问题并予以解决。

7.3.5　华为的技术交易活动

技术交易是一个经济过程，需要与那些控制着技术的权利主体达成协议，以允许将其技术应用于经济目的。华为采取的技术交易方式有技术购买、支付专利技术许可费、员工持股等。

1. 技术购买。外购的技术成果通常比较成熟、具有一定的市场应用基础，可直接利用，也有效规避了自主开发中的高风险与大量货币投入。任正非在多次公开讲话时提到要多利用技术购买来弥补自身技术短板。华为多次尝试技术购买。其有一款全球领先产品，在性能上超越竞争对手的一个关键技术就是通过购买外国公司技术取得。当时华为寻找并选择了一家超长光传送技术和产品解决方案非常领先的厂家，该公司前期已累计投入超过 7000 万美元。经分析发现该公司的产品和技术具有很高的市场价值，华为最终决定购买该技术，经过技术转移、二次开发以及必要的法律手续，短短九个月时间完成了集成开发，成功推出了嵌入关键技术的新产品，并依靠优异的性价比，华为在拉美最大的固定运营商 Telemar653 光纤系统上实现了突破性应用。

2. 支付专利技术许可费。华为很早就认识到获得相关行业技术先进企业的专利许可的重要性。2000 年初，它主动与高通、诺基亚、爱立信等企业开展技术许可合作。但当时华为的技术实力相对较弱，几乎没有无线电专利，还不具备技术交换的资本，只能签订单向的付费技术许可合同，以高额货币为代价取得对方企业的芯片平台等专利的合法应用权利。这之后，依托勤奋努力以及国内的人力、其他资源成本优势，不到 4 年的时间里就把 WCDMA 基站产品销售到荷兰。2006 年，华为开始涉足移动通信终端，尽管其具备自主研发核心芯片的能力，仍坚持使用实力更强的高通公司的芯片技术，站在巨人肩膀上，成功推出全球首个 USB 无线数据卡，实现了即插即用。通过支付许可费，华为最大程度利用了产业链条上相关伙伴公司的技术资源，也加快了整个产业链的技术改良速度，降低技术产品的成本。近几年，华为的专利许可费一直在持续增加。据网易科技报道，2014 年在中美知识产权圆桌会议上，华为副总裁邓涛声称按发展需要，华为每年要支付大约 3 亿美元的专利技术许可费。

3. 员工持股。对于企业内部或合作组织享有部分技术权利的员工，华为采取员工持股制完成技术的交易过程。华为将技术发明者所拥有的技术权利比例转化为华为股份，通过赋予不同技术权利人一定的股权，完成内部的技术交易，使公司技术顺利实现转化，技术的累积贡献得到体现和报偿。华为的员工持股计划不仅员工持股人数众多、覆盖面广，而且占公司股本的比例非常高。在华为公司公布的最新年报中显示，华为员工持有公司的股份总数超过 98%，其中技术研发人员的持股比例占一半以上，其总裁任正非的持股比例还不到 2%。此外，华为还积极尝试其他技术交易方式，如技术并购，其在欧美国家成功并购了多家科技企业，其中不乏 3COM、北电等技术领先公司。各种交易方式的交叉联合为华为提供了企业发展所需的强劲技术。

7.3.6 华为的技术“商品运营”活动

华为轮值 CEO 胡厚崑公开讲话时曾指出，做出一项技术或许还比较容易，但能否满足市场需求要难很多。在全球化背景下，华为的长远目标是以技术为支撑为中国的工业信息化做出贡献。华为在短短 20 年时间里跨入世界 500 强之列，速度之快、效率之高，堪称奇迹。它的成功，离不开一条很重要的商业规律：若不能将技术与市场有机结合，就会在竞争中失败。对许多人来说，技术研发与商业化运作属于完全不同的两个经营领域，所需的人力、资源、管理理念与方法都不同。同时具备两个方面的技术研发与管理能力，很难实现。华为的成功之处在于善于招聘、培育与应用这样的双面人才。任正非强调，华为没有院士，只有"院土"。"院土"理念提倡的是技术与商业经营有机融合的复合性人才，是商人与技术工程师的完美结合。

作为一家典型的制造企业，华为始终坚持技术的商品经营为战略主导，集中优势资源与能力开发技术产品，最大程度地提升公司的技术与产品实力、技术商业化能力，致力于塑造质量可靠、技术先进的品牌形象，以赢得客户认同，由此也决定了华为技术运营的战略重心与方向，在制定重大投资决策时，华为重点关注有巨大潜力的新兴市场和新产品的成长机会。华为技术的"商品经营"模式是抓住商品市场潜在机会，依靠高强度研发投入，维持并提升产品在技术含量、功用性能、价格上的比较优势，最大化获取"机会窗"的超额盈利。其具体体现如下：

在产品研发系统构建方面，华为已建立了相互平行、与公司长远战略匹配的产品研究开发系统，分别为基于战略规划的技术产品研究开发系统以及技术产品中间试验系统。

华为招聘、培育了大批一专多能、跨学科技术人才，能够实现基础技术研究与产品开发研究的融合与过渡。基于强大的研发人力团队，多年来，华为一直保持较高的新产品研发速度，平均每年都有数款新产品问世。2009年，华为在丹麦成功研制出世界首个 LTE 商务应用网络，表明其在前沿技术上的领先优势。2014 年，为适应 ICT 技术加速融合的趋势，华为成立 ICT 融合的产品与解决方案组织，保持了 ICT 技术领先的创新优势，持续性地增强了面向未来的电信网络架构 Softcom，深入融合了云计算、SDN、NFV 等技术，形成了业务、运营、网络功能、网络架构四个方面重构电信网络的解决方案，努力帮助运营商实现全面的网络演进和商业转型。与此同时，华为还发布了业务驱动的分布式云数据中心解决方案 SD－DC2、业界首创的 Oceanstor 融合存储、面向物联网的敏捷网关 AR511、敏捷数据中心网络和敏捷分支等解决方案，帮助客户构筑云时代业务创新的技术基石。不仅如此，华为还利用先进的 IPFPM 技术实现基于用户的实时业务性能检测，使网络性能得到大幅提升，综合运营效率相比传统网络提升 60%；设计出一套 SPTN SDN 商用应用程序，将 SDN 技术首次应用到政企专线网络系统中。

除了商品研发，华为对商品制造环节的技术创新也颇为看重，其一贯坚持的生产管理理念是以规模化销售为基础，因地制宜地构建灵活敏捷的生产平台，积极引进其他国家企业先进的生产管理理念与制造技术，基于国内的环境做出改进、应用，来提高产品制造过程中的技术含量，以压缩制造成本，加快交货速度、提升制造过程的生产效率与生产柔性，使产品生产制造过程的管理水平与世界接轨。2015 年，华为商品运营定位是从产品维修服务向全生命周期用户体验管理转变。为实现这一转变，华为在全球 100 多个国家的重点城市打造 5 公里实体服务中心和全覆盖的多渠道线上服务平台，以及统一的卓越运营平台，打通包括产品咨询、产品体验、发货进度、使用指导、性能提升、维修等在内的全生命周期业务，实现线上线下多渠道协同，这意味着该企业 IT 系统要全面实现从支撑环节走向生产环节。

此外，华为这几年也开始注重开拓新兴技术在商品销售与服务环节的应用。以技术为主体展开市场营销活动有着传统营销无可比拟的优势。高技术水平的营销活动不同于传统的商品营销，是面对面式的方案解决式营销，专业性强，要求营销人员具备一定的技术软件操作能力、能够领会客户的多重需求并即时设计出可行的多套商品配套方案。华为非常重视销售环节的技术投入，首先，在全球布置数千名售前工程师。他们具备较强的“市场需求开发”和“平台规划”能力，能够及时准确地把握市场需求，这支撑了华为未来 3 ~ 5 年 1000 亿美元的市场份额。其次，华为引进了 IBM 公司市场需求分析软件—— $ APPLEALS。这是一种用于了解客户需求、确定产品市场定位的软件，能够从八个方面衡量客户对产品的关注，分别是：产品价格、易于获得性、包装、性能、易用性、保证程度、生命周期成本、社会接受程度。依靠这款软件的强大的客户分析能力，华为的销售业绩大增。可见，服务环节的技术应用已经成为华为帮助客户和合作伙伴应对未来挑战和转型的重要途径，也成为华为实现自身持续增长的关键部分。2015 年，华为徐直军谈到未来几年将每年投资超过 3.5 亿美元的服务研发费用用于持续提升营销方案的解决能力。

7.3.7 华为的技术“资产运营”活动

国内企业对于专利运营的关注与实施力度正逐渐提高。2013 年全国专利运营共计 11.3227 万次，涉及专利数量超过 10 万件。其中华为尤其突出。华为闫新坦言，将不需用的技术让渡给其他主体使用，获取一定的销售收入，有助于推动企业的技术创新。胡厚崑也表示，华为始终坚持三个核心：提升运营效率，充分授权，给客户创造价值；改造流程体系，简化运营；激发活力。华为针对不同技术形态，选择了不同的资产运营方式，在充分尊重和保护技术产权的基础上，积极开展技术产权的开放合作，通过技术产权有偿使用许可和交叉许可的方式，大大降低研发成本，获得相当可观的财务收益。

早在 1994 年，华为曾自主研发出一款 C&C08 数字程控交换机，利用其在同行市场中的垄断优势，高性价比，与国外多个代理商签订许可协议，成功进入了法国、英国等发达国家市场，也获得了可观的收益。1998 至 2003 年，华为与高通等跨国公司达成多项专利技术许可与交叉许可。其间华为持有大量 4G 通讯专利技术，这是它在与高通谈判中的重要资本，既可以换取高通公司的其他优势技术，也可直接收取使用费。华为还与业界主要企业高通、爱立信、北电等公司签订了多份有关 LTE 领域专利使用的许可、交叉许可合同。为最大程度地利用技术许可带来的好处，规避其中的潜在风险，华为还积极加入了世界多个国家的著名技术专利池，这有助于专利主体更全面地掌握技术动态，在互惠互利的基础上更好地开展专利的许可与交叉许可。另外，华为还与国内中兴、大唐等企业联合，通过交互授权，构建 TD－SCDMA 产业联盟。据财新网 2014 报道，这些年华为交了 12 亿美元许可费，由此换来一年将近 400 亿美元的收入。在全球正在建设的 LTE 网络项目中，近 50% 的项目通过交叉许可使用了华为技术。由此可见，华为的技术专利已经成为竞争优势的一部分、对外谈判的重要砝码以及利润增长的重要驱动力量。

另外，在直接的技术销售方面，2001 年，华为出售了安圣电气及附属专利权，获得 3 亿多美元的收益。2005 年，华为将下属的一个技术研发中心出售给 Emerson 公司，获得 7.5 亿美元收益，也刷新了国内企业的技术销售纪录，也为全球化发展规划奠定了很好的基础。2006 年，该公司又以 8.8 亿美元的价格向杭州华三通公司出售了附属专利。这几年，专利技术的销售数量更是成倍增长。

在技术质押、证券化与技术信托方面，搜集到的相关资料较少，仅有来自华为期刊的少量文字记录："华为不仅将专利技术与产品相结合，提升产品的技术附加值，还不断提升专利技术在市场运作中的直接地位，尝试开展专利技术的投资、融资活动，为企业的国际化进程助力。"但对于具体如何运作，运作程度如何，还有待挖掘。这在一定程度上反映了华为对一些新型的资产运营工具应用还不多。

7.3.8 华为的技术“资本运营”活动

《华为基本法》第38条明确规定，华为要以成功的商品经营为基础，积极拓展资本经营空间，利用技术的产权机制调动更大规模的资源与能力。能够成功转变，主要取决于企业的技术成果积累程度、技术质量以及技术的管理能力。为了积极将专利运营与公司的投资合资等资本运作结合，尝试技术的资本运营，华为利用专利权和专利技术投资入股建立多个合资公司。在进行技术投资时，华为首先选择那些有互补性的战略伙伴，其次才看重货币资本是否充足，形式主要采取专利入股、专利并购。

华为不是上市公司，在资本运营方面有明显劣势，没法利用股权交易和增资扩股实现并购。但华为拥有并善于利用自身独特的“资本”优势，即先进的技术和杰出的技术人才，这是促成华为公司与其他跨国企业成功合资的重要基础，这一点有别于其他合资案例。一般地讲，成立中外合资企业时，中方企业往往“以市场换技术”。以华为为投资方的合资公司有所不同。华为参与合资企业时，其目的不是以市场换技术，而是用技术换取市场、资金或其他。该公司的某位中层管理人员认为，正是突出的技术实力、独特的技术吸引力，使得华为在技术投资过程中享有了一定“决策话语权”。近年来，华为先后与西门子合资成立鼎桥科技，与松下、NEC合资成立宇梦通信科技，与赛门铁克合资成立“华赛”，与海底光缆工程公司合资成立“华海通”。此外，华为还与业界领先的海底光缆工程系统公司签署了建立合资公司的意向书，切入海底光缆市场。这些合资公司的成功运营给公司带来丰厚的回报，尤其是现已被3COM完全控制、更名华三通信的合资公司华为3COM所创造的收益，可与任何一个哈佛案例相媲美。最初，华为投资3COM时基本属于“分文未掏”，仅投入了一些技术资源和人力，主要是低端路由器、以太网交换机和一支未达1000人的技术团队，就取得了绝对的控制权。2006年，3COM公开宣布愿以8.82亿美元的价格收购华为在其控股公司3COM里的股份比例49%。华为的一位高管算了一笔账：在帮助3COM渡过财务危机的3年时间里，华为公司净赚取68亿元。

华为的这种技术投资模式，既区别于思科、微软等公司，用货币资本并购一些有业务协同效应的技术公司，以增强自身技术实力，也不同于TCL、明基或联想企业，低价收购大公司，以获取对方已经成型的标准化产品生产线，利用其成熟的品牌与市场资源，实现规模化扩张与国际化。华为正在用一种全新的投资模式，搭建一个日渐庞大的华为“系”。以人才和技术换控制权成为华为对外投资与技术运作的一条重要途径，也成为其战略性侵入、风险分散的重要方式。Frost & Sullivan（中国）公司总裁王煜全认为，华为已经尝到了技术的“资本运营”带来的甜头。作为一家真正意义上的国际化公司，华为拥有较强的技术实力以及国际化的技术运营能力。在与跨国巨头合作过程中，华为始终保持一种谨慎和务实的作风，运用进退自如的技术战略推进持续性价值增长。

7.3.9　华为的其他辅助技术活动

华为各项技术活动的高效运行，是由华为员工在一定的组织制度、文化的灌输下完成的。技术的价值创造，除了技术生产、技术确权、技术交易、技术运营外，还需要支撑其运转的组织、文化、人力与其他辅助活动。它们贯穿于价值创造的全过程，主要包括技术组织、技术创新文化、技术人力与其他辅助资源配置等。

1. 技术组织方面，华为很早就成立了专门的知识产权办公室，全面负责专利等技术管理工作。华为创始人任正非在 2014 年子公司董事赋能研讨会上讲话时也表示，经过 20 年的发展，华为已经从过去的中央集权开始变阵，拟建立子公司董事会，将权力充分下放，由现代化小型作业单元寻求外部市场中的潜在机会，迅速反馈给集团中心，获取财务支持。任正非亲切地称未来的战争是班长的战争。过去之所以集权是因为华为整体技术实力不强，伴随着企业发展，有可能集团总部的一线作战部队不需这么庞大，未来有可能通过现代化的子公司董事会在前方发现战略机会。因此，华为要及时放权，把指挥权交给子公司董事会。对于如何组建子公司董事会，任正非主张摊子不要一下铺得太大，还需聚合在一起，多探索可行方法。鉴于目前对子公司监控还不到位，所以无法给它完整的自主权。监控效果增强后，权力可以下放多些，这样子公司的灵活性就更高。

2. 技术创新文化，它包括一切有助于技术创新、生产力发展的理念与认识。物质性资源迟早会面临枯竭，只有文化源远流长。从根本上讲，所有的生产物品都是人类集体智慧的结晶。华为公司没有丰厚的自然资源，只有杰出的人力汇集而成的思想精华。多年来，华为一直重视培育内部技术创新方面的文化氛围，激励全体员工发扬乌龟精神，树立终身学习的理念，及时学习补充 ICT 行业全球最新的研发成果，虚心向更先进的企业或个人学习，始终坚持自主创新与开放合作相结合，以坚韧不拔的毅力、较强的专注力以及对环境的应变力，不断超越自我，打造成为世界级先进技术公司。

3. 技术人力。培育技术人力是持续技术创新的基础与前提。在人力、实物、货币这三种要素资源的管理中，华为首先重视人力管理，力争招聘、培育出最优秀的复合人才、将其安置到最能调动主观能动性的工作职位并赋予充分的职权、责任及必要资源。具体体现在：员工选拔方面，华为以优厚的待遇、自由舒适的工作环境等面向全球招聘员工，无国籍、性别、年龄、文化等方面歧视，主要是招聘国际名牌大学毕业生、具有知名企业工作资历的高层人才等。另外，华为还注重企业内部人才岗位的高效流动，力争赋予每一位员工最能发挥其潜能的岗位。截至 2014 年，华为从事研究与开发的人员约 76000 名，占公司总人数的 45%，这个比例明显高于同类或其他企业。在人才管理方面，参照《华为基本法》中的相关规定，其最大的财富是认真负责地管理员工，尊重他们的知识与个性、不偏袒有突出贡献的员工，这是事业得以持续成长的基础。集合几千名人力经理、发达国家知名管理顾问的协同努力下，华为用了 25 年时间搭建了一个人力资源金字塔式管理模型，推动产品销售额突破 400 亿美元。在薪资待遇上，华为坚信高工资是第一推动力，员工薪资待遇居国内最高，更为重要的是，员工持有公司 98.6% 的内部股份，任正非本人仅持有 1.4%。员工持股将企业整体利益与员工自身利益紧密结合，使华为名副其实成为“华为人”的华为。另外，华为坚持按照价值贡献分配，拉开人才之间差距，适当考虑不同场景、不同环境、不同地区的差异化，尝试实行“少将连长”制度，按员工面对项目的价值与难度合理配置管理团队及专家团队。

另外，在其他辅助资源配置方面，纵观华为近年来的平均资产结构，发现物业厂房设备占 10%，存货占 11%，货币性项目占 31%，资产负债率都较低，说明其具备较充足的辅助设施作保证。

7.4 案例分析与讨论

描述显示，华为的技术活动包括：主要技术活动——技术生成、技术确权、技术交易、技术的“资本运营”、技术的“资产运营”、技术的“商品运营”，以及辅助技术活动——技术组织、技术创新文化、技术人力与其他。各技术活动之间联系密切。挖掘华为技术活动之间的内在依赖性与路径关系对于解读华为的 TVC 至关重要。

7.4.1　技术资本的形成

纵观华为的奋斗与成长史，其不仅将技术视为企业生命，更深知技术与技术资本的区别，对于技术资本形成过程的几个关键环节——技术生成、技术确权与技术交易都高度地给予了战略重视与管理。华为的技术成果以华为人内部自主创新为主，与其他国内外企业、高校、个人合作研发为辅，既确保了技术的原创性，又最大限度地吸收来自其他组织的技术潜能，使技术的质量与数量得到双重保证。技术生成后，针对不同途径、不同类型的成果，华为采取了灵活机动的确权方式。这从华为近年来的专利申请递增量即可看出对技术确权的重视程度。对于内部技术，按照经评估的个人人力贡献、企业资源投入合理确定产权比例及时申报专利。对于确有必要保密的，企业内部会制定详细的权利登记文件。对于外部合作技术，及时登记专利，并根据自身资源投入获取一定比例的技术权利。技术产权清晰后，为促进尽快转化、投入生产过程，华为在与技术所有人协商、谈判的基础上，利用多种技术交易方式，获取了大量不同权利主体的技术成果。其中，利用内部员工持股将华为人的内部技术权利转化为股权，利用购买、支付许可费或相互交叉许可的方式获取国外先进技术成果，利用并购方式获取财务困难但技术先进的中小科技公司的技术成果等。通过技术交易，华为将不同主体的技术权利融合转化为自身可利用的技术成果。这些技术成果，经历了生产过程、确权过程与交易过程，成为华为的技术资本。可以被企业直接投入生产过程，商业化运作创造价值。华为人非常重视技术资本的商业化运作，以技术的商品运营为主体，并积极开展技术的资本运营与资产运营。副总裁宋柳平强调若一项技术没有形成企业的现金流，该技术只能算成本。只有当一项技术转化成价值、现金流的时候，才成为企业真正的财产。技术只有应用到生产才能形成真实生产力，才能对经济发展起到积极推动作用。为促进技术及时高效商业化，华为严格筛选过滤新产品和新器件，通过不断的品质论证提高产品可靠性，加快技术开发成果的商品化进程。从华为灵活的技术资本运营过程可以看出，虽然华为是家技术气质浓厚的公司，但绝非无力商业化、只会做嫁衣。除了技术，华为更注重市场需求。今天的华为已不像过去那样奢谈技术，它的语言符号风格已非常商业化。华为未来5G时代的技术、方案，几乎全部摆脱了技术语言，而用视频、动画形象展示着它在现实生活中的应用。被市场认可的技术才具价值，而融入新技术的市场才具生命力。在长期的经营模式探索中，华为成功实现了技术与市场的结合，成为国内现阶段兼具市场、研发方面全球竞争实力的技术企业。据此分析，形成下面命题：

命题一：企业要获取的是经过确权、交易后的技术资本。技术资本的形成有三个关键环节：技术生成、登记技术产权与技术交易。

7.4.2 “技术资本”运作

华为从成立之初就确立了高目标、高起点的长远发展规划，向世界一流公司看齐，技术上坚持自主创新的路线，在技术运营方面，吸收国外一流企业的成功做法，构建了灵活的技术运营路线，并与国外公司开展了多次技术运营合作，将“商品运营”、“资产运营”、“资本运营”有机结合，在战略上有所侧重，取得了显著运营成效，突出体现在：

1. 运营方式的选择要综合考虑企业的适配能力。考虑到当前的技术实力与发展现状，华为在短期内坚持以商品运营为主、资产运营与资本运营为辅的运营策略。尽管经过多年的发展，华为已发展成为国内ICT行业的领先者，也拥有了一定的国际地位，但若将华为与国际知名技术企业微软、谷歌、苹果近年来的原创技术存量、销售收入、净利润以及其他各项财务指标的增长情况做一对比，会发现华为还有很大的差距。华为原创技术数量还有一定差距，财务规模与实力还有很大提升空间。资产、资本运营的一个共有特点就是通过让渡技术的权利即可获得巨大的收益，但风险较大，对企业的技术的原创性与承担风险的能力要求较高。因此，在现阶段，华为坚持的是以商品运营为根基，根据企业的财务状况、抗风险能力，适度尝试资产运营与资本运营。一方面，华为吸收、借鉴了苹果公司的商品运营成功经验，并有所拓展。苹果公司商品运营的重点是研发环节与销售环节，制造环节外包，可能是当地人工成本偏高的原因。结合中国的现实国情，华为除了坚持重点配置研发环节的核心技术、每年都保持较高的新产品出产率之外，还重点培育商品制造与服务环节的技术实力，利用多个先进的制造技术、服务软件与平台提升制造与服务效率，挖掘价值增值潜力。尤其是服务环节，未来将会成为华为技术商品运营的一个重要的增值点。

伴随着华为技术实力增强、规模不断扩大、商品运营也取得了可观的财务绩效，国家对开放式技术创新、协同创新大力扶持与鼓励，且各种产权确认与保护、技术许可、技术抵押、技术产权信托、技术投资等有关政策性文件相继出台并不断完善，华为开始积极尝试运用多种灵活的技术“资产运营”与“资本运营”方式。资产运营方式以技术许可（交叉许可）为主，允许多家公司使用专利，或基于互补性需要与其他公司相互交叉许可，既弥补了自身的技术缺陷，又获得了可观收益，缓解了上升期企业发展面临的资金压力。但对于其他一些资产运营方式如技术质押、技术证券化、技术信托很少涉足。这可能由多方原因所致。一方面，华为的货币资金流很充足，资产负债率较低，无利用技术质押、技术证券化筹资的必要。且华为有专门的知识产权部门全权负责技术管理有关事宜，可能不需要技术信托。另一方面，可能是因为华为人力以高级研发人才为主，相对于财务运作，他们更擅长技术开发，对于一些新型财务运营工具无太大把握，且会牵涉太多精力。

2. 在资本运营方面，华为多次将其专利、非专利技术入股，与其他公司组建合资公司，所获收益率远超商品运营与资产运营。这也验证了技术的“资本运营”是更为高级的一种运营方式，收益潜力与面临风险都更大一些。从近年来华为的技术投资方向看，已尝到资本运营甜头，可以预见的是，未来将会加大技术“资本运营”的力度。

技术的三种运营方式相互融合、促进与互动。对于制造企业而言，通常始于商品运营。伴随实力提升与规模扩大，尝试拓展资产运营与资本运营。从盈利性与风险权衡来看，商品运营 < 资产运营 < 资本运营。企业应结合自身的发展阶段、战略定位、技术实力，合理搭配灵活选取运营方式，在风险可控的范围内提升企业长远价值。结合以上内容，提出下面命题：

命题二：技术的运营方式有“商品运营”、“资产运营”与“资本运营”。其中，商品运营是基础，后两种运营方式更高级，风险与收益都更大。

7.4.3　技术活动的关联性分析

华为的各项技术活动不是孤立存在的，而是基于价值创造的终极目标，按照资本的内在生成与运作机理有机链接在一起。其中，技术资本的生成是基础与前提，技术资本的运营是其潜力发挥的有力保证。无论通过何种方式，企业首先要做的工作就是获取技术资本。华为为培育技术资本，从成立之初就走了一条艰难的创新之路，吸收国内外最优秀的人才聚集，在企业内部完成了技术生成、技术确权与技术交易，形成原创性技术资本。但对于特定企业而言，技术生成、技术确权与技术交易并非是技术资本形成的唯一路径与必要条件。企业也可以根据自身条件选择直接外购、接受投资或获得其他企业已经确权的外部技术许可，此时仅需通过技术交易环节即可获得技术资本，只不过技术不具原创性，增值潜力有限。

有了技术资本，接下来是如何根据技术特点、企业现状、现实环境合理选择运营方式。现实国情下，华为的技术运营是以商品运营为主、资产与资本运营为辅。这种战略安排具有动态性，会随着企业发展状况动态调整，淘汰一些不增值的运营方式与作业环节。随着国家制度、法规的完善，财务实力的增强，内部制度的优化，华为预期将会加大技术“资产运营”与“资本运营”的力度。此外，技术资本生成与后期的运营还会通过一定的方式相互渗透、融合与补充。例如，交叉性技术许可，既是资产运营的一部分，又是技术生成过程的重要工序。华为很多的原创技术都是利用交叉许可获得国外一些必要专利，经组合后二次创新获得的；利用技术投资入股获得对方企业的控制权，既获得对方专利或其他技术的使用权，又获得对方的财务收益权。华为在选择技术入股时，更看重的是被投资方的技术与人才，其多次技术投资行为都实现了多重财务融合效应。综上分析，得到下面命题：

命题三：技术活动具有内在关联性。技术资本生成与其运营能够互相融合、互相促进。

7.4.4 运作模式分析

华为将各项技术活动按照技术—技术资本—创造价值的内在路径有序链接在一起，形成其独特的 TVC 运作模式，见图 7－1。该图清晰反映了华为技术的价值创造过程：通过自主研发和合作研发生成技术，然后采用公开申请专利的方式或内部秘密登记及时确认技术产权，借助于与技术产权所有者的市场化交易（内部员工持股、支付许可费和技术交叉许可等）完成技术的资本化过程，技术即转化为技术资本并投入运营。华为技术资本的运营是以“商品运营”为支撑（主投方向为商品研发），积极向“资产运营”和“资本运营”有所拓展，主要体现在技术销售、许可与技术参股投资。通过三种运营方式的灵活合理搭配，共同促进华为的价值创造。而这也反过来成为华为技术生成的重要财务支撑。一定程度上，TVC 的内部运转具备可循环性。华为能够积极利用技术运营为技术生成提供各种融资支持，如利用技术交叉许可、技术投资等，不动用货币资源即获得其他企业技术的使用权，成为技术研发的强劲后盾。作为技术主导先进企业的代表，华为不仅是致力于技术研发的专家，更是深谙技术运营的精明商家。华为的高明之处在于打通了技术创造价值的内在通道，赋予不同技术贡献者相应的技术权利，并通过市场交易将技术的潜在价值归拢在一起为己所用，尝试利用各种资本运营方式，使技术运营与技术生成形成互动，获得价值链运转的多重效应，最大化地挖掘技术使用潜能。

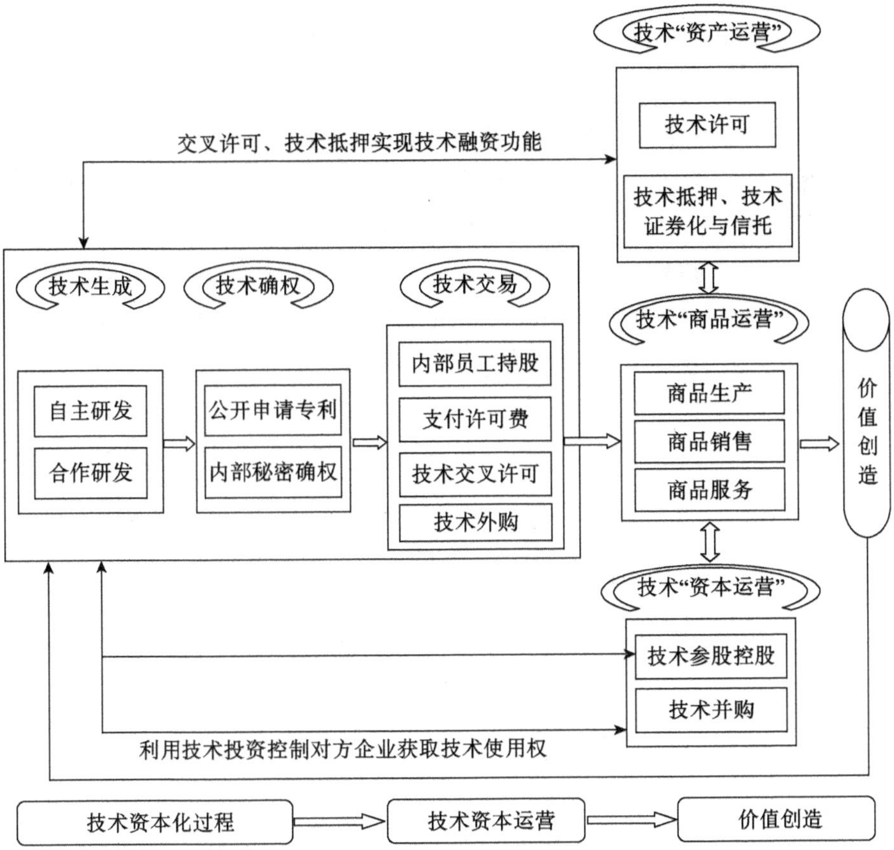

图7－1　华为TVC运作模式

（粗边框代表主要形式，细边框代表次要形式）

还应指出，图中代表的是华为整体的TVC，并不是每一项技术都需经过这个完整过程，某些技术仅需通过其中一些环节即可创造价值。例如，对于某些商品的关键部分，华为急缺技术，但又无力快速研发，只能通过外购、支付许可费的交易形式，获取后直接为商品研发所用。在这里，该技术的确权工作是由别的企业完成。此外，还有些技术在生成、确权后即被销售出去，参与其他企业的价值创造。正因为如此，不同企业间 TVC 与企业内部 TVC 相互影响与作用，共同形成行业或产业 TVC 系统。

7.4.5 运作效果分析

多年来华为一直注重技术研发以及 TVC 运作，取得了良好的运作效果，在研发能力提升、技术资本培育以及运营绩效方面都取得了不斐成绩，企业价值亦得到持续提升。

1. 技术资本的积累状况（见表 7－1）。截至 2014 年底，华为在三大业务板块的技术资本实力均得到明显增强，取得明显市场优势，突出体现在：在运营商业务方面，华为的 4G 设备被广泛部署，2014 年承建全球 186 个 400G 核心路由器商用网络，与全球 20 家领先运营商开展 NFV/SDN 集成服务的联合创新；在企业业务方面，与埃森哲、SAP 等企业开展有关云计算、大数据技术的研发合作，其中，敏捷交换机及其网络 S12700 已被 100 多家高端客户应用；在消费者业务方面，华为推行“华为＋荣耀”的双技术品牌运作，坚持走精品路线，目前在多个国家的智能手机销售排名中位居前列。P7 畅销 100 多个国家，销售量达 400 多万台；Mate7 供不应求，高端领域人气节节攀升；荣耀以互联网为依托，全球销量超过 2000 万台。

表 7－1　2010～2014 年华为技术资本存量　单位：万元

年份	2010	2011	2012	2013	2014
专利	32200	50800	104100	143300	118400
软件	39400	60200	60600	93700	106800
开发支出	1765300	2369600	2974700	3156300	4084500
技术使用权	300	5300	4200	4000	3800
技术资本合计	1837200	2485900	3143600	3397300	4313500

为更清晰地了解华为技术资本的积累状况，笔者从华为公司网站下载了自 2010 年以来的历年经审计后的财务报告，从中获取到经披露的技术资本存量信息。它们一定程度上能够代表华为近年来的技术资本积累状况。华为的无形资产明细项目详细披露的技术资本包括专利、软件、开发支出、技术使用权，商标使用权应划归知识资本，这里将其扣除。考虑到华为还有大量

的非专利技术未予以披露，这里所披露的技术资本存量较为保守。另外，华为未将开发支出与研发费用分开披露，列示的开发支出实为两者的汇总数，这导致技术资本存量有所增高。披露结果见表7-1、图7-2和图7-3（图仅给出技术资本总量与专利的变动趋势，其他变动趋势大体一致）。综合权衡考虑，披露的技术资本存量能够较客观地反映出这些年华为为促进技术资本形成所做的努力。

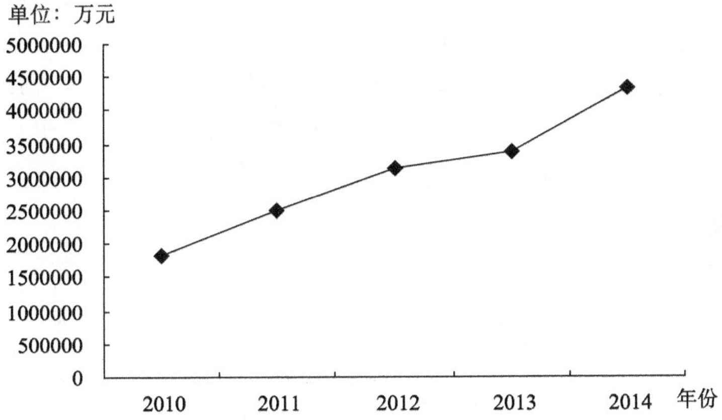

图7-2　华为技术资本变动趋势

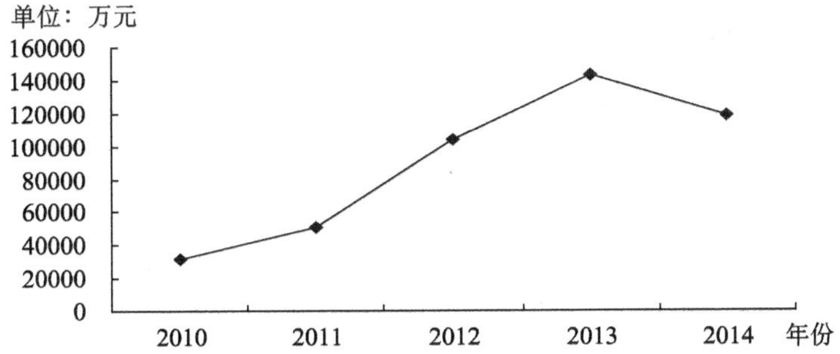

图7-3　华为专利变动趋势

如表7-1、图7-1、图7-2所示，构成华为技术资本的主体是开发支出，其次是专利、软件，技术使用权仅占极小部分。自2010年以来，华为的技术资本总存量逐年稳步增长，由2010年的1837200万元上升到2014年的4313500万元，增幅高达1.35倍。具体看，专利逐年上升，由32200万元升至118400万元，增长2.68倍；软件由39400万元升至106800万元，增长1.71倍；开发支出由1765300万元升至4084500万元，增长1.31倍；技术使用权由300万元升至3800万元，增长11.7倍。从增幅看，技术使用权>专利>软件>开发支出。但从平均结构布局看，开发支出>专利>软件>技术使用权。由于技术使用权占比很小，接近零，其变动对技术资本的贡献极小。综合考虑，对技术资本积累贡献较大的依次为开发支出、专利与软件。在2011年以前，专利积累小于软件；之后专利积累明显高于软件。这反映出华为多年一直坚持研发高投入、重视技术确权、保护与技术交易，在技术资本生成方面成绩显著，不仅存量呈高速增长势头，内部增长结构也较为合理，突出了自主创新，具有持续的增长潜力。

2. 技术资本的运营绩效。伴随技术资本持续增加以及多年来致力于技术资本的灵活运营，华为取得了良好的财务运营绩效，价值增值明显。这从华为历年财务报告即可看出。鉴于华为的非上市特征，与企业价值直接相关的一些财务指标数据获取有一定困难，如托宾Q值、市场价值等，只能更多地利用一些反映当期绩效的替代性变量如当期营业收入、营业利润、总资产变动等来判断对价值的贡献（见表7－2、图7－4和图7－5，仅列出销售收入、营业利润的变动趋势）。

表7－2　华为技术资本的运营绩效　　百万元（人民币）

年份	2010	2011	2012	2013	2014	2014（百万美元）
销售收入	182548	203929	220198	239025	288197	46515
营业利润	31806	18796	20658	29128	34205	5521
营业利润率	17.40%	9.20%	9.40%	12.20%	11.90%	11.90%
净利润	25630	11655	15624	21003	27866	4498
经营活动现金流	31555	17826	24969	22554	41755	6739
现金与短期投资	55458	62342	71649	81944	106036	17114
运营资本（主要是货币性资本）	60899	56996	63837	75180	78566	12681
总资产	178984	193849	223348	244091	309773	49997
总借款	12959	20327	20754	23033	28108	4537
所有者权益	69400	66228	75024	86266	99985	16138
资产负债率	61.20%	65.80%	66.40%	64.70%	67.70%	67.70%

注：1. 美元金额折算采用2014年12月31日汇率，即1美元兑6.1958元人民币。

表7－2显示，自2010年以来，华为销售收入由182548百万元增长到288197百万元，环比增长速度分别为11.7%、8%、8.6%、20.6%，实现

了可持续增长。营业利润由 31806 百万元增至 34205 百万元，环比增速分别为 -40%、10%、41%、17.4%，除了 2011 年有明显下降，其他年度均实现了可持续增长，平均营业利润率达到 10% 以上。净利润由 25630 百万元增至 27866 百万元，环比增速分别为 -55%、34%、34.4%、32.7%，变动方向与营业利润大体一致，这说明华为致力于主营业务增长，利润主要来自于商品运营带来的营业利润。此外，在总资产、所有者权益、经营活动现金流、现金与短期投资等方面，华为也实现了可持续性增长，且资产负债率适中，抗风险能力较强。华为的技术资本运营一定程度上实现了价值的可持续增长。

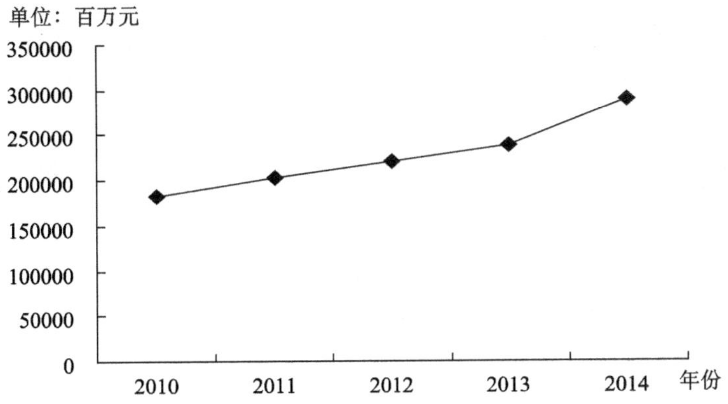

图 7-4　销售收入趋势变动

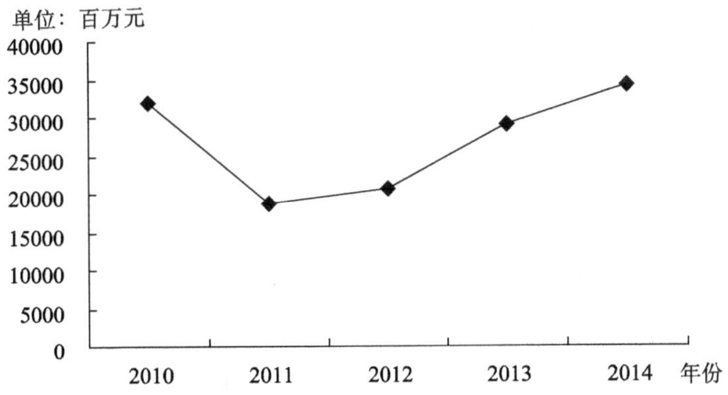

图 7-5　营业利润变动趋势

7.4.6　改进方向分析

尽管华为的 TVC 初具模型，且对于技术资本积累与运营起到重要作用，也有力地促进了价值提升。但与西方发达国家的技术主导先进企业如苹果、微软、高通等相比，差距较明显，还有一定的改进空间。例如，苹果公司专注技术的商品研发与服务，制造环节几乎不参与，但每年创造的利润几乎相当于国内上市公司的总和；而微软、高通公司的技术许可、技术投资收入数倍于华为。导致此状况的原因很多，既受国家政策环境影响，也有企业内部管理的因素。考虑到国内外的环境差异，要发展成为一家全球先进的高科技企业，华为还需在 TVC 管理中做出改进。

在技术资本的形成阶段，华为的技术生成、技术确权与技术交易环节管理虽较为科学，也能促进技术转化，但还有一定的提升空间，有待进一步加强。华为应根据技术类别与特点采取不同的管理策略。对于专利，借鉴国外成功经验，搭建不同层次的专利池并分类管理，根据专利特点、原创性、新颖性，确定下一步采取的运营策略。非专利技术，秘密性特点决定了确权较特殊，确权与保护也相应地相对难一些。对于外购软件，由于不具独占性，需及时动态调整与更新，以确保先进。对于开发支出，需加快商业化速度尽快转变为专利或非专利技术。对于技术使用权，应在对每一个使用权全面了解的基础上，厘清技术权利的动态变动状况，及时淘汰落后技术使用权、获取新的技术权利。通过对技术资本的分类管理，对技术资本的结构、类别、技术质量作出动态的调整，便于更好地发挥技术潜能。

在技术资本运营方面，目前华为重心在商品研发，对于更高级的运营形式——资产运营与资本运营的应用还有很大提升空间，这可能是导致与西方先进企业如微软、高通等盈利能力差距的一个重要原因。在风险可控或可承受的条件下，除坚持商品研发战略外，华为应积极拓展价值链条，向技术的资产运营与资本运营拓展，尤其是加大对技术质押、技术证券化、技术信托、技术并购重组等方面业务，增强技术资本的投融资功能，挖掘价值创造的多方潜能。这一点已开始引起华为人重视，如何做出调整值得期待。另在商品运营方面，除强化商品研发外，还需加强商品制造、销售与服务环节的技术资本投入。虽然苹果公司仅依靠对 TVC 两端的关注就创造了销售奇迹，但其模式并不适用于华为。考虑到国内外技术创新环境的差异以及国内企业的人力优势，在整体技术实力离世界一流水平尚有差距的情况下，华为应加强对商品经营各个环节的技术运营，挖掘更多的价值洼地攫取价值。进一步讲，还要重视 TVC 的内在互动性，目前华为已经利用技术交叉许可、技术投资获取对其他企业技术的使用权，但对于如何利用技术质押、证券化为技术研发筹集资金未见涉足。

7.5　本章总结

对于技术的价值创造，现有文献多围绕研发、技术创新进行探讨，鲜有从TVC视角展开。本章以第6章构建的理论模型为基础，选用技术主导先进企业——华为公司为案例，对TVC中的各项技术活动以及运作模型进行了逐个分析，包括技术生成、技术确权、技术交易、技术的“商品运营”、技术的“资产运营”和技术的“资本运营”以及它们之间的链接关系，验证了第6章所构建的TVC模型以及运作模式在实践中的适用性，用经验事实证明了TVC理论模型的可靠性。

由于华为在技术研发基础环境、外部制度环境、技术运营环境等方面与中国大多数企业基本相同。因此，所构建的TVC模型适用于其他企业的技术运作，具有一般性与普适性。作为本土企业TVC问题的一次重要探索，对TVC理论模型及运作模式的探讨与尝试，有助于国内技术主导企业更好地理解技术与技术资本的区别，加深对技术创造价值的内在路径的理解，并有目的地培育适合自身发展的TVC也具有多重启示：一是从财务学的角度厘清企业要获取的是技术资本而非技术。企业应将产权不清晰、无法及时进行技术交易以致影响转化（或错过最佳转化时机）的技术，通过协商、产权界定、转让、销售、信托、质押等方式及时做出处理。二是使有关人士对技术创造价值的内在路径以及不同环节关系有了一个全面认识。企业可以根据业务特点灵活选取技术活动搭建适合自身发展的TVC。有的企业致力于技术研发，TVC链条较短，由技术生成—技术确权—技术交易—技术转让组成；有的企业致力于为技术转化服务，本身并不从事技术研发，TVC由技术交易—技术资产运营（或技术资本运营）构成，缺少技术生成与确权、商品运营等环节。也有些企业无自主研发能力，仅靠积极引进国外先进技术生存与发展，此类企业的TVC为技术交易—技术商品运营（多集中于商品制造环节）。三是考虑到技术活动之间相互影响、相互依赖，实践中应积极借助于灵活的技术运营方式助力于技术资本生成。

第8章

技术价值链优化策略研究

第7章的分析结果显示，作为国内最为领先的技术企业之一，华为公司的TVC虽然具有一定的可取之处，运作流程较为全面灵活，但在具体技术环节的运作方面仍存在改进之处。若扩散至全国层面的一般技术企业，TVC的不足之处会更突出。有些企业重心放在技术生成，对技术保护与交易的重视与管理力度不够；有些企业虽注重技术资本的生成与应用，但运作效果不明显，甚至技术收益还不足以弥补技术投入成本。广东佛山市的某一陶瓷企业自1998年以来一直致力于引入意大利先进生产技术以及自主技术研发，先后开发了多款完全独立产权且业界领先的陶瓷产品，但纵观近年财务报告，利润增长并不理想。2006年曾投入数百万美元，研制出一种仿树叶陶瓷，此技术带来的财务利润甚至小于初期的研制投入。此类例子不胜枚举。与美欧国家企业相比，国内企业技术增值诸环节的运作能力相对较弱，TVC内部的链接关系单一且不合理甚至存在断链、少链现象。个别企业还未将技术视为重要资产重点管理，技术开发、专利申请主要为迎合上级相关部门的检查与奖励、提高公司知名度等，大量技术被闲置浪费。

基于此，接下来很有必要进一步探索TVC的优化策略。这将有助于企业加深对技术资本的认识，从战略实际出发优化各技术活动运作以及TVC的运作链条。另外，TVC还随经济、社会环境、企业技术实力演化而变动。企业应根据环境与自身变化，及时作出动态的优化处理。成功的TVC优化，既要关注各个技术活动运作能力的变化、与长期战略的契合度，又要全面把握技术活动在整个TVC中的相对位置与重要性，厘清相互关系，通过动态调整仅保留对企业价值贡献较大的技术活动，淘汰落后甚至价值为负的技术活动，为企业价值管理优化行为提供借鉴。

8.1 文献回顾

价值链概念自提出至今，除了用该理论来解释企业竞争优势产生的根源，自身的优化问题也是研究焦点。在国外，价值链优化主要集中在实体链与虚拟链优化。Jeffrey 和 Sviokla（1995）认为实体价值链的优化主要是基于波特的价值链成本管理理论，去除横向或纵向价值链中不增值的作业环节[271]。信息经济的兴起与繁荣催生了许多新的经济组织，如战略联盟、网络组织、虚拟企业、价值网络等，其价值创造具有一定的独特性，一些重要的增值因子可能并未体现在传统的作业环节，而是由信息技术虚拟出一条以顾客需求为根本动力、以信息收集为先导的新型价值链，能够更快制定协商、反馈、调控等管理活动，辅以资金流、实物流的支持，虚拟价值链就会实现价值增值。另有些学者从不同价值增值维度进行探讨。Thomas 和 Kevin（2001）构建了一个基于信息的价值链整合模型，从电子商务伙伴关系出发解释了战略性资源外包行为[272]。Andreas（2002）进一步探讨了如何借助于价值链分析，将分散独立的市场、业务伙伴有机连接为具有更大增值功能的联盟企业网络[273]。Hongze 和 Davidrajuh（2005）主张开放灵活的虚拟环境、对市场变化的快速适应能力以及自动化价值链管理是优化价值链亟待解决的问题，并基于虚拟环境设计出一种能够实现灵活分销的价值增值机制[274]。

在国内，一部分人探讨价值链的优化分析方法。曾铮（2005）选用成本分析法，基于新古典经济理论，考虑要素结构、技术能力、分工迂回变动影响后，设计了全球价值链的攀升模型，借此阐明一个国家如何在全球价值链中进行战略定位及价值升级[275]。胡大立（2001）将低成本、差异化战略相结合讨论了价值链的优化过程，提出企业应先估算价值活动成本、分析其相对成本、差异化优势，挖掘核心竞争来源，并以预期价值最大化为目标重塑价值链[276]。余伟萍（2003）研究了基于企业能力的价值链优化过程，先将企业的价值创造活动分为三大类：核心活动、亚核心活动与基础活动，然后构建企业活动、能力与战略选择矩阵，分析各项活动的运作能力，最后从活动、能力的匹配程度出发选取恰当发展战略：自制、合作或外包，以优化价值链提升竞争优势[277]。蓝伯雄（2011）建议采用线性规划对偶理论探讨价值链的一般均衡关系，这既有助于了解价值链各个环节的成本分布，还能够计算价值增值，获取更有用的成本、价值增值信息[278]。

另有人围绕不同行业企业的价值链优化问题研究。王玉晶（2010）通过分析装备制造企业的价值链系统，识别了关键的价值形成环节，实现了装备企业上游、中游与下游的价值链优化[279]。乔忠（2003）以轿车企业为例，探讨了模糊线性规划法在价值链优化中的实用价值[280]。刘广生（2001）基于循环经济角度，从发电、输配电、最终客户端等环节提出电力产业局部、整体的价值链优化方向与策略[281]。黄约（2014）运用对比分析法，对理想状态旅游电子商务价值链进行了长短期优化[282]。

还有人围绕新兴要素、新型组织方式的价值链优化问题进行研究。张以彬（2009）建议为了增强自身竞争优势，厂商应专注核心业务，将非核心业务外包，重点集中于产品设计、新产品开发、装配、测试与销售、品牌管理、市场份额提升。进一步，通过对 OEM 外包边界移动的分析，他还发现基于知识的服务外包能够给厂商带来更多利润增长机会，并据此提出一种基于知识的服务外包价值链优化模型[283]。关伟（2008）探讨了中间组织的价值链优化问题，认为其优化过程主要由三部分组成：动态性优化、虚拟性优化与模块化优化，以此为基础，分别建立了系统优化模型、成本结构优化模型和以客户参与为核心、实体与虚拟相结合的契合模型[284]。

综上分析，现有的价值链优化文献更多地集中在定性或定量的优化方法及其在不同行业、不同类型企业的应用性，还未发现有人将技术与价值链优化相结合。接下来，本章将以现有的价值链优化方法为基础，在企业价值目标的指导下，将一体化与外包、低成本与差异化战略相结合作为优化的具体方向，分别对各项技术活动以及 TVC 之间的链接关系做出优化处理。

8.2 优化目标与方向

8.2.1 优化目标

TVC 是各项技术活动链接在一起以创造企业价值的有机系统，其优化的终极目标是企业价值最大化。现有财务理论认为，企业价值是预期的自由现金流量以其加权资本成本贴现后的现值。其中，自由现金流量是企业经营活动产生的现金流量扣除各项必要资本性支出的差额。由于必要资本性支出是为实现持续发展而发生的各项长期性支出，企业价值最大化的实质是如何实现当期、预期现金流量最大化及综合资本成本最小化的权衡。在其他资本一定的前提下，这也意味着技术资本产生的当期与预期现金收益的最大化与技术资本成本最小化的权衡。

依据第3章的分析结果，通过合理地安排技术投资、恰当地选择技术转化时机能促进技术资本积累，降低其筹集风险与资本成本，灵活选取技术资本的运营策略会增强企业获取超额盈利的能力与期间长度。企业价值与技术生成的时间、数量与质量、转化成功率、技术资本生成时间、技术资本的形成风险、运营风险之间具有明显关系。其中，企业收益主要取决于技术资本的生成时间与数量、技术资本的利用效率与运营方式。企业的资本成本取决于技术投资成功的可能性、技术资本的筹集与投放渠道。企业价值会随着技术转化速度、转化可能性、技术效率的改进、技术资本成本的降低而提升。因此，TVC的优化应围绕降低技术资本成本、提升技术资本的预期收益而进行，具体包括技术活动优化及相互链接关系优化。其中，技术资本的生成活动（技术生成、技术确权与技术交易），优化目标应围绕如何以最小的成本尽可能多地获取高质量的技术资本而进行。技术资本的“商品运营”、“资产运营”和“资本运营”活动的优化重点围绕如何节约技术资本的使用成本、提高技术资本的预期收益。链接关系优化是在厘清各技术活动内在关系的基础上，结合企业战略发展目标，探讨如何设计科学合理的技术活动运作流程，并针对其中的战略技术环节重点管理。

8.2.2 优化方向

1. 低成本与差异化。长期以来，低成本一直是追求价值最大化企业的努力方向。企业的成本优势因产业结构而不同，主要受规模经济、专利技术进步、廉价原材料等因素影响。例如，家电企业的成本领先优势来源于足够规模的显像管生产设施、低成本设计、自动化组装及有利于分摊研制费用的全球性产品销售规模。若企业能够保持成本领先，即使价格与同业平均水平相当，也会成为同行盈利领先者，成本优势转化为利润与价值优势。低成本的类型主要体现在：降低差异性使产品功能简单化、寻求价格低廉的研发材料、改进研发设计、节约研发材料、降低人工费用、优化制造流程等。TVC的低成本运作相应地要求企业要全面分析每一项技术活动的成本内容，挖掘每一项技术管理活动的成本降低潜力与可能途径，寻求成本最小化的技术运作方式。以技术研发活动为例，其成本项目主要有材料成本、人员薪资、研发场地等。材料在满足研发需要并保证研发质量的前提下尽量来源于欠发达地区，研发人员的待遇要灵活设计，建议适当降低短期实物激励、提高长期激励比重、辅以精神与环境激励，研发场地可考虑远离闹市区的相对偏远地。

在成本差距难以维系或无力降低的情况下，生产比竞争对手功能更强、质量更优、服务更好的差异化技术成果成为众多企业追逐的目标。基于长期发展的需要，差异化的战略重要性比低成本还要高。差异化意指企业所拥有的能够支撑其在产业内独树一帜的资源或能力。当客户的选择余地较小时，价格敏感性就会降低。因此，采取差异化而赢得忠诚顾客的公司，在面对有关替代品威胁时，比其他竞争对手更为有利，与低成本相比，差异化更能提升企业价值。差异化的实现方式有多种：全新的产品设计、独特的生产秘方、与众不同的客户服务方式、灵活的销售网络等。相应地讲，TVC 的差异化优化要求企业合理评估拥有的各种资源与能力，并与同行其他企业相对比，准确定位现存资源与能力的横向优势，培育各项技术活动的差异化水平，重点针对核心战略环节进行。一般地看，技术生成活动的差异化体现为外观设计、性能改进、全新功能、先进技术研发网络等。技术确权差异化体现为灵活的确权方式、更具科学性与激励性的确权合同设计等。

优化 TVC，就是要在评估技术活动的低成本与差异化程度的基础上作出权衡改进。实践中，两者往往很难兼顾。获取差异化需要企业投入更多资源，成本也会增加，需要企业有所侧重，做出取舍。波特曾表示，推行差异化与提高市场份额有时很难兼顾，在培育差异化的过程中往往伴随高成本。而顾客即使了解公司技术的独特性，也可能不愿或无能力支付较高价格。因此，追求 TVC 的差异化运作要在合理的成本范围内进行。考虑到差异化对企业发展相对更重要一些，若两者出现冲突，追逐持续价值的企业会优先考虑差异化，再适度权衡对成本的承受能力。另外，成本优势明显的企业也不能忽视差异化提升。若企业产品的同质性太突出，对不同顾客群的吸引力会随之降低，产品可能会被迫降价，抵消掉低成本带来的优势。因此，任一技术活动的价值优化都要同时兼顾成本与差异化，力求用最低的成本突出技术活动的独特性。若经过低成本、差异化的优化抉择后，发现有些技术活动或具体运作方式既无法降低成本，也不具备差异化的潜能，建议企业考虑一体化或外包。

2. 一体化与业务外包。一体化是指企业有目的地将相互间联系密切的经营活动纳入企业经营体系中，组成一个统一经济体的控制和支配过程，主要包括纵向一体化和横向一体化。纵向一体化，即向企业所在产业链的上下游发展，将生产与原料供应、生产与产品销售等有机结合以扩展现有经营业务的一种发展战略，包括沿产品深度或业务下游发展的前向一体化和向上游方向发展的后向一体化。横向一体化，亦称水平一体化，是指企业为了扩大生产规模、巩固市场地位、提高竞争优势而与同行企业相互联合的一种战略，实质是资本在同一产业和部门内的深度集中。无论哪种一体化方式，其最终目的都是为了提升控制力或获得某种程度的垄断，以降低成本提高经营效率。对于技术主导企业而言，TVC 的一体化运作要求企业全面把握 TVC 各技术环节的成本或差异化优势，与外部同行或相关行业相比较，若弱于后者，应淘汰企业相对落后的技术环节或部分运作方法，通过购买、并购、吸收投资、技术交叉许可等方式积极从外部获取更先进、更具优势的替代技术，充实并提升 TVC 的综合运作实力。例如，有的企业在技术研发时面临辅助性基础技术缺乏的窘境，此时若全部依靠内部投入，成本较大，而通过交叉性技术许可联合其他企业的技术实力协作研发既降低成本，又提高了研发效率，促进技术资本快速积累；也有些企业通过并购、股权控制一些相关企业，来低成本地获取技术研发所需的各种技术零部件、原料等。

业务外包与一体化正好相反。它是以契约的形式，将企业内部不具优势的业务对外委托给更高效、专业的研发、生产或服务组织的经营形式，以更好地节省成本或突出差异化。外包的业务内容通常包括：人事外包——将人力资源管理中非核心部分的工作全部或部分委托专业人才机构管理、软件外包——将非核心软件项目外包给成本相对较低的公司开发、电子商务外包——委托专业电子商务服务商提供信息技术产品或服务功能。依据工作性质，外包分两种："蓝领外包"与"白领外包"。前者意指将产品的制造环节委托给其他企业进行。后者指将产品的技术开发环节委托给其他组织进行，主要是一些专业研发机构、高校或企业的研发中心。无论哪种外包，实质都是引导企业缩小经营范围，仅选取价值链中比较窄的部分，将资源集中于企业最具优势的业务环节，培育核心优势。将 TVC 中的某些技术活动外包，要求企业要动态整合不具差异化、成本偏高的技术活动，对于非核心、辅助性增值业务选择外包给其他更具成本或差异优势的组织完成，企业仅关注具备可比优势的技术环节及管理活动。

无论是外包或是一体化，都是为了更好地降低成本或突出差异化，企业应结合战略需要灵活选择。对于TVC的核心战略环节，尽量采取一体化，以便于更好地吸收其他企业的技术优势，逐步提升企业的技术能力；对于非战略核心环节及其他辅助环节，若企业内部成本优势不明显，建议通过外包，交给专业人士运作。技术主导企业的战略核心是自主技术资本积累，因此应努力培育技术生成环节的成本或差异化优势，必要时通过一体化从外部获取，而对于商品的制造或服务环节，基于降低成本的需要，可选择外包方式交给更具优势的专业加工或服务企业完成。

8.3 技术活动优化

8.3.1 技术生成活动优化

技术生成是培育技术资本、构建TVC的第一道关口，但并非每个企业的内部TVC都始于技术生成。实际上目前国内有不少制造企业、甚至是技术主导企业的技术资本大多来自外部获取。技术生成活动虽举足轻重，但特定情境下企业可能也会自行放弃，取舍的关键在于技术生成活动成本与差异化的权衡。技术生成来自企业内部的独立自主研发、企业与其他组织个人的合作研发、外部其他组织个人的独立研发。完全由内部人员自主研发的技术成果差异化程度最高，持续创新性及盈利潜力最强，但成本往往最高。即使是国内最先进的技术企业——华为公司，内部的技术生成活动也极少是完全独立自主完成的，每一项新技术的产生都是建立在现有一系列技术的基础上，其中有不少是通过许可、交叉许可、并购的方式从外部获取，这大大降低了技术的研发成本，而且内部新技术的产生过程也是华为内部研发人员、公司资源投入共同作用的结果。结合目前国内企业整体的技术水平、资源能力、研发投入状况以及与国外企业的现实差距，实施开放式技术创新，与外部组织、个人合作技术研发应成为多数企业的现实选择，与独立自主相比，这样会大幅降低成本，代价是差异化程度有所降低。在此过程中，企业需要考虑的优化问题是如何选择合作方以尽可能降低成本与保持差异化[285]。若仅从差异化考虑，尽可能地将技术研发所缺的基础性技术分散获取，再进行二次创新性整合，但这样会导致技术的逐个合作谈判成本偏高，相比之下，集中于从个别企业获取一揽子技术许可的成本较低，也成为很多企业的现实选择，其中不乏华为、中兴等技术领先企业。

还有少部分技术驱动企业，自身资源能力有限，财务状况欠佳，尚不具备自主研发或合作研发能力，只能以技术差异化为代价，完全寻求外部技术资本获取，如技术购买、获取技术许可等[286-287]。此类企业的 TVC 起点为技术资本，内部基本不参与技术生成与确权，所获技术多为国外二手技术，差异性有所降低，但满足了此类企业暂时的技术需求。随着财务实力的增强，这些企业可再通过并购、控股研发组织的一体化方式拓宽纵深，增强技术研发实力。总之，在当前经济新常态下，基于产业转型升级、持续发展的需要以及企业的现实状况，为尽快提升技术实力、培育技术资本，企业技术生成活动应在自主研发基础上，积极寻求外部技术支持，通过并购、许可方式获取研发所需的一揽子技术许可，一定程度上能够兼顾低成本与差异化的适度权衡。

8.3.2 技术确权活动优化

技术确权是技术转化为技术资本的关键步骤，只有产权清晰的技术才能创造价值。企业的技术确权活动包括内部确权与外部确权。由于对确权的经济意义认识不够深入，现阶段企业的技术确权活动呈现出多级分化趋势，一部分企业认识到专利与专利保护的重要性后，热衷于专利申请，急功近利地开发出各种类型技术积极申请专利保护，但其中大多为外观设计型专利和实用新型专利，发明专利数量偏少；也有部分企业担心申请专利会增大技术泄露的风险，降低企业的技术垄断期间，取得技术成果后不急于申请专利，仅在内部以合同或协议的方式界定技术的产权归属；极端情况下，也有企业仅重视技术成果的生成，对确权重要性缺乏认识或工作力度不够，既不积极申请专利，也不进行内部确权，导致技术成果产权长期处于模糊混沌状态，无法及时投入使用，以致错过最佳的市场投入时机[288-289]。此类例子多以研发机构居多。这说明目前国内企业技术的确权活动还很不完善，有待优化。技术确权活动的优化是通过灵活地实施技术确权的方式、选取技术确权的最佳时机，以尽可能地增强或维持技术的差异化程度、延长企业技术差异化的维持期限，降低技术确权的成本，具体体现在：

1. 在确权方式上，将内部确权与外部确权相结合。内部确权有助于技术保密与维持差异化，成本也较低，但不利于行业整体的技术进步，更面临技术外泄的巨大风险，对于一些更新较快的技术，还存在让竞争对手先行申请专利的风险[290]。相对之下，公开申请专利通过法律的形式在合理期限内保护技术的专有性，更有利于专利经济价值的实现，比如专利抵押、专利证券化、专利信托与许可等，但申请专利的成本相对高一些，且申请后技术可被公开查询，无形加大了技术自发外溢风险。考虑到现阶段不少企业的内部管理制度还不健全，大多还未建立一套严密的技术内部管理流程，建议企业对于更新较快的新兴技术，优先选择对外申请专利，在法律保护期限内最大化利用其潜在经济价值，而对于一些淘汰速度较慢或基础性研发技术建议采用内部确权，以协议的形式确定贡献者的产权归属。

2. 在确权时机上，建议专利的申请要结合战略需要。对于内部确权的技术成果，生成后即可以协议的形式确定权利归属。但对于需申请专利的技术成果，需确定恰当的专利申请时机。中国中医药专家花费大量的时间、财力研发出的中药青蒿素，由于在申请专利之前提前在国际会议公开研究论文，错过了在国外申请专利的最佳时期，以致国外的制药企业无偿生产，由此造成巨额损失。可见，在申请发明专利时，鉴于其时效性特征，确定申请时机、尽早注册是至关重要的一环[291]。申请时机的选择要考虑到企业每年申请专利及投入使用专利数量的平衡、面临失效专利的数量，以及技术更新换代的频繁性。若技术成果的更新速度很快，需尽快投入应用，应立马申请专利保护，若研发的技术很超前，当前一段时期可能还无法投入应用，可以暂缓申请，这样也降低申请成本。另外，专利申请也要结合企业以往的专利审批情况，尽可能维持企业专利数量的持续稳定增长，避免大起大落，这有利于企业价值的持续增长。

8.3.3 技术交易活动优化

技术交易是技术转化为技术资本的最后一道屏障，目的是用企业其他资源如货币、固定资产、房地产、股票期权、股票奖励、虚拟股票、收益分成等交换技术所有人的技术产权，以实现对技术产权的占有与应用。确权方式不同，技术交易方式有别。内部确权的技术，其交易行为在内部技术权利人之间进行，多采取股票期权、股票奖励、虚拟股票、收益分成等。外部确权的技术，交易行为在企业与外部人之间进行，多采取购买、支付许可费、交叉许可、并购、控股等方式实现对技术的拥有与控制[292]。技术交易活动的优化就是在企业资源与能力的约束下，结合技术的确权方式，通过合理设计技术的交易方式，以较低的成本提升技术交易活动的差异化，培育技术交易活动的综合竞争力。

实践中，企业应重点关注交易方式的灵活性与成本、风险的可控性。不同交易方式的成本、技术应用的风险差异较明显。总体而言，内部技术交易的成本高、风险低，外部交易正好相反。进一步细分，内部股权交易的成本与收益分成相比通常高一些，但保密性较好，技术应用风险低，也有助于维持差异化。外部交易方式中，技术购买成本最高，应用风险最低，其他依次是并购、控股、许可等。交叉许可的成本最低，企业几乎无需付出其他财务资源，但交叉应用中的风险大一些。企业需结合自身的发展阶段、资源状况权衡取舍。发展初期，若尚无能力内部生成技术，可直接通过并购、控股、许可方式获得技术，之后通过二次创新逐步培育自主研发能力；若具备一定的自主研发能力，积累了一定的专利数量，初步具备了交叉许可的可能性，可尝试并购、交叉许可的方式来弥补自身部分技术短板。到了成长阶段，此时大部分技术企业已具备一定的自主研发能力，内部交易可以采取股票期权、虚拟股票方式，外部交易采取控股、交叉许可。到了成熟阶段，企业多已具备业内较强的自主研发能力，拥有种类丰富、实力较强的技术专利品种，但此时仍不可忽视技术交易与技术资本培育。成熟企业已构筑独特的竞争优势，技术资本主要来源于内部，也具备较强的技术交易能力，重点应关注成本降低。内部技术交易更倾向选取成本偏低的收益分成，外部交易偏重于交叉许可，这样一来，将发展战略、资源优势、技术能力、技术应用有机融合为持续增长的技术核心优势培育体系。

8.3.4 技术运营活动优化

1. 技术商品运营活动优化。经过确权交易后的技术被投入到商品的研发、生产与销售实现增值的过程即为实现技术商品运营。其优化活动就是要在低成本与差异化的指导下，确定被投入到商品研发、生产与销售的技术类别、技术等级与数量、技术的投入时机、技术的投入风险等，以提高商品的品牌形象、技术含量在顾客中的认可度，适度控制商品的成本以满足不同的顾客群体，合理规划技术被投放市场的速度以实现持续稳定收益与价值。实践中，技术“商品运营”的优化内容重点关注如下：

首先是厘清技术资本的种类与技术含量等级、新旧程度，确定商品运营投向。企业的技术资本，有的适用于商品研发，如构成商品实体的核心技术；有的适用于商品制造，如先进的工艺与流程；有的适用于综合管理，如办公系统与软件；有的适用于商品销售与服务，如电子商务网络；有的服务于整个商品运营流程，如财务系统平台。企业应先分清商品运营可能应用的技术类别。

其次是对每一项技术资本都需要逐个权衡成本与差异化程度，投入到不同的商品运营环节。其中，商品研发环节以提高商品实体的技术含量与独特性为主，成本是次要因素，此环节的技术资本投入相应地，应能够代表特定企业、甚至行业较高的技术水平，且尽可能地通过自主研发完成，在分析顾客群成本承受限度与灵活需求的前提下，利用不同等级技术、辅以其他资源生成一揽子新商品组合，既降低了成本，又满足了不同顾客的独特需要。如海尔冰箱、华为手机价格从几百至万元不等，主要是技术含量差异所致。

相比之下，商品制造环节的优化更多地追求低成本，评价技术资本应用效果也重点参照能否降低制造成本为标准。相对于更换生产场地、降低人工工资或高负荷机器运转，加大技术投入来降低制造成本潜力更大，也更具持久性，还能够最大程度地节约实物资本或人力。进一步，与研发环节相比，制造环节技术投入更易于获取当期绩效，风险也较小，应成为现代制造业技术应用与成本降低的重要渠道。但实践中该环节技术投入还未引起足够重视。微观企业调查数据显示，投入研发环节的技术资本约占总技术投入的2/3，远超制造及其他环节。为尽快促成增长动力转型，企业应加大制造环节技术投入，重点关注如何利用新一代互联网、物联网、云计算、移动智能等信息技术塑造新型制造流程。

另外，伴随信息技术对个人与组织的全面渗透，如何更好地利用新兴技术来扩大销售、提高服务质量也引起企业重视。销售服务环节的技术投入优化相应地就是要及时、充分应用新兴信息技术，搭建功能多样、灵活高效的商品销售与服务平台，以较低的成本提供安全、便捷的销售与服务渠道，满足顾客在不同时间、地点的购物与售后技术需求。这将有助于企业更好地向顾客传递战略发展、品牌构建与营销管理理念，以更低的成本提供更便捷的服务，实现与顾客的即时沟通，最大化地促进销售与价值增长。但目前仍有不少企业还未实现传统营销服务与现代技术的深度融合，商品销售与服务主要借助于其他企业提供的电子商务与财务平台来实现，如淘宝、微信等，甚至少部分企业仍采用实体店、专业业务员等模式，亟待拓展技术资本运营空间，调整技术获取与配置结构，适当增加用于商品制造、营销环节的技术类型。

还应注意的是，对于特定商品的某个运营环节，技术资本并非越先进越好，而是要多方权衡客户的多重需要、对价格的承受范围、企业的成本降低空间，确定一个较佳的投入时机。这主要是因为，对于商品运营各环节尤其是开发环节而言，技术资本的应用成本都是形成商品价格的重要因素。若投入成本太高，不仅直接导致商品价格大幅上涨，还会失去一些无力承受的潜在客户群。另外，增加技术投入还会无形中加大财务压力与风险，尤其是一些更新频繁的高新技术，虽盈利潜力较大，但较高的研发投入甚至有时还未完全应用即被淘汰，这令不少企业望而却步，更倾向于选择适合自身发展状况的稳健型技术。

2. 技术“资产运营”活动优化。这里的技术“资产运营”指将技术作为一项资产进行管理，通过资产销售、抵押、信托、许可等方式直接实现价值，无需借助于商品运作。相对于商品运营，技术“资产运营”能够更直接、迅速地实现技术增值，但应用中的成本、风险可能更大一些，其优化重点在于权衡各项技术的特点、创新性、市场迎合度，选取适用的资产运作方式，在可接受的成本与风险范围内，使各个技术的潜在盈利空间得到最大化释放。建议主要关注如下：

首先要考虑到应用技术的更新速度，企业应每年不定期评估技术的潜在盈利、新旧程度、受欢迎程度等的动态变动，据此细分为一手原创高新技术、二手成熟技术与淘汰落后技术。对于一手技术，为避免技术外溢、外泄，维持垄断，并不急于开展资产运营，先进行新商品研发。投入资产运营的技术以二手技术与面临淘汰技术为主。调查发现，现阶段后两类技术在不少企业技术总体中所占份额达到了 1/2。积极开展技术“资产运营”是此类企业盘活技术资产、提高技术效率与实现增值的现实需要。

然后是对比评估各种资产运营方式的成本与收益水平，选取适合技术特点、边际贡献较大的运作方式。其中，技术销售活动直接让渡技术产权，期间虽发生的费用如评估费、宣传费、销售费等相对较高，但收益最为可观。技术抵押不会直接产生收益，而是提供一种新型的融资渠道，通过抵押技术产权获取一定期间内的货币支持，缓解企业资金压力，正常情况下也不涉及到产权变动，运作成本主要是利息支出。一些高新企业在快速成长阶段倾向于采取技术抵押。就目前的应用实践看，企业的技术许可活动更为常见，它是通过赋予对方技术使用权来获得一定的财务收益，其运作的成本与风险都相对较小，特别适用于稳健型企业。与以上方式相比，技术信托最省心，以合同方式将技术交给专业机构运作（如许可、抵押、销售），仅需支付一定的服务费，无需分散企业管理精力，即可获得技术的运营收益，但其运营成本中多了一项中介费，成本略高一些，运作效果受信托服务行业规范程度影响较大。目前国内的信托市场还不太健全，技术信托还未得到广泛应用，开展此业务的潜在风险较大，但后期会有广阔发展空间。综上对比，一般情况下，就运营成本而言，技术销售活动最高，接下来依次是技术信托、技术抵押、技术许可等。

此外，还要通过灵活选取运作方式提升资产运营效率。国内很多企业的技术都是通过购买、许可的方式获取国外二手落后或淘汰技术。同样，国内也存在很多闲置或不需用的二手技术，若能够及时让渡给技术稍落后的企业使用，能够提升技术应用效率。但目前国内企业将更多精力集中在新技术、新产品研发上，对现存二手技术的利用程度与效率有所忽视。考虑到国内技术市场的发展状况以及企业的技术应用状况，对于闲置二手或淘汰技术，企业应多尝试通过技术抵押融资，获取研发或经营资金支持，或向更落后的地区企业提供技术许可等获取一定的技术许可费，亦可直接销售给相关行业的落后企业使用。发达地区有条件的企业，或风险承受能力较强的大型企业，亦可将此业务以技术信托方式交给专业的技术服务机构运作。

3. 技术“资本运营”活动优化。技术资本运营意在通过少量的技术资本完全或部分控制其他企业，以获取对方财务资源与收益。与前两种方式相比，资本运作风险较大，盈利也更高，要求企业具备较强的技术实力与风险承担能力。优化过程应重点围绕在战略目标的指导下，确定用于资本运营的技术类别、新旧程度、市场空间，谨慎地选取技术资本的控制方式以及科学估算可承受的控制比例，在风险、成本可接受的前提下，实现投资收益最大化。

当前国内企业更多地围绕技术的商品运营与资产运营进行运作，对技术的资本运营活动关注较少，一方面是由于整体技术水平偏弱，还不具备对外资本运营的现实条件；另一方面是技术与资本运营的双重风险也让不少企业望而却步。但也有企业涉足并尝到甜头，如华为技术“资本运营”收益颇丰，给国内企业提供了很好的范本。可以预见，随着技术实力、财务实力的增强，越来越多的企业会逐步拓展技术的盈利渠道，迈开资本运营的步伐。为促其更快更好地开展技术“资本运营”活动，建议企业重点从以下几个方面作出优化考虑：

首先，优选用于资本运营的技术类别。一是企业最新研制的核心原创技术可暂缓资本运营，应先选取已应用的、经过市场考验的、还未被淘汰的二手技术，此类技术较成熟，市场运作过程中相关成本也较低，技术风险偏小。二是所选技术应具有广泛的市场空间与需求，仅小范围内使用的二手技术适用度小，市场空间有限，不宜对外资本运作，一旦失败，技术价值会大幅下跌。

其次，确定技术“资本运营”的方式。可选运营方式有：以技术出资成立全资子公司、用技术出资获取控制权、用技术并购或重组企业等。其中，成立全资子公司，技术使用风险较小一些，可以选用一些较新的核心技术，且拥有收益的全部分享权，不足之处在于运作中的相关成本较高，一旦失败损失较重。与之相比，利用技术获取具有一定战略意义的企业控制权亦有许多可取之处，选取对企业发展有一定互补利益的企业，用技术出资实现控制，进而通过资源整合，提高对方的技术实力，并成为企业商业帝国中的一员，既充实了战略实力，又以较低成本实现收益。但被投企业技术整合中的风险要大一些。相比之下，成本最小的投资方式可能是技术并购，选取一些行业相关、技术相关、具备一定竞争优势但暂时出现财务困境或管理问题、濒临破产或被迫重组的企业，用技术、管理理念与方法或辅以较少的财务资源重新整合，使其成为全资子公司，这比独立运作的成本要低，但并购后实现财务协同过程中的风险较突出。以上方式各有长短，如何选取，取决于企业管理者对待风险的态度、承担风险的能力、对成本的接受范围、企业的技术实力与综合财务实力。

最后，还要权衡技术资本的较佳投资比例。在技术资本出资过程中，并非都要获取控制权。资本运营的目的是要尽可能充分利用企业的技术资本创造收益。对于部分因种种原因不再需要的技术，企业已无需靠此构筑战略优势。此类技术的残余价值已不足以获取对方企业的绝对控制权，将其对外投资的目的大多非长期持有，只是尽快获取短期收益。但对于使用中的核心二手技术，企业对外投资的目的应基于长期的战略需要，以技术股权为纽带，通过控制关系建立公司的控制伙伴关系。此类技术出资时，企业需全面分析自身优劣势，必要时成立专门团队寻求有助于提升企业价值的潜在伙伴，全面了解对方经营状况后，选取一个最佳控制谈判时机、并购时机，确定一个有利于获取控制权的技术投资比例。

8.4 技术价值链重塑

以上从低成本或差异化角度分析了企业如何更好地优化 TVC 中的各项技术活动。接下来，企业还需将各项技术活动的成本、差异化优势与外部市场中的竞争企业作对比，若弱于其他竞争对手，企业应思考是否还有必要保留此类活动？如何保留？是外包出去还是与更具优势的专业企业进行一体化？基于此，接下来，利用象限分析法分析企业各项技术活动的相对优势，进一步做出业务外包或一体化的优化决策，以重塑 TVC、更好地服务企业发展。

8.4.1 象限图设计

通过前述分析，各技术活动的竞争力及价值贡献能力突出体现在低成本或差异化优势。但这种优势是否能促进企业价值，根本上取决于与外部竞争企业的横向优势。对特定企业而言，技术活动的横向竞争优势越明显，越有利于价值实现，进一步体现为横向的成本优势与差异化优势。有的技术活动成本优势明显，有的更擅长差异化，极少能兼而有之。为更好地分析特定企业可能存在的横向优势，下面借助于象限分析图来解读技术活动的相对优势及对企业的战略重要性（见图 8－1）。

图 8－1 中 X、Y 轴分别代表特定企业技术活动在低成本与差异化方面相对于外部竞争企业的横向优势，根据其不同的外在表现，划分出四个象限。位于象限Ⅰ的技术活动成本投入与差异化程度均强于竞争企业；位于象限Ⅱ的技术活动差异化程度优于对手，但成本投入偏高；位于象限Ⅲ的技术活动最弱，成本投入高且差异化不明显；位于象限Ⅳ的技术活动虽差异化不及竞争对手，但成本优势较明显。此外，象限交界处的原点表示企业技术活动的成本与差异化水平与外部企业相当，横向优势为零。

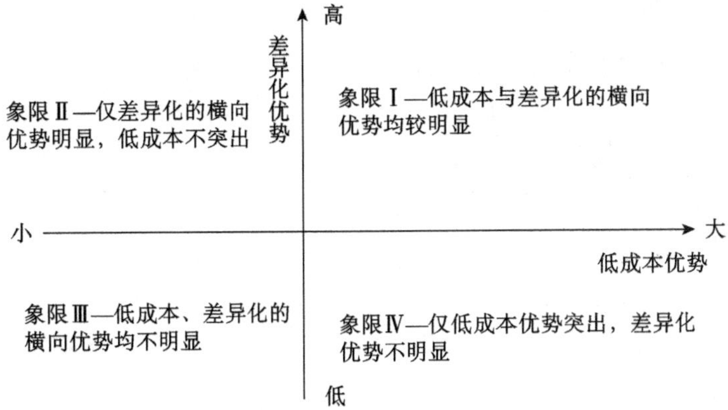

图8－1 象限分析图

8.4.2 技术活动的匹配关系分析

象限Ⅰ的技术活动，能用低于竞争企业的成本投入培育出更明显的差异化优势，体现出高水平的核心技术优势，也代表了企业最强的技术运作能力，是企业实现战略目标、推动持续价值增长的根本力量。因此，企业应将达到此象限标准的活动划归为核心战略技术活动。企业的发展状况、行业类型、发展阶段、外部环境不同，驱动其发展的核心战略技术活动有别。技术驱动型现代制造业多集中于技术生成活动、技术的商品运营与资产运营，尤以技术生成与商品研发最为突出，如苹果、微软、华为等，无一不是依托业界领先的技术研发与商品开发能力实现长久超额盈利。相比之下，国内的技术驱动型企业自主研发能力整体偏弱，技术创新性、独特性偏低，但成本投入并不低，技术生成与商品研发活动达到象限Ⅰ要求的企业不多，仅有少部分企业能与国外知名企业相抗衡，如华为的核心战略技术活动突出表现在自主技术生成以及技术性商品研发。除此之外，也有部分企业将商品的制造与服务作为技术投入的主要环节，很好地融合了技术性商品制造与服务过程中的低成本与差异化需要，如海尔。核心战略技术活动的能力与数量是企业发展潜力的集中体现，优势越突出、数量越多，企业价值增值后劲越大。初创企业可能还不具备培育能力，成长中的企业可能培育1至2个，成熟企业会进一步拓展至3个甚至更多。核心战略技术活动的多寡可以衡量出企业的发展阶段及竞争能力。

象限Ⅱ的技术活动，相对差异化较突出，但运作成本较高，说明与外部企业相比，占用了较多的财务资源，这会抵消掉差异化带来的部分优势，是否能够盈利关键看差异化优势是否能够抵制住高成本的负面影响。基于持续价值管理的需要，就重要性而言，差异化战略要高于低成本。纵观全球知名企业发展史，无一例外地更注重培育企业的技术创新差异化能力以满足客户的动态持续性需求，鲜有以低成本著称的百年企业。曾经名极一时的著名手机品牌诺基亚、摩托罗拉现已没落，根本原因在于没有能够持续性开发出满足不同客户需求的技术商品。尽管手机成本较低，价格优势明显，仍难逃衰退命运。基于此，企业对差异化优势明显的技术活动应更为重视。位居象限Ⅱ的技术活动，尽管成本优势弱于其他企业，企业仍应看作长期技术创新战略的必要组成部分，是促其发展的“亚核心”战略技术活动，意指虽战略上重要但还未培育成为具有双重优势的核心技术活动，有待进一步优化。国内许多企业的技术活动不具备象限Ⅰ的标准，最具优势的战略技术活动多集中在象限Ⅱ。最具代表性的是技术生成与技术商品研发。这从近几年上市公司财务报告可见端倪。尽管信息技术、医药、装备制造、汽车等行业技术投入持续大幅增加，但盈利增长并不太可观，甚至不敌技术积累偏少的金融保险、零售行业，这侧面说明许多企业培育的战略技术活动目前尚分布于象限Ⅱ，管理重心就是要合理规划资源投入、降低培育与维持差异化的成本。另外，还应指出的是，有些企业的技术“资产运营”、“资本运营”活动也位居象限Ⅱ。这两种技术运作方式的技术投入成本较大、风险较高，对财务基础资源与能力要求较高，可选运作方式多且运作细节企业更易于灵活掌握，这使得差异化更易于体现，但受技术市场不健全、内外部相关规章制度等因素的制约，运作成本难以降低。

位于象限Ⅲ的技术活动，无论是成本投入还是差异化程度都弱于竞争对手，体现出明显的竞争劣势。依据波特的竞争战略理论，只有具备一定的成本、差异化优势或能够以高的效率、更好的效果为某一狭窄的战略对象服务从而超过较广阔范围内竞争的对手，才能够纳入战略活动。很显然，象限Ⅲ的技术活动已不具备战略上的优势与支撑力，应划归入非战略技术活动。相对于外部企业，此类技术活动运作会消耗更多的资源与人力，产出相似或同质、价格低廉的技术商品给企业带来微薄利润。国内企业非战略技术活动较为普遍。例如，有一些传统制造企业不积极融合新兴技术，仍维持传统的商品生产与销售模式，与用 IT 技术全面渗入制造、服务流程的外部竞争对手相比，这些传统企业的制造、服务环节技术落后、运作成本较大，缺乏灵活度，差异化也较低，已不具备任何竞争力，如制造环节信息沟通匮乏致使生产效率低下、销售环节主要采用实体专卖店形式，对于新兴互联网沟通平台如何渗入制造、销售与服务不予关注，以致错失盈利机会。此类企业多为欠发达的中西部地区国有企业，不具备独立的自主技术生成能力，技术资本主要来源于外部购买或许可，商品制造销售等环节仍沿用传统思路，不积极创新，尚未培育出有利于长期发展的核心技术，各技术活动应归入非战略活动。

象限Ⅳ的技术活动，与象限Ⅱ正好相反，横向的成本优势突出，但差异化不明显。面对传统行业的成熟市场，低成本可能成为盈利关键。在技术更新较快、客户需求动态多变的市场环境下，技术的独特性决定了企业仅维持低成本技术活动很难获得丰厚盈利，培育核心竞争优势。但技术活动中的低投入有助于缓解财务压力，降低经营风险，在差异化一定或很难再提升的情况下，技术活动的运作效果就取决于低成本。因此，此象限内的技术活动，应被看作战略技术活动，但与上述差异化突出的战略技术活动有别，仅作为基础性或支撑性战略技术活动而存在。它们是企业技术战略运行的重要部分，但并非持续价值增值的主要支撑力。考虑到国内企业的综合技术实力与运作状况，基础性技术活动目前可能主要集中在技术确权活动与交易活动，此类活动在不同企业间的差异化不明显，竞争优势更多体现在成本支出差距，低成本意味着技术资本的筹集费低于竞争企业。

8.4.3 技术价值链重塑

根据以上分析，依据相对于外部企业的成本或差异优势，企业的技术活动可划分为四大类：核心战略技术活动、亚核心战略技术活动、基础性战略技术活动与非战略技术活动，各自对企业战略的重要性与价值贡献不同。在厘清各技术活动的相对横向优势之后，接下来从战略出发，通过实施业务一体化或业务外包对不同象限内的技术活动进行优化，以重塑价值链，增强核心战略优势，更好地实现价值增值。其具体体现如下：

对于核心战略技术活动，考虑到它是整个TVC的核心，是战略的集中体现，不可轻易改变，应予以保留，并从加强内部技术管理入手重点培育维持、进一步增强核心优势。以华为为例，成立至今始终坚持走自主技术研发路线，经过多年实践，其技术生成活动、技术商品研发活动，无论是技术的创新独特性还是开发运作成本，都已具备业内领先的竞争能力，成为支撑该企业发展的核心战略技术活动。鉴于核心活动在整个 TVC 中的重要性，如何维持动态竞争力是关键。尤其近年来实物资源（尤其是不可再生资源）的过度开发与利用以及高层次人才的缺乏，技术开发、技术商品研制成本呈上升态势，企业应尽可能地在保持技术能力的前提下从其他方面挖掘成本降低的可能性，如将互联网等信息技术融入技术与商品开发，建立客户平台、基于客户的需求进行调整性技术开发，重点在满足客户动态多样化需求层次的前提下，尽可能地降低冗余技术资源。事实上，信息技术多年的应用实践也已有力地证实了其对企业研发活动的多重作用，通过搭建网络研发平台、客户技术交流平台以及各种灵活的微信公众号，企业可以更好地了解客户对技术的需求，有针对性地开发不同层次、功能、价位的技术与商品，既降低了成本，又兼顾了技术多样化需求。

对于亚核心战略技术活动，横向的差异化优势同样决定了其在 TVC 中的重要地位，尽管成本优势不明显，企业仍应将其保留。首先，与核心战略活动优化不同的是，企业应更注重采用一体化方式对亚核心活动进行优化，例如，与相对成本较低的企业共同合作、参与亚核心技术活动运转，或者直接并购之。这样一来，既降低了成本，合作企业可以分担部分亚核心活动运作的风险，也有助于获得规模优势，通过技术外溢的内部化促进企业间技术流动，实现企业间异质资源互补的目的。基于降低亚核心技术活动成本的需求，一体化运作首先要求两家企业处于相同或相关行业，具备共同进行技术活动的基础。其次，若以合作方式实现一体化，应选取运作成本较低但技术实力相当的企业，若采取并购方式，备选企业的技术实力往往弱一些，成本优势更明显，必要时可以采取跨地区甚至跨国并购。通过实施技术活动的一体化，既提升亚核心技术活动的技术优势，又通过降低成本提升了增值潜力。尽管纵向一体化的合作或并购有诸多优势，实际运作中仍面临各种困难。对竞争企业而言，最大的担心可能来自技术活动一体化过程中会增大合作者之间私有技术的相互传递与外溢可能性，降低优势企业的技术垄断优势。基于此，以降低技术运作成本为目的的一体化倾向于并购那些成本优势明显、但技术实力偏弱的企业。例如，对于技术的资产运营活动，若企业内部运作成本比外部专业的技术运营公司成本高，可以通过并购的方式直接获取专业的技术资产运作机构，降低运作成本，提高运作能力。实施一体化后，亚核心活动的运作成本会有所降低，这种变化很可能会提升其战略重要性及在 TVC 中的位置，上升为核心战略技术活动，成为价值驱动的主要动力。

对于基础性战略技术活动，虽差异化不明显，但成本投入较低。低成本是此类技术活动的优势所在，也是企业战略技术活动中的重要组成部分，应予以保留，但在技术价值中的地位略弱于亚核心技术活动，这是因为从长期看，能够支撑企业持续价值增长的核心优势还是根源于差异化。这从家电行业的发展历程即可看出。在成熟的家电行业，能够长期维持市场占有率的企业，在技术交易、技术商品制造、销售、服务等环节的低成本是重要诱因。但在互联网时代，这些企业都在积极转型，以寻求更高层次的差异化发展，积极引入新技术尤其是 IT 技术，充分利用互联网经济带来的便利条件，借助于平台经济实现转型，在维持或进一步降低成本的前提下尽可能地增强其相对于其他企业的灵活度与差异性。基础性战略技术活动的独特性若改善明显，很有可能也会划归入 TVC 的核心区段。但若差异化提升很难实现、或实施成本很高，也可考虑暂缓推后。

对于非战略技术活动，投入成本高且不具独特性，价值贡献也较小，从事此类技术活动所获的收益低于外部竞争企业甚至为负。本着经济性原则，企业应将这些活动通过外包的方式交由其他专业企业运作。这样一来，企业仅专注于优势明显的技术活动，既提高资源配置运作效率，又降低了整体技术运作风险。此类例子有很多。美国的电脑芯片生产商确认其核心的战略技术活动是半导体开发，物流环节（主要是芯片生产、销售、交货给客户）不能体现企业特点，价值贡献很小且问题百出，NSC 供货周期太长平均高达 60 天，已严重影响到正常运转。最终公司决定将其外包给当时货运和报关效率达到世界之最的联邦快递，这使得 NSC 供货周期从 60 天缩为 2 天，成本也明显降低，大大提高 TVC 的运作效率。此外，意大利作为世界制鞋业王国，半数以上鞋厂的生产是在境外加工，将科技含量不高的工序外包给人力成本较低的国家进行，成本大幅降低。

综上分析，通过一体化或者外包，仅保留具有一定的战略优势的对企业价值作出贡献的技术活动，淘汰掉不具相对优势的非战略技术活动，重塑 TVC，有助于更好地促进企业价值增长。另外，伴随经济环境变化，企业还需每隔一段时间对各项技术活动相对优势的变化情况、TVC 的重塑效果作进一步跟踪与反馈，比较优化前后 TVC 的增值能力以及技术活动的成本、差异化优势，撰写评价报告，对优化效果做全面总结，主要关注接受优化调整的技术活动增值是否有所提高。总之，技术活动的运作过程复杂多变，给 TVC

日常管理提出了高要求。如何在动态环境下寻求最能够满足长期战略需求的TVC，是持续价值管理的重心所在。这要求企业面对层出不穷的技术更新，及时捕捉TVC的微妙变化，仔细分析变化源头并作出优化调整。

8.5 本章总结

本章在上一章的基础上，针对现有企业TVC的运作状况，从低成本与差异化、一体化与外包角度，结合象限分析图探讨了如何优化问题。主要观点如下：(1) TVC的优化应分两步进行。首先是技术活动的优化，意在培育低成本或差异化竞争优势。在此基础上再与外部竞争企业作横向对比分析相对优劣势，进一步重塑TVC。(2) 借助于象限分析图发现依据战略重要性有别，企业的技术活动可分为四类：核心战略技术活动、亚核心战略技术活动、基础性战略技术活动和非战略技术活动。(3) 价值链重塑因技术活动在企业战略中的地位而不同，仅保留具有一定战略优势的核心战略技术活动、亚核心战略技术活动、基础性战略技术活动，通过业务外包的方式淘汰非战略技术活动。(4) 保留下来的战略技术活动，优化重点也有所不同。核心战略技术活动通过加强内部管理，努力维持技术优势，亚核心战略技术活动应通过业务一体化与更具专业优势的企业合作或并购以获取低成本优势，基础性战略技术活动应在不降低成本优势的前提下探索提升独特性的方式与途径。

考虑到国内企业对技术资本的认识能力以及TVC的整体运作状况，TVC优化思路的提出具有多重现实意义：有助于企业更深层次认识培育技术资本的重要性、不同技术资本的优化路径差异，厘清自身TVC的运作状况，全面透视技术活动的优劣势及战略重要性，作出相应的优化处理，以提升TVC的增值能力。建议企业实践中准确把握各技术活动的成本投入、差异化能力、分清核心、亚核心以及基础战略技术活动，积极并购一些行业相关、有一定互补性的中小企业，或与技术实力相当的竞争企业展开合作，以降低亚核心战略技术活动成本、努力将其培育成核心战略技术活动，并及时外包非战略技术活动，以确保TVC上的每个环节都具有一定的相对战略优势，作出一定的价值贡献。

第9章

结论与展望

9.1 主要研究结论

本书以新经济增长理论、新兴要素资本理论以及要素价值理论为基础，选用理论、实证、案例相结合的研究方法，搜集2009~2014年沪深上市企业财务数据以及华为公司技术研发、运作相关资料，在厘清技术资本内涵、属性及对企业价值影响路径的前提下，从实践出发，详细解读了中国各行业（尤其是制造业、信息技术业）技术资本存量、内部结构、获取渠道与配置效率，技术资本对企业价值的贡献程度，技术资本的产出弹性以及对其他资本的替代弹性，进一步提出基于技术的价值驱动模型，结合华为案例分析现实应用的可行性，探讨相应的动态优化策略。主要结论与观点如下：

1. 资本与价值是财富的不同表现方式，两者不可分割。若把财富留存下来投入生产领域、作为生产要素来看待，这部分财富被称为资本。若把其看作是生产结果、消费对象和享受源泉，称其为价值。储存资本是为了预期获得更多价值。企业是要素资本投入与价值产出的一个循环经济系统，其资本总额等于所投项目的各类资本汇总，其价值等于各项目产出的价值总额。企业价值相应地取决于实物、人力、技术等要素资本的投入数量、投入质量、资本间的匹配程度以及利用效率。追求企业价值的最大化，就是要在财务规则的指引下，合理安排投放在各个项目上的资本种类与数额，以最大程度地创造当期及远期收益。在完善的资本市场环境中，厂商最佳的配置行为是完全按照市场的财务规则，尽可能地寻求收益率超过资本市场成本率的投资项目，直到所增项目的边际收益率等于市场成本率，此时企业价值达到最大。

2. 伴随以云计算、物联网等为主的新一代信息技术革命的全方位渗透，企业的微观运行环境出现了平台化的互动格局，这种新型交互状态使得企业的生产方式发生重大变革，突出体现在互联网技术对传统生产经营的全方位渗透。借助于新兴技术整合要素资本与经营渠道，企业可能会实现前所未有的规模效益。此时企业之间的竞争优势、持续发展动力不再集中于传统意义上的货币、实物、自然资源及普通人力投入，而是在于迎合信息网络环境的新生技术开发、积累与更新换代。这也是响应国家节能环保、增长结构转型、创新驱动的客观需要。现实环境驱动下，微观企业对技术资本的需求必将增加，技术资本必将超过实物、货币、人力等，成为企业最重要的要素资本。若资本总额一定，企业加大技术资本配置，必将减少对其他资本的配置。一定程度上，技术资本取代传统资本是企业持续发展的资本配置趋势。

3. 技术资本与技术有别。技术资本的生成需要经过技术生产、技术确权以及技术交易过程，只有这样才能启动资本的运营机制创造价值。技术资本是企业拥有的技术商品，由技术经过确权、交易投入生产过程转化而成，包括专利、非专利技术、管理系统、软件、研发中心以及其他技术权利。它具有增值性、商品性、动态性、创新性、外部性、垄断性、时效性、可分离性与异质性等特征。技术资本可以测度，与其他资本具有一定的替代性，这使得各要素资本之间的配置和优化存在着客观比例关系。技术资本与企业价值具有内在的定量关系。通过合理安排技术投资、恰当抉择技术转化时机、加快技术转化速度、灵活搭配技术运营策略、尽可能延长技术垄断期、多方降低技术风险与资本成本，能够最大化提升企业价值。在其他因素都相同的前提下，企业价值会随着以上技术因子的变动而变动。

4. 技术资本客观存在，并占有经济组织资本总额的较高比重。2009～2014 年各行业技术资本总量约为 252993 亿元。主要集中在制造业、信息技术业、采掘业、房地产业。尤以制造业与信息技术业最突出。制造业技术资本总存量达到 1447.03 亿元，占总体 57.2%。信息技术业技术资本总量为 307.04 亿元，占总体 12.14%。各行业技术资本配置以专利、非专利技术、系统与软件、开发支出为主，约占总体的 95% 以上，研发中心与其他技术权利偏少，且行业结构波动差异较大。各行业技术资本主要来自内部积累，自创比例平均达到60%以上，但行业之间差距较明显。制造业、信息技术业自创技术更突出。行业配置综合效率偏低。超过80%的行业存在不同程度改进空间。处于最佳规模收益点的行业仅占17%。推动TFP增长的主要动力是技术进步，综合技术效率下降。

5. 技术资本与企业价值显著正相关，且人力资本、行业技术质量的调节效应显著。伴随企业性质、所在地域环境的变化，技术、人力、行业技术特征对企业价值的贡献及后者的调节作用有明显差异。在国有企业，人力的调节能力强于非国有企业，但行业技术特征的作用弱于后者。在东部地区，技术对企业价值的贡献、人力及行业技术特征的调节都很明显，中、西部地区略差一些，且不显著。再结合弹性系数，发现技术资本的平均产出弹性为0.05，明显低于人力资本和实物资本，但增长幅度达到2.2%，超过人力资本与实物资本，表现出良好的增长趋势。技术资本对人力资本的平均替代弹性为1.0043，略高于实物资本对人力资本的替代弹性1.0039，与技术资本对实物资本的替代弹性基本持平。企业技术水平不同，其产出弹性与替代弹性差异明显，高技术企业的产出弹性、替代弹性明显高于低技术企业。

6. 技术资本的价值创造流程可以用TVC表示。它由关键性技术活动和支撑性技术活动组成。前者包括技术生产、技术确权、技术交易与技术运营。技术运营的方式有三种：商品运营、资产运营与资本运营。后者包括技术组织、技术人力、技术创新文化与其他辅助设施。依据技术活动的链接关系有别，TVC运作模式分为三种：技术的“商品运营”模式、技术的“资产运营”模式与技术的“资本运营”模式。案例分析发现，TVC能够很好地应用到华为技术公司的价值管理中去，也适宜推而广之，具有一定的应用可行性与实践价值。

以上结论既丰富、拓展了新经济增长理论、新古典经济增长理论、新兴要素资本理论、要素价值理论、技术资本理论的现有研究成果，又给技术创新理论、价值驱动理论、价值链理论、主流财务理论等提供一种新的研究视角。实践中，也给现实企业提供了一种适应经济新常态下转型升级的灵活有效的价值管理模型——TVC，有助于加深对技术资本的认识，厘清其对价值的影响路径，灵活搭建体现自身战略、资源与能力特点的与运作模式，深度挖掘技术增值潜力。

9.2 研究不足

本书是在主流经济学理论的基础上研究技术资本配置与企业价值的关系，需要研究者具备扎实的经济学知识，拥有能用经典经济理论分析实际问题的能力，掌握较全面的管理学、财务学、会计学等知识体系以及其他与技术相关的理论学派相关观点。尽管开题之前，笔者用一年的时间精读经典经济著作，但离透彻研究技术资本配置的能力要求还有一定距离，客观上制约了研究层次与深度。而且受理论资料、现实数据、模型设定、方法选择等诸多因素影响，本书结论的科学性、可靠性与应用性都有待进一步考证与完善。这具体体现如下：

尽管技术自20世纪中期就已纳入经济学分析框架，但真正独立研究技术资本却较晚。与物质、人力等资本相比，技术资本的理论体系很不完善，现有的直接相关文献也较缺乏，尤其是国内文献，这给研究工作带来了一定的困难，一定程度也影响到论据的说服力。

与其他要素相比，技术更为复杂，且定价尚未解决，会计报告也未直接披露技术资本数据。这给技术资本的界定与测度带来一定困难。书中将技术资本区分为六大类：专利、非专利技术、系统与软件、开发支出、研发中心与其他技术权利，是否合理，还有待进一步探讨。

数据搜集方面，现行企业财务报告对以上技术信息虽给予披露，但杂乱无章。笔者按照文中的技术分类对无形资产明细逐个逐项分类整理，对于实在分不清楚的排除在外，这一定程度会降低技术资本存量、结构等以及其他相关实证分析结论的估算精度，考虑到漏掉项目较少，且金额都不太大，应不会从根本上改变分析结论。

实证模型与方法方面，分别选用了扩展 D－S 动态面板模型、超越对数生产函数、非参数模型、GMM、岭回归、DEA－M 指数法等，它们的应用过程本身具有一定局限性，多需满足一定前提条件，这对实证结论产生一定影响，但依据稳健分析，并未带来实质性改变。

技术资本在驱动企业价值的过程中会受到多方因素的影响，除了人力资本、行业技术特征之外，其他诸如公司治理、股东背景、董事背景、高管特征、人力异质性、商业模式选择、政府补贴、政治关联、货币资本结构等也会通过影响技术研发、技术创新、技术积累或技术运营效果等对两者的关系产生一定作用力。限于篇幅，未作深究。

任何一个理论的提出都需要经过严谨推理、反复验证。笔者的知识结构、研究资历等还远远不够，书中提出的TVC模型是否能够经得起检验，还需要进一步全面推敲。虽然书中用华为作案例论证了该理论的实践可行性，但单一案例研究法有其固有缺陷，且受资料搜集的制约，研究效度还有待印证。虽然案例设计中，笔者已注重到科学谨慎的理论抽样，选取的案例也具有代表性，对样本描述较为细致，但仅凭此单一案例来支撑一个新的TVC理论模型尚有欠缺，研究结论仍需运用跨案例样本、基于更多的情境去验证。尤其是对各项技术活动之间的关系以及内部的运作模式，还有必要搜集各行业上市公司数据进行实证检验。在创新驱动的大环境下，这是一个非常重要的现实研究议题，值得更多人关注。

技术价值链内涵较为宽泛。不同主体、不同行业、不同产业TVC略有不同。而且同一产业、行业内部不同企业的TVC相互影响与联系，对于其与竞争力提升之间的关联性笔者也未作深究。

9.3 研究展望

针对以上不足，在未来的研究过程中，应尝试从以下几个方面做拓展：

1. 技术资产定价问题。资产定价是一项资产进入会计、财务视野首先需要解决的问题。只有建立真正科学合理的定价机制，才能够获得相关、真实、公允的资产交易价格，会计人员才有可能提供为决策有用的资产相关信息，财务人员才能够依据此有用信息做出切合实际的投融资、资产管理与运营决策。而传统的资本资产定价模型、B－S模型及其他金融决策模型均没有考虑技术等新兴要素的定价问题。至目前为止，还没有出现关于技术资产定价的有关文献，这显然与技术资产的重要地位不符。有个别学者已开始关注技术资本对资产定价的影响。如Nicolae（2012）构建了一个简单均衡模型分析了整个技术采用周期资产定价行为的特征[293]。该文考虑了两种技术震荡类型。第一种类型是中性的技术震荡，不会改变用以制造消费品的生产技术；第二种类型的震荡是重大的技术创新的到来，像汽车、互联网等。假设新资本投资不可避免会涉及固定（劳动）成本，企业选择最佳的投资时间，这将导致技术采纳上有一定的差距并最终影响到产出与消费。尽管模型中的技术震荡都是不可测的，技术采纳的这个过程会产生持续性的投资驱动周期，并导致预期收益的缓慢的反周期运动。作者还进一步指出，当增长期权还没有到期的时候，预期收益以及未来的消费品增长都很高，这体现出经济已经从新技术中吸收了收益。而理论上也将预期超额收益与未来消费品增长联系起来，实证分析也显示出超额收益与后续的消费增长之间日益增强的相关性。但这与技术资产定价问题的解决还有一段距离。在国内，这方面的关注还是空白，这使得如何构建融入技术要素的资产定价模型尤显重要与必要，只有解决了此问题，才能够真正拓宽技术资本在会计学、财务学领域的研究空间。

2. 技术资本的会计学相关研究有待加强。现行财务报告将以上技术明细列示于无形资产，显然有失恰当，也混淆了技术资本与无形资本的区别。技术资本与人力一样，属于有术用载体的有形资本形态，且可以测度，其存量为专利、非专利技术、系统与软件、开发支出、研发中心与其他技术权利等价值汇总。技术资本存量与技术存量有本质区别，后者只有在确权、交易后才能转化为前者。技术资本存量取决于技术成果产量、技术确权、转化程度。会计与财务实践中，人们对技术资本的认识都有待加深。与技术资本对应的概念是技术资产。会计上，有关技术资本、技术资产的取得、交易、折旧、技术收益如何分享等会计处理、信息披露问题有待进一步研究，具体体现在：如何区分研究费用、开发支出、技术、技术资产的区别、不同获取途径的技术资产如何入账、何时入账、尤其是采用交叉许可方式获取的技术资产如何处理、如何根据技术资产的流转过程及时确认成本与相应收益、技术资产的成本与费用分别有哪些？技术资产如何摊销？如何恰当地在会计报表、利润表、现金流量表等披露出技术资产相关信息？如何才能合理清晰地界定技术资产的所有者？技术资产对企业边界的影响？技术资本信息对利益相关者的决策有用性？以上问题有待思考。

3. 技术资本的财务学研究深度需进一步加强。长期以来，财务管理研究以货币、实物的筹集、投放、资产管理、运作、收益分配、公司治理为主，对人力资本也是近年来才开始有所倚重。技术等新兴要素对于现行财务管理而言尚属空白。随着技术地位的与日俱增，技术资本的财务管理必将激起众多人的学术研究兴致。具体体现在：(1) 技术资本的筹集问题，筹集渠道有哪些，每一种渠道的成本与风险如何计算与权衡，最佳的技术资本结构如何构建？(2) 技术资产的管理问题，如何将技术高效率地投入到经营过程？如何保证技术的更新换代？技术资产的管理成本如何测定？(3) 技术资本的运营问题，如何根据企业的战略需求、发展阶段、资源与能力合理搭配选取适合自己的技术运营方式？(4) 技术资本对传统资本结构、项目投资理论带来的影响。传统的 MM 定理及投资组合没有考虑技术，仅探讨企业的货币资金结构以及货币投资组合，如何将技术资本融入传统资本结构以准确理解资本功能？考虑技术要素后，企业传统的资本结构为货币资本结构。技术、货币、实物、人力等的相对构成与关系代表的是要素资本结构。技术资本结构与要素资本结构以及其他货币、实物、人力等结构关系密切，相互影响。技术资本的财务管理不能够忽视与其他资本内部结构、要素资本结构之间的关系。(5) 技术资本所有者如何参与公司治理。现有的公司治理文献主要围绕货币、实物所有者与人力所有者如何参与公司治理进行研究，忽视了技术要素所有者的利益。按照对企业的贡献权衡，技术要素所有者应成为企业重要的利益相关者之一。有关技术所有者对企业的责权利问题值得关注，目前这方面文献很少。在国外，Maija Halonen Akatwijuka (2010) 曾探讨过技术对企业边界的影响，认为企业的边界依赖技术、空间或规模经济与专业化收益的相互作用[294]。当专业化收益很可观的时候，一个只有两个小公司的分散的所有权结构是最优的，这会产生更多的具有专业化动机的代理人，当空间或规模经济比专业化收益更重要的时候，企业规模越大越好，因此，专业化在集成企业中会引起权利力问题，这可以通过综合技能的提高来规避。在国内，仅发现罗福凯 (2014) 探讨过股权特质与技术资本存量的关系[144]。对于技术资本与公司治理更深层次的作用路径挖掘还有待深入。

4. 技术资本对经济学的影响有待考究。经济学历来重视人力、技术等问题。但人力资本早就被经济学家独立出来，技术要素的独立研究却迟迟未引起大批经济学家关注，仅少数人对此问题作出努力。众多文献已经证实了全要素生产率并非仅代表技术贡献，还有其他要素使然。在以后的研究中，围绕技术资本对中国经济增长的作用，中国各区域、省级、行业、产业技术资本存量测度，技术资本的投入产出问题、技术资本的产出弹性、技术资本与其他资本的替代弹性等都值得进一步关注。

5. 技术资本对管理学的影响也值得挖掘。伴随技术资本的应用，企业的组织形式、管理制度、管理模式与方式等都会发生一定变化。而且技术资本的利用成效也与多重管理因素密切相关。组织与个人因素包括生产类型、企业规模、技术有用性、使用者数量，外部的影响因素则包括客户的要求以及其企业所在地理环境及价值链管理水平。目前已有人发现制造技术使用程度依赖于企业的供应链管理水平；企业的竞争力随着技术能力以及其在价值链中的地位而提高。而且由于信息技术资本能够降低交易成本，垂直一体化会缩短企业的价值链条等。但围绕管理模式选择、内部控制制度制定、管理者激励制度制定、企业的组织类型与技术资本存量、利用程度、对企业发展的贡献之间关系的文献还较少，值得更深层次探讨。

参考文献

［1］赵昌文，许召元，朱鸿鸣．工业化后期的中国经济增长新动力［J］．中国工业经济，2015（6）：44～54

［2］傅家骥．技术创新学［M］．北京：清华大学出版社，1998：17～23

［3］Solow Robert Merton. A contribution to the theory of economic growth［J］．Quarterly Journal of Economics，1956，70（1）：65～94

［4］Romer P. M. Increasing returns and Long run growth［J］．Journal of Political Economy，1986，1994（5）：1002～1037

［5］Romer P. M. Endogenous technological change［J］．Journal of Political Economy，1990，98（2）：71～102

［6］Lucas R. E. On the mechanics of economic development［J］．Journal of Monetary Economy，1988，22（1）：3～42

［7］Lucas R. E. Making a miracle［M］．Econometrica，1993（61）：251～272

［8］（美）萨缪尔森．经济学（萧琛译）［M］．北京：人民邮电出版社，2008：42～46

［9］Ayres C. E. The theory of economic progress［M］．Chapel Hill NC：University of North Carolina Press，1944：121～124

［10］Ayres C. E. The role of technology in economic theory［J］．American Economic Review，1953，43（2）：279～288

［11］Ellen R. M.，Edward C. P. Openness，technology capital and development［J］．Jou rnal of Economic Theory，2009，144：2454～2476

［12］Ellen R. M.，Edward C. P. Technology capital and the US current account［J］．American Economic Review，2010（100）：1493～1522

［13］Marek K. C. How important is technology capital for the United States?［J］．

American Economic Journal, 2012, 4 (2): 218 ~ 228

[14] Robert E., Evenson, Keith O. F. Technology capital: the price of admission to the growth club [J]. Journal of Productivity Anal., 2010 (33): 173 ~ 190

[15] 亚当·斯密. 国民财富的性质和原因的研究 [M]. 北京: 商务印书馆, 1972: 62 ~ 64

[16] 马克思. 资本雇佣劳动 [M]. 北京: 人民出版社, 1961: 23 ~ 26

[17] 马克思. 资本论, 第2卷 [M]. 北京: 人民出版社, 1975: 18 ~ 22

[18] 马克思. 资本论, 第1卷 [M]. 北京: 人民出版社, 1975: 177 ~ 834

[19] 马歇尔. 经济学原理 [M]. 西安: 陕西人民出版社, 2013: 81 ~ 84

[20] 罗宾逊, 伊特维尔. 现代经济学导论 [M]. 北京: 商务印书馆, 1982: 64 ~ 72

[21] 李嘉图. 政治经济学及赋税原理 [M]. 北京: 人民出版社, 1972: 72 ~ 76

[22] Schumpeter J. A. Business cycles: a theoretical, historical and statistical analysis of the capitalist process [M]. Mcgraw Hill, 1939: 46 ~ 53

[23] Blair J. M. Technology and size [J]. American Economic Review, 1948, 38 (2): 121 ~ 153

[24] Solow R. M. Technology, progress, capital formation and economic growth [J]. American Economic Review, 1962, 52 (2): 76 ~ 87

[25] Veblen T. Industrial and pecuniary employments [M]. In Place of Science in Modern Civilization, New York: Russell and Russell, 1961: 53 ~ 60

[26] Schultz, Theodore. Investment in human capital [M]. Glencoe: The Free Press, 1971: 114 ~ 126

[27] Teece D. J. Profiting from technological innovation: implications for integration, collaboration, licensing and public policy [J]. Research Policy, 1986 (15): 285 ~ 305

[28] Teece D. J. Capturing value from technological innovation: integration, strategic partnering, and licensing decisions, in Guile, B. Brooks H. (Eds.). Technology and Global Industry [J]. National Academy Press, Washington, 1987 (12): 65 ~ 95

[29] Caselli F. Technological revolutions [J]. American Economic Review, 1999, 89: 78 ~ 102

[30] Caselli F., Coleman I., Wilbur J. Cross - country technology diffusion: the case of computers [J]. American Economic Review, 2001, 91 (2): 328 ~ 335

[31] Chatterji D. Accessing external sources of technology [J]. Research Technology Management, 1996, 39 (2): 48 ~ 56

[32] Clemons E. K., Weber B. Information technology investments: guidelines for decision making [J]. Journal of Management Information Systems, 1990, 7 (2): 9 ~ 28

[33] Fabrizio C. Technology strategies in the knowledge economy: the licensing activity of himont [J]. International Journal of Innovation Management, 2003 (7): 2223 ~ 2245

[34] Findlay R. Some aspects of technology transfer and direct foreign investment [J]. American Economic Review, 1978, 68 (2): 275 ~ 280

[35] Gautam R., Ling X., Jay B. Impact of information technology capital on firm scope and performance: the role of asset characteristics [J]. Academy of Management Journal 2013, 56 (4): 1125 ~ 1147

[36] Rai A., Patnayakuni R., Patnayakuni N. Technology investment and business performance [J]. Communications of the ACM, 1997, 40 (7): 89 ~ 97

[37] 李艳荣，张晓原．技术的资本属性与技术投资 [J]．中国软科学，1995 (8): 102 ~ 105

[38] 张景安．关于技术资本化市场化的发展趋势 [J]．中国软科学，1999 (1): 69 ~ 70

[39] 罗福凯．要素资本平衡表：一种新的内部资产负债表 [J]．中国工业经济，2010 (2): 89 ~ 99

[40] 罗福凯．财务理论的内在逻辑与价值创造 [J]．会计研究，2003 (3): 23 ~ 27

[41] 罗福凯．财务思想史的演进与价值创造 [J]．财经理论与实践，2002 (1): 70 ~ 75

[42] 罗福凯，孙健强．资本理论学说的研究与发展研究 [J]．东方论坛，2002 (2): 90 ~ 95

[43] 罗福凯，王巧玲．论要素资本及其结构和功能 [J]．中国海洋大学学报，2009 (1): 38 ~ 45

[44] 罗福凯. 财务学边界、学科对话与跨学科研究 [J]. 中国经济问题, 2009 (4): 65 ~ 70

[45] 罗福凯. 论要素资本——由一则故事引发的思考 [J]. 财经理论与实践, 2009 (1): 3 ~ 8

[46] 罗福凯. 要素资本、价值函数与财务效率 [J]. 中国海洋大学学报, 2003 (1): 30 ~ 33

[47] 罗福凯. 论技术资本: 社会经济的第四种资本 [J]. 山东大学学报 (哲学社科版), 2014 (1): 63 ~ 73

[48] 罗福凯. 技术资本: 战略性新兴产业的核心资本选择 [J]. 科学管理研究, 2012 (4): 33 - 36.

[49] 罗福凯. 财务学的边界 [M]. 北京: 经济管理出版社, 2010: 42 ~ 49

[50] 罗福凯, 李鹏. 论要素资本理论中的技术、信息和知识 [J]. 东方论坛, 2008 (5): 76 ~ 80

[51] 罗福凯. 经济持续增长时期的公司财务特征与技术资本配置 [J]. 财务与会计, 2014 (01): 70 ~ 71

[52] 罗福凯. 技术资本的产权特征与技术进步路径分析 [J]. 财务与会计. 理财版, 2011 (12): 15 - 17

[53] 罗福凯, 孙凤娥. 工业企业技术来源与技术创新效率 [J]. 工业技术经济, 2010 (12): 3 ~ 10

[54] 陈昌曙. 技术哲学引论 [M]. 北京: 科学出版社, 1999: 41 ~ 47

[55] Stephen H., Lacount E. Acquiring technology assets: intellectual property duo diligonoo audito [M]. University Of Southern California Fifteenth Annual Computer Law Institute, 1994: 87 ~ 92

[56] Christensen C., Raynor M. The Innovators solution: creating and sustaining successful growth [MA]. Boston: Harvard Business School Press, 2003

[57] Burgelman R. A, Christensen C M, Wheelwright S C. Strategic management of technology and innovation (4th Ed.) [M]. Chicago: Irwin Publishers, 2004: 152 ~ 162

[58] (秘) 索洛著. 资本的秘密 (于海生译) [M]. 北京: 华夏出版社, 2007: 18 ~ 23

[59] Williamson O. Comparative economic organization: the analysis of discrete structural alternatives [J]. Admin. Sci. 1991 (36): 269 ~ 296

[60] Ashish A., Ceccagnoli M. Patent protection, complementary assets, and firms incentives for – technology licensing [J]. Management Science, 2006 52 (2): 293 ~ 308

[61] Matthew M. Is Your organizationor its technology assets? [J]. Strategic Finance, 2013 (2): 35 ~ 42

[62] Kuen H. T., Jiann C. W. Inward technology licensing and firm performance: a longitudinal study [J]. R&D Management, 2007, 37 (2): 76 ~ 89

[63] Hundy B. B., Hamblin D. J. Risk and assessment of investment in new technology [J]. International Journal of Production Research, 1988, 26 (11): 1799 ~ 1818

[64] Lane S. J. The determinants of investment in new technology [J]. American Economic Review, 1991, 81 (2): 262 ~ 266

[65] Peterson W. C. Technology and capital formation. southwestern social Science Quarterly [J]. 1958, 38 (4): 299 ~ 317

[66] 林毅夫，蔡昉，李周. 对赶超战略的反思 [J]. 战略与管理, 1994 (6): 1 ~ 10

[67] 梁莱歆，马如飞. R&D资金管理与企业自主创新——基于我国信息技术类上市公司的实证分析 [J]. 财经研究, 2009 (8): 49 ~ 56

[68] 冯薇，银路. 论生物技术企业知识产权管理策略 [J]. 研究与发展管理, 2006 (1): 101 ~ 110

[69] 海泽. 企业专利多元化管理之道 [J]. 中国知识产权报, 2015 (6): 1 ~ 10

[70] 吴汉东. 关于知识产权私权属性的再认识——兼评"知识产权公权化"理论 [J]. 2005 (10): 58 ~ 64

[71] 冯薇，李天柱，马佳. 生物技术企业接力创新中的专利运营模式——一个多案例研究 [J]. 科学学与科学技术管理, 2015 (3): 132 ~ 140

[72] Sawhney M., Prandelli E. Communities of creation: managing distributed innovation in turbulent market [J]. California Management Review, 2000, 42 (4): 20 ~ 54

[73] Schoemaker P. J. Profiting form uncertainty: strategies for succeeding no matter what the future brings [M]. New York: A Division of Simon and Schuter INC, 2002: 109 ~ 117

[74] 柴金艳．基于价值链的企业知识产权竞争优势培育——以华为公司的知识产权管理为例 [J]．科技进步与对策，2009 (22)：39 ~ 48

[75] John T. , Joseph D. , Edward H. , et al. Developing an effective strategy for managing intellectual assets [J] . Research Technology Management, 2005, 48 (01): 50 ~ 58

[76] Dileep G. , Dhavale. Product costing for decision making in certain variable proportion technologies [J] . Journal Of Management Accounting Research Volume Nineteen, 2007 (5): 51 ~ 70

[77] Ringstad V. Econometric analyses based on a production function with neutrally variable scale elasticity [J] . The Swedish Journal of Economics, 1967, 69 (2): 115 ~ 133

[78] Kaplan R. S. Must CIM be justified by faith alone? [J] . Harvard Business Review, 1986 (64): 87 ~ 95

[79] Wilton L. , Accola. Assessing risk and uncertainty in new technology investments [J] . American Accounting Association Accounting Horizons, 1994, 8 (3): 19 ~ 35

[80] 王小鲁，樊纲，刘鹏．中国经济增长方式转换和增长可持续性 [J]．经济研究，2009 (1)：4 ~ 16

[81] 陈继勇，盛杨怿．外商直接投资的知识溢出与中国区域经济增长 [J]．经济研究，2008 (12)：39 ~ 50

[82] 唐未兵，傅元海，王展祥．技术创新、技术引进与经济增长方式转变 [J]　经济研究，2014 (7)：31 ~ 42

[83] 傅元海，唐未兵，王展祥．FDI 溢出机制、技术进步路径与经济增长绩效 [J]．经济研究，2010 (6)：92 ~ 103

[84] 罗德明，周嫣然，史晋川．南北技术转移、专利保护与经济增长．经济研究 [J]，2015 (6)：46 ~ 60

[85] 庞巴维克．资本实证论（陈端译） [M]．北京：商务印书馆，1983：23 ~ 32

[86] Miller M. H. , Modigliani F. Dividend policy, growth and the valuation of shares [J] . Journal of Business, 1961 (34): 411 ~ 433

[87] Gordon M. J. The Savings Investment and Valuation of a Corporation [J] . The Review of Economics and Statistics, 1962, 44 (1): 37 ~ 51

[88] Tobin J. A general equilibrium approach to monetary theory [J]. Journal of Money Credit and Banking, 1969, 1 (2): 15 ~ 29

[89] 王少豪. 企业并购中协同效应与控股权价值的评估 [J]. 中国资产评估, 2002 (04): 18 ~ 21

[90] 肖翔, 权忠光. 企业价值评估指标体系的构建 [J]. 中国软科学, 2004 (10): 83 ~ 86

[91] Black F., Scholes M. The Pricing of options and corporate liabilities [J]. Journal of Political Economy, 1973 (03): 637 ~ 659

[92] Pekka Utunen. Identity, measure, visualize your technology assets [J]. Research Technology Management, 2003, 46 (3): 31 ~ 40

[93] Brynjolfsson E., Hitt L. M. Beyond computation: information technology, organizational transformation and business performance [J]. Journal of Economic Per spectives, 2003, 14 (4): 23 ~ 48

[94] Hitt L. M, Brynjolfsson E. Productivity, business profitability and consumer surplus: three different measures of information technology value [J]. MIS Quarterly, 1996, 20 (2): 121 ~ 142

[95] Stiroh K., Botsch M. Information technology and productivity growth in the 2000s [J]. German Economic Review, 2007, 8 (2): 255 ~ 280

[96] Badescu M., Garcés A. The impact of information technologies on firm productivity: empirical evidence from Spain [J]. Concepción Technovation, 2009, 29 (2): 122 ~ 129

[97] Bharadwaj A. S., Bharadwaj S. C., Konsynski B. R. Information technology effects on firm performance as measured by tobin's q [J]. Management Science, 1999, 45 (7): 1008 ~ 1024

[98] 孟倩. 生产率悖论与中美两国信息技术投资效果比较 [J]. 工业工程与管理, 2005, (1): 68 ~ 73

[99] Bruce D., Vernon J. Richardsonb. Theophanis stratopoulos information technology investments and firm value [J]. Information Management, 2001 (2183): 1 ~ 21

[100] Lin W. T., Shao B. M. Relative sizes of information technology investment and productive efficiency: their linkage and empirical evidence [J]. Association Information System, 2000 (1): 1 ~ 35

[101] Gordon R. J. Does the new economy measure up to the great inventions of the past? [J]. Journal of Economic Perspectives, 2000 (14): 49~74

[102] Stiroh K. J. Information technology and the U. S. productivity revival: what do the industry data say? [J]. American Economic Review. 2002, 92 (5): 1559~1576

[103] Rai A., Patnayakuni R., Patnayakuni N. Communications of the ACM [J]. Technology Investment and Business Performance, 1997, 40 (7): 89~97

[104] Thatcher M. E., Jim R. O. The impact of technology investments on a firm's production efficiency, product quality, and productivity [J]. Journal of Management Information Systems, 2001, 18 (2): 17~45

[105] Maldifassi J. O., Rodriguez M. A. The impact of technology assets on small firms' productivity: empirical findings in Chile [J]. International Journal of Business Performance Management, 2005, 7 (2): 1~10

[106] Dewan S., Chung M. The substitution of information technology for other factors of production: a firm level analysis [J]. Management Science, 1997, 43 (12): 1660~1675

[107] Oliner S. D., Sichel D. E. The resurgence of growth in the late 1990s: is information technology the story? [J]. Journal of Economic Perspectives, 2000, 14 (4): 3~22

[108] Lee J. D., Ji G. Trust, information technology, and cooperation in supply chains [J]. Supply Chain Forum. International Journal, 2005, 6 (2): 82~89

[109] Jorgenson D. W., Stiroh K. J. Raising the speed limit: U. S. economic growth in the information age [J]. Brookings Papers on Economic Activity, 2000 (1): 125~235

[110] 程惠芳，陆嘉俊．知识资本对工业企业全要素生产率影响的实证分析 [J]．经济研究，2014 (05): 174~187

[111] 张之光，蔡建峰．信息技术资本、替代性与中国经济增长——基于局部调整模型的分析 [J]．数量经济技术经济研究，2012 (9): 72~81

[112] Barua A., Kriebel C. H., Mukhopa D. T. Information technologies and business value: an analytic and empirical investigation [J]. Information Sys-

tems Research, 1995, 6 (1): 3 ~7

[113] Hobijn B. The information technology revolution and the stock market: evidence [J] . American Economic Review, 2001, 91 (5): 1203 ~1220

[114] Porter D. Impact of the new technology [J] . New Zealand Hospital, 1980, 32 (10): 14 ~15

[115] Yanyan G. , Zhibiao L. , Shunfeng S. , et al. Technological capacity, product position and Firm Competitiveness [J] . The Chinese Economy, 2013, 46 (1): 55 ~74

[116] 周江. 技术资本在高新技术企业价值增值中的作用探析 [J] . 云南社会科学, 2005 (1): 48 ~51

[117] Sircar S. , Turnbow J. L. , Bordoloi B. A framework for assessing the relationship between information technology investments and firm performance [J] . Journal of Management Information Systems, 2000, 16 (4): 69 ~97

[118] Poston R. , Grabski S. D. Financial impacts of enterprise resource planning implementations [J] . International Journal of Accounting Information Systems, 2001, 2 (4): 71 ~94

[119] Dehning B. , Richardson V. J. Returns on investments in information technology: a research synthesis [J] . Journal of Information Systems, 2002, 16 (1): 7 ~30

[120] Li W. , Alam P. Information technology capability: firm valuation, earnings uncertainty and forecast accuracy [J] . Journal of Information Systems, 2007, 21 (2): 27 ~48

[121] 王念新, 仲伟俊, 梅姝娥. 信息技术、核心能力和企业绩效的实证研究 [J] . 管理科学, 2010, 23 (1): 52 ~64

[122] 汪淼军, 张维迎, 周黎安. 信息技术、组织变革与生产绩效 [J] . 经济研究, 2006 (1): 65 ~75

[123] 李治堂, 吴贵生. 信息技术投资与公司绩效: 基于中国上市公司的实证研究 [J] . 科学学与科学技术管理, 2008 (11): 144 ~149

[124] 张学勇等. 技术水平与盈利能力: 来自浙江民营企业的证据 [J] . 科研管理, 2009 (11): 136 ~140

[125] 于江, 陈肖丹. 高端装备制造上市企业技术资本测度及收益分析 [J]. 经济管理, 2013 (11): 59 ~70

[126] Stole L. A., Zwiebel J. Organizational design and technology choice under intrafirm bargaining [J]. American Economic review, 1996, 86 (1): 195 ~ 222

[127] Stuart T. E. Inter organizational alliances and the performance of firms: a study of growth and innovation rates in a high technology industry [J]. Strategic Management Journal, 2000 (21): 791 ~ 811

[128] Vives X. Technological competition, uncertainty and oligopoly [J]. Journal of Economic Theory, 1989 (48): 386 ~ 415

[129] Pakes A. On patents, R&D and the stock market rate of return [J]. Journal of Political Economy, 1985 (93): 390 ~ 409

[130] Lev B. T, Sougiannis. Capitalization, amortization and value - relevance of R&D [J]. Journal of Accounting and Economics, 1996, 21 (1): 107 ~ 138

[131] Chan L. K., Lakonishok C. J., Sougiannis T. The stock market valuation of research and development expenditures [J]. Journal of Finance, 2001, 56 (6): 2431 ~ 2456

[132] Greenwood J., Jovanovic B. The information technology revolution and the stock market [J]. American Economic Review, 1999, 89 (2): 116 ~ 122

[133] Brynjolfsson E., Hitt L. Beyond Computation: Information Technology, Organizat ional Transformation and Business Practices [J]. Journal of Economic Perspectives, 2000: 14 (4): 92 ~ 106

[134] Bruce D., Theophanis S. Determinants of a sustainable competitive advantage due to an IT - enabled strategy [J]. Journal of Strategic information Systems, 2003 (12): 7 ~ 28

[135] Hobijn B., Boyan J. The information technology revolution and the stock market: evidence [J]. American Economic Review, 2001, 91 (5): 1203 ~ 1220

[136] Lubos P., Pietro V. Technological revolutions and stock prices [J]. American Economic Review, 2009, 99 (4): 1451 ~ 1483

[137] John P., Laitner D. S. Technological change and the stock market [J]. The American Economic Review, 2003, 93 (4): 67 ~ 83

[138] 晏智杰. 经济学价值理论新解——重新认识价值概念、价值源泉

及价值实现条件［J］．北京大学学报（哲学社会科学版），2001（6）：10~16

［139］Mcfarlan F. M. Information technology changes the way you compete［J］. Harvard Business Review 1984，62（3）：161~166

［140］Porter M.，Millar V. How information gives you competitive advantage［J］. Harvard Business Review 1985，63（4）：149~160

［141］Feeny D. B.，Ives. In search of sustainability：reaping long term advantage from investment in information technology［J］. Journal of Management Information Systems，1990，7（1）：27~46

［142］Kuno J.，Huisman M.，Peter M. K. Strategic technology investment under uncert ainty［J］. OR Spectrum，2002，24（1）：79~98

［143］Hyunbae C.，Sung B. M. Substitutability and accumulation of information technology capital in United State Industries［J］. Southern Economic Journal，2006，72（4）：1002~1015

［144］罗福凯，周红根．股东特质与企业技术资本存量的效应分析［J］．东岳论丛，2014，35（9）：90~94

［145］神瑞英，陈肖丹．企业技术资本和人力资本关系的实证分析——来自沪深两市高端装备制造公司的财务数据［J］．广西财经学院学报，2013（6）：29~39

［146］罗福凯．技术资本与企业价值——基于人力资本与行业特征的双重调节［J］．科学学与科学技术管理，2015，36（8）：150~159

［147］罗正清，金生．面向技术创新的组织知识存量测度研究［J］．科技进步与对策，2009（23）：142~146

［148］蔡虹，许晓雯．我国技术知识存量的构成与国际比较研究［J］．研究与发展管理，2005，17（04）：15~20

［149］蔡虹，张永林．我国区域间外溢技术知识存量的测度及其经济效果研究［J］．管理学报，2008，5（4）：568~575

［150］山立，任越．我国专利发明结构发展变化研究［J］．科技进步与对策，2010，27（23）：111~114

［151］邓进．中国高新技术产业研发资本存量和研发产出效率［J］．南方经济，2007（08）：56~64

［152］徐欣，唐清泉．专利竞争优势与加速化陷阱现象的实证研究——基于中国上市公司专利与盈余关系的考察［J］．科研管理，2012（6）：83~91

[153] 吕淑仪．广东省专利结构分布及其区域变动模型研究［J］．情报杂志，2009，28（3）：62～65

[154] 张帆．四川白酒行业专利存量及创新活动特征分析［J］．2014，33（6）：66～73

[155] 刘凤朝，潘雄锋．我国八大经济区专利结构分布及其变动模式研究［J］．中国软科学，2005（6）：96～102

[156] 汤亚非，邹纲明．我国发明专利授权分布与结构特点研究［J］．科技管理研究，2012（1）：147～150

[157] 方福前，张平．我国高技术产业的投入产出效率分析［J］．中国软科学，2009（7）：48～55

[158] 吉生保，周小柯．中国医药制造业研发效率研究——基于HMB生产率指数的经验证据［J］．财经论丛，2010（06）：10～15

[159] 王姗姗，屈小娥．技术进步、技术效率与制造业全要素能源效率［J］．山西财经大学学报，2011（02）：54～60

[160] 曹文彬，付亭．基于DEA－Tobit模型的IT行业上市公司经营绩效的实证研究［J］．经济问题，2013（6）：90～94

[161] 陈冰，吉生保．中国医药行业上市公司的绩效评价及影响因素——基于面板数据的DEA－Tobit Q实证研究［J］．中央财经大学学报，2013（8）：62～68

[162] 程慧平．基于DEA和SFA方法的信息服务业技术效率研究［J］．科学学与科学技术管理，2013，34（04）：28～34

[163] 刘纯彬，李叶妍，鹿媛媛．基于DEA模型的汽车制造业生产效率分析——以天津市西青区为例［J］．现代管理科学，2014（1）：21～22

[164] 熊婵等．基于DEA方法的中国高科技创业企业运营效率研究［J］．管理科学，2014，27（2）：26～37

[165] 葛沪飞与仝允桓．开放环境下区域技术知识存量的系统动力学分析［J］．科学学研究，2010，28（7）：1043～1051

[166] 陈菲琼，王寅．效率视角下技术结构调整与经济发展方式转变［J］．数量经济技术经济研究，2010（2）：104～116

[167] 郭淑芬，郝言慧，王艳芬．文化产业上市公司绩效评价——基于超效率DEA和Malmquist指数［J］．经济问题，2014（02）：75～78

[168] 徐文学．基于科技创新视角的我国家电上市公司企业效率分析［J］．

科学管理研究，2009，27（3）：51～55

［169］姜南．专利密集型产业的R&D绩效评价研究——基于DEA－Malmquist指数法的检验［J］．科学学与科学技术管理，2014，35（03）：99～105

［170］易纲，樊纲，李岩．关于中国经济增长与全要素生产率的理论思考［J］．经济研究，2003（8）：13～20

［171］冯光娣，陈珮珮，田金方．基于DEA—Malmquist方法的中国高校科研效率分析——来自30个省际面板数据的经验研究［J］．现代财经，2012（9）：61～73

［172］孙世敏，项华录，兰博．基于DEA的我国地区高校科研投入产出效率分析［J］．科学学与科学技术管理，2007（07）：18～21

［173］陈琨，李晓轩，杨国梁．中外大学技术转移效率比较研究——基于DEA－Malmquist方法［J］．科学学与科学技术管理，2014，35（07）：98～106

［174］赵树宽，余海晴，巩顺龙．基于DEA方法的吉林省高技术企业创新效率研究［J］．科研管理，2013，34（2）：36～43

［175］李治堂．基于互补性理论的信息技术投资绩效研究［J］．科研管理，2009（01）：8～13

［176］（日）藤田昌久．集聚经济学（刘峰，译）［M］．成都：西南财经大学，2004：31～42

［177］Lee Davis. Licensing strategies of the new intellectual property vendors［J］. California Management Review，2008，50（2）：6～30

［178］（美）克鲁格曼·P. 萧条经济学的回归［M］．北京：中国人民大学出版社，1999：33～45

［179］林毅夫，张鹏飞．适宜技术、技术选择和发展中国家的经济增长［J］. 经济学季刊，2006（3）：985～1006

［180］杨俊，胡玮，张宗益．国内外R&D溢出与技术创新：对人力资本门槛的检验［J］．中国软科学，2009（4）：31～41

［181］朱焱，张孟昌．企业管理团队人力资本、研发投入与企业绩效的实证研究［J］．会计研究，2013（11）：45～51

［182］赵伟，汪全立．人力资本与技术溢出：基于进口传导机制的实证研究［J］．中国软科学，2006（04）：66～71

[183] Benhabib J., Mark M. S. The Role of human capital in economic development: evidence from aggregate cross country data [J]. Journal of Monetary Economics, 1994, 34 (02): 143 ~ 173

[184] 孙晓华，李明珊. 研发投资：企业行为，还是行业特征 [J]. 科学学研究，2014 (5): 724 ~ 728

[185] Lee C. Y., Noh J. The relationship between R&D concentration and industry R&D intensity: a simple model and some evidence [J]. Economics of Innovation and New Technology, 2009, 18 (04): 353 ~ 368

[186] Falguni S., Rubenstein A. H. External technology and in - house R&D's facilit ative role [J]. Journal of Product Innovation Management. 1989, 6 (2): 123 ~ 138

[187] 白重恩. 中国上市公司治理结构的实证研究 [J]. 经济研究，2005 (02): 81 ~ 91

[188] Blundell R., Bond S. Initial conditions and moment restrictions in dynamic panel data models [J]. Journal of Econometrics, 1998, 87 (1): 115 ~ 143

[189] Blundell R., Bond S. GMM estimation with persistent panel data: an application to production functions [J]. Econometric Reviews, 2000, 19 (03): 23 ~ 32

[190] Bond S, Hoeffler A, Temple J. GMM estimation of empirical growth models [J]. Cepr Discussion Paper, 2001, 30 (48): 186 ~ 201

[191] 李柏洲，李新. 企业技术获取模式、技术进步与创新产出——基于技术进步中介效应检验及区域差异对比分析 [J]. 科学学与科学技术管理，2014 (11): 161 ~ 171

[192] 曹裕，胡韩莉. 创新能力、吸收能力与区域经济增长关系研究 [J]. 财经理论与实践，2014，35 (192): 123 ~ 127

[193] 刘小玄，李双杰. 制造业企业相对效率的度量和比较及其外生决定因素 (2000 ~ 2004) [J]. 经济学 (季刊)，2008，7 (03): 844 ~ 850

[194] Morrison C. J. Assessing the productivity of information technology equipment in U. S. manufacturing industries [J]. Review of Economics and Statistics, 1997, 79 (3): 471 ~ 481

[195] Arrow K. L. Capital labor substitution and economic efficiency [J]. Review of Economics and Statistics, 1996, 43 (8): 225 ~ 235

[196] Chen Y. H., Lin W. T. Analyzing the relationships between information technology, inputs substitution and national characteristics based on CES stochastic frontier production models [J]. International Journal of Production Economics, 2009, 120 (2): 552 ~ 569

[197] Lin W. T., Shao B. M. Assessing the input effect on productive efficiency in production systems: the value of information technology capital [J]. International Journal of Production Research, 2006, 44 (9): 1799 ~ 1819

[198] 董会忠，闫秀霞，陶建格．中国钢铁工业能源——资本—劳动替代关系研究 [J]．科研管理，2012，33 (8): 120 ~ 127

[199] (澳) 杨小凯，黄有光．专业化与经济组织——一种新兴古典微观经济学框架 [M]．北京：经济科学出版社，2000: 34 ~ 63

[200] 杨小凯，张永生．新兴古典经济学和超边际分析 [M]．北京：中国人民大学出版社，2000: 21 ~ 31

[201] 吴延兵．中国工业 R&D 产出弹性测算 (1993 ~ 2002) [J]．经济学 (季刊)，2008 (3): 869 ~ 875

[202] 李左峰．创新型企业创新投入要素的产出弹性估计 [J]．管理世界，2013 (2): 176 ~ 182

[203] 潘维军．中国工业行业技术研发投入产出弹性估计 [J]．科技进步与对策，2013 (1): 74 ~ 80

[204] Asteriou D. A., Giomirgianakis G. M. Human capital and economic growth time series evidence from Greece [J]. Journal of Policy Modeling, 2001, 23 (5): 481 ~ 489

[205] Hicks J. R. Theory of wages [M]. London: Macmillan, 1932: 46 ~ 71

[206] Allen R. G. Mathematical analysis for economists [M]. London: Macmillan, 1938: 12 ~ 24

[207] Blackorby C., Russell R. Will the real elasticity of substitution please stand up [J]. American Economic Review, 1989, 79 (4): 882 ~ 888

[208] 李子奈，潘文卿．计量经济学 (第 3 版) [M]．北京：高等教育出版社，2010: 52 ~ 67

[209] 钱雪亚，王秋实，伊立夫．中国人力资本和实物资本存量：基于总资本框架的估算 [J]．商业经济与管理，2009 (03): 39 ~ 45

[210] 陈勇，唐朱昌．中国工业的技术选择与技术进步：1985 ~ 2003 [J]．

经济研究，2006（09）：50～61

［211］迈克尔·波特．竞争优势（陈小悦译）［M］．北京：华夏出版社，1997：97～105

［212］迟晓英，宣国良．价值链研究发展综述［J］．外国经济与管理，2000（1）：25～30

［213］Kaplinsky R.，Morris M. A Handbook for value chain research［M］. Prepared for the International Development Research Centre，2006：16～24

［214］张耀辉，牛卫平，韩波勇．技术领先战略与技术创新价值［J］．中国工业经济，2008（11）：56～64

［215］胡允银．企业知识产权资产价值链模型及其分析［J］．图书情报工作，2009（16）：78～81

［216］黄钢，徐玖平，李颖．科技价值链及创新主体链接模式［J］．中国软科学，2006（6）：67～75

［217］纪延光．基于价值链的企业技术经营［J］．科技进步与对策，2009，26（12）：22～24

［218］梁莱歆，韩米晓．基于研发的高新技术企业价值链管理研究［J］. 科学学与科学技术管理，2008（01）：11～15

［219］杨慧．高技术企业价值链分析与管理［J］．科学学与科学技术管理，2004（10）：134～136

［220］Weggeman M. Kennis management enriching enbesturing vankennis intensive or ganisaties［M］. Schiedam Scriptum，1997：23～37

［221］王树祥，张明玉，王杰群．生产要素的知识属性与知识价值链研究［J］．中国软科学，2014（4）：160～168

［222］Morten T. H.，Julian B. The innovation value chain［J］. Harvard Business Review，2008（4）：121～130

［223］张海涛，靖继鹏．信息价值链：内涵、模型、增值机制与策略［J］．情报理论与实践，2009（3）：16～19

［224］张先治，陈友邦．财务分析［M］．大连：东北财经大学出版社，2010：78～104

［225］胡俊南，何宜庆．中国工业企业低碳发展路径与政策研究——基于商品经营与资本经营互动视角［J］．求索，2011（12）：1～4

［226］John S.，Paniaguas C.，William M. A practitioner guide to protecting technology assets [J]. Depaul J. Art, Tech. &Ip. Law, 2010 (1): 279~323

[227] Lambe C., Spekman J., Robert E. Alliances, external technology acquisition and discontinuous technological change [J]. Journal of Product Innovation Management. 1997, 14 (2): 102~116

[228] Higgins M. J., Rodriguez D. The outsourcing of R&D through acquisitions in the pharmaceutical industry [J]. Journal of Financial Economics, 2006 (2): 351~383

[229] Roger S., Nawaz S. Understanding and acquiring technology assets for global competition [J]. Technovation, 2007, 27 (11): 643~649

[230] 吴爱华，苏敬勤．人力资本专用性、创新能力与新产品开发绩效——基于技术创新类型的实证分析 [J]．科学学研究，2012，30 (6): 950~960

[231] Rosemarie H. Z. Do not fence me in: fragmented markets for technology and the patent acquisition strategies of firms [J]. Management Science, 2004, 50 (6): 804~820

[232] Sepehr G., Mahdieh F. A model of technology strategy development for iranunna no composite companies Baltic [J]. Journal on Sustainability 2010, 16 (1): 25~42

[233] 曾广波，彭福扬．论技术创新的社会影响 [J]．湖南大学学报（社会科学版），2010，24 (4): 114~118

[234] 齐延信，吴祈宗．突破性技术创新网络组织及组织能力研究 [J]．中国软科学，2006 (7): 147~150

[235] 唐纳德萨尔．企业为何由盛到衰 [A]．文化与变革 [C]．中国人民大学出版社，2004: 45~53

[236] Kulatilaka N, Lihui L. Impact of licensing on investment and financing of technology development [J]. Management Science, 2006, 52 (12): 1824~1837

[237] 姜晨，谢富纪，赵良杰．不连续创新中技术组织结构与绩效研究 [J]．科学学研究，2011，29 (3): 448~453

[238] Christensen C. M. The innovator's dilemma: when new technologies cause great firms to fail [M]. Boston, Mass, Harvard Business School Press, 1997: 32~43

[239] 王经亚，陈松．技术活动的组织框架及其中间组织分析 [J]．科学学研究，2009，26 (2)：442－445

[240] Volberda H. W.，Fuller C. B. Mastering strategic renewal [J]．Long Range Planning，2001 (34)：159～178

[241] Mowery D. The relationship between contractual and intra firm forms of industrial research in American manufacturing in 1900～1940 [J]．Explorations Econom. Hist.，1983 (10)：351～374

[242] 樊浩．技术创新的文化环境 [J]．科学学研究，1991，9 (1)：18～23

[243] 胡赛全，詹正茂，钱悦等．企业创新文化、战略能力对创业导向的影响研究 [J]．科研管理，2014，35 (10)：107～112

[244] 杜跃平，王开盛．创新文化与技术创新 [J]．中国软科学，2007 (2)：150～153

[245] 徐智华，刘群慧．日本技术创新文化研究 [J]．科技管理研究，2013 (06)：236～242

[246] Hesbrough C. H.，Rosenbloom R. S. The role of the business model in capturing value from innovation：Evidence from xerox corporation's technology spin off companies [J]．Industrial and Corporate Change，2002，11 (3)：529～555

[247] Pandey P. Effects of technology on incentive design of share contracts [J]．American Economic Review，2004，94 (4)：1152～1168

[248] Yong J. K. Technological change，human capital structure and multiple growth Paths [J]．The Japanese Economic Review，2011，62 (3)：2～15

[249] 何婷英．人力资本投资对技术效率省际差异实证研究 [J]．无锡商业职业技术学院学报，2007 (1)：24～27

[250] Benhabib J.，Mark M. S. The role of human capital in economic development：evidence from aggregate cross country data [J]．Journal of Monetary Economics，1994，34 (2)：143～173

[251] 豆世红．统治——技术商人与华为的核心竞争力 [M]．南京：江苏人民出版社，2009：42～51

[252] 陈刚．技术资本、要素资本结构与企业发展 [博士学位论文]．青岛：中国海洋大学，2011

[253] 徐璟娜．基于技术创新的公司财务战略研究 [博士学位论文]．

青岛：中国海洋大学，2011

[254] 邓颖．战略资本配置与企业发展研究［博士学位论文］．青岛：中国海洋大学，2012

[255] 陈肖丹．企业技术资本配置研究［硕士学位论文］．青岛：中国海洋大学，2014

[256] 永胜．论技术资本与公司治理的关系［博士学位论文］．青岛：中国海洋大学，2014

[257] 闫承国．华为公司的知识产权战略研究［博士学位论文］．哈尔滨：哈尔滨工程大学，2009

[258] 苗青丽．华为公司技术创新管理研究［博士学位论文］．武汉：武汉理工大学，2007

[259] 程东升，刘丽丽．华为真相［M］．北京：当代中国出版社，2003：54～62

[260] 程东升，刘丽丽．华为的经营管理智慧［M］．北京：当代中国出版社，2005：26～42

[261] 许凌志．华为的企业战略［M］．深圳：海天出版社，2006：49～62

[262] 王丽娜．深圳华为公司的创新管理研究［博士学位论文］．成都：四川大学，2006

[263] 王新超．学习型组织构建与华为创新发展［J］．互联网经济，2015（5）：84～89

[264] 郑云凤．我国典型企业专利管理地图分析——基于华为和中兴的面板数据［J］．科学学与科学技术管理，2009（7）：65～69

[265] Eisenhardt K. M., Graebner M. E. Theory building from cases: opportunities and challenges [J]. Academy of Management Journal, 2007, 50 (1): 25～32

[266] Eisenhardt K. M. Building theories from case study research [J]. Academy of Management Review, 1989, 14 (4): 532～550

[267] Pettigrew A. M. Longitudinal field research on change: theory and practice [J]. Organization Science, 1990, 1 (3): 267～292

[268] Yin R. K. Case study research: design and methods (2nd edition) (M). London: Sage, 1994: 47～61

[269] Yin R. K. Case study research: design and methods (fourth edition)

(M) . California: Sage Publications, 2009: 19 ~ 32

[270] 陈钰芬. 开放式创新: 提升中国企业自主创新能力 [J]. 科学学与科学技术管理, 2009 (4): 81 ~ 87

[271] Jeffrey F., Rayport J., Sviokla J. Exploiting the virtual value vhain [J]. Harvard Business Review, 1995 (10): 43 ~ 62

[272] Thomas Y. C., Kevin J., Dooley. Manus rung tusana tham supply networks and complex adaptive systems: control versus emergence [J]. Journal of Operations Management, 2001 (19): 351 ~ 366

[273] Andreas P. Innovation networks in economics [J]. European Journal of Innovation Management, 2002, 5 (3): 152 ~ 163

[274] Hongze M., Reggie D. An iterative approach for distribution chain design in agile virtual environment [J]. Industrial Management Data Systems, 2005, 105 (6): 815 ~ 834

[275] 曾铮. 价值链的经济学分析及其政策借鉴 [J]. 中国工业经济, 2005 (5): 104 ~ 110

[276] 胡大立. 关于优化价值链的几点分析 [J]. 中国工业经济, 2001 (12): 73 ~ 80

[277] 余伟萍, 崔苗. 经济全球化下基于企业能力的价值链优化分析 [J]. 中国工业经济, 2003 (5): 42 ~ 47

[278] 蓝伯雄, 王亚明, 王威. 企业资源优化与企业价值链分析 [J]. 中国管理科学, 2011, 19 (1): 69 ~ 75

[279] 王玉晶, 陈伟. 基于价值链优化的装备制造企业管理模式创新 [J]. 科技管理研究, 2010 (1): 127 ~ 129

[280] 乔忠, 李应博. 基于模糊规划法的企业价值链优化应用研究 [J]. 中国管理科学, 2003, 11 (6): 50 ~ 60

[281] 刘广生, 张妍, 吴启亮. 基于循环经济的电力产业价值链优化策略 [J]. 管理现代化, 2011 (3): 9 ~ 11

[282] 黄约. 旅游电子商务价值链优化策略 [J]. 统计与决策, 2014 (16): 185 ~ 188

[283] 张以彬, 陈俊芳. 基于知识的服务外包协作制造价值链优化模型 [J]. 情报杂志, 2009, 28 (7): 132 ~ 138

[284] 关伟. 基于中间组织的价值链优化 [J]. 中国软科学, 2009

(2): 133 ~ 138

[285] Kuno J., Huisman M., Peter M. Kort strategic technology investment under uncertainty [J]. OR Spectrum 2002 (24): 79 ~ 98

[286] Ajay D., Anand N. The use of manufacturing technologies an external influence perspective [J]. International Journal of Production Research. 2010, 48 (17): 4977 ~ 5006

[287] Baranson J. Technology transfer through the international firm [J]. American Economic Review, 1970, 60 (2): 435 ~ 440

[288] Acemoglu D., Antràs P., Helpman E. Contracts and technology adoption [J]. American Economic Review, 2007, 97 (3): 916 ~ 943

[289] Anton J., Yao D. A. Expropriation and inventions: appropriable rents in the absence of property rights [J]. American Economic Review, 1994 (84): 190 ~ 209

[290] Farzin Y. H., Huisman K. J., Kort P. M. Optimal timing of technology adoption [J]. Journal of Economic Dynamics and Control, 1998 (22): 779 ~ 799

[291] George W. S. Business cycle models with endogenous technology [J]. American Economic Review, 1990, 80 (4): 763 ~ 778

[292] Andrew C., Inkpen A. K., Sundaram K. Rockwood cross - border acquisitions of U. S. technology assets [J]. California Management Review, 2000, 42 (3): 102 ~ 110

[293] Nicolae G. R, Stavros P., Jianfeng Y. Technological growth and asset pricing [J]. The Journal Of Finance, 2012 (04): 1265 ~ 1290

[294] Maija H. A. Organizational design, technology and the boundaries of the firm [J]. Economica, 2010 (77): 544 ~ 564